El rey David:
una biografía no autorizada

Samuel Pagán

EDITORIAL CLIE
C/ Ferrocarril 8
08232 VILADECAVALLS
(Barcelona) ESPAÑA
E-mail: libros@clie.es
http://www.clie.es

© 2013 Samuel Pagán

«*Cualquier forma de reproducción, distribución, comunicación pública o transformación de esta obra solo puede ser realizada con la autorización de sus titulares, salvo excepción prevista por la ley. Diríjase a CEDRO (Centro Español de Derechos Reprográficos, www.cedro.org <http://www.cedro.org>) si necesita fotocopiar o escanear algún fragmento de esta obra».*

© 2013 Editorial CLIE, para esta versión en español

EL REY DAVID: una biografía no autorizada
D.L.: B. 17683-2013
ISBN: 978-84-8267-813-9
Estudio Bíblico
Historia y Cultura
Referencia: 224829

Impreso en USA Printed in USA

ÍNDICE

PRÓLOGO 7
PRESENTACIÓN 11
PREFACIO 15
    El rey David: un personaje extraordinario 17
    Una biografía no autorizada 20
    Agradecimientos 22
INTRODUCCIÓN. Úngelo, porque este es 23
    El joven David 25
    La familia de David 26
        Esposas e hijos de David 28
        Listas de hijos de David 29
    David, según la Biblia 30
        Era músico 31
        Su posición económica y social 33
        Hombre de guerra 33
        Era prudente en sus palabras 35
        Era hermoso 36
        El Señor estaba con él 38
    El David histórico 39
CAPÍTULO UNO. Fue ungido en medio de sus hermanos 41
    Fuentes literarias en torno a David: 1 y 2 Samuel 43
        Samuel (1 Sam 1-12) 45
        El rey Saúl (1 Sam 13–2 Sam 1) 47
        El rey David (2 Sam 2–24) 49
    El primer libro de las Crónicas 52
    El libro de los Salmos 54
    David en los libros proféticos: el mesianismo 56

Referencias implícitas a David en el libro de Génesis 57
David en el islam 58
El rey David y Jesús de Nazaret 60

CAPÍTULO DOS. Del rebaño al reino 61
Samuel unge a David 63
David llega al palacio real 66
¿Quién mató a Goliat? 68
El amor entre David y Jonatán 71
Los celos de Saúl 73
Saúl intenta matar a David 76
David y Jonatán se despiden 78

CAPÍTULO TRES. David, el fugitivo y mercenario 81
David huye de Saúl 83
El asesinato de los sacerdotes de Nob 87
David huye al desierto 88
David perdona la vida a Saúl 91
David, Nabal y Abigail 94
David entre los filisteos 97
Saúl y la adivina de Endor 98
Los filisteos desconfían de David 100
La guerra contra los amalecitas 102
La muerte de Saúl y sus hijos 103
Saúl y David 106

CAPÍTULO CUATRO. Y ungieron a David como rey 109
Lamento de David por Saúl y Jonatán 111
David es coronado en Hebrón 112
La guerra civil 113
Pacto de Abner con David en Hebrón 115
Muertes de Abner e Is-boset 117
David es proclamado rey de Israel 120
La unificación y el reconocimiento del reino 121
El Arca del Pacto llega a Jerusalén 125
El pacto de Dios con David 128
Del David bíblico al histórico 131

CAPÍTULO CINCO. Y el Señor le dio la victoria 135
David extiende su poder y sus dominios 137
David y la descendencia de Saúl 143
La guerra contra los amonitas 145

CAPÍTULO SEIS. Hizo lo malo ante los ojos del Señor 149
David y Betsabé 151
Natán amonesta a David 156
Violación de Tamar 158
Venganza de Absalón 163
Absalón regresa a Jerusalén 164
Absalón se subleva contra David 167
Absalón llega a Jerusalén 171
Muerte de Absalón 174

CAPÍTULO SIETE. El Señor es mi roca, mi fortaleza y mi libertador 177
David vuelve a Jerusalén 179
Sublevación de Seba 183
Venganza de los gabaonitas 186
David y los gigantes filisteos 189
Cántico de liberación de David 191
Últimas palabras de David 194
Los valientes de David 196
El censo de David 197

CAPÍTULO OCHO. Durmió con sus padres y fue sepultado en su ciudad 201
Adonías intenta usurpar el trono de David 203
David proclama rey a Salomón 207
Instrucciones finales de David a Salomón 209
La muerte de David 211

CAPÍTULO NUEVE. Somos tuyos y estamos contigo 213
David en los libros de Esdras-Nehemías 215
David en las Crónicas 218
Paralelos temáticos 220
El traslado del Arca a Jerusalén 227
Gratitud de David 229

El pacto de Dios con David 231
Primera orientación de David a Salomón 233
Preparativos para la edificación del Templo 235
Salomón sucede a David 237

CAPÍTULO DIEZ. Lávame más y más de mi maldad 241
Los Salmos 243
David en el título de algunos de los Salmos 245
Salmo 51 247
David en el texto de varios Salmos 250
Salmo 89 251
Salmo 132 256
David en el salterio 261
Salmo 1 263
Salmo 2 270
Salmo 23 279
David como modelo 284

CAPÍTULO ONCE. Se sentará en el trono de David 285
Un nuevo David 287
David en la literatura profética 288
Isaías 288
Jeremías 289
Ezequiel 290
Zacarías 292
Jesús de Nazaret, el Hijo de David 294
Un hombre de acuerdo al corazón de Dios 300

BIBLIOGRAFÍA 303
Libros 303
Artículos 304

Prólogo

Escribir el prólogo del libro de un colega nunca es tarea fácil, pero cuando se trata de un erudito en el tema expuesto, se magnifica la responsabilidad adquirida por el prologuista. Esto es lo que me ocurre al presentar esta obra.

El doctor Samuel Pagán escogió hace mucho tiempo el tema del Antiguo Testamento como objeto de sus estudios, investigaciones y publicaciones. Por lo tanto, realiza una intensa labor de recopilación de datos sobre la historia y cultura del pueblo hebreo, cuyo comienzo y desarrollo lo observamos al obtener un grado de Doctor en Literatura Hebrea en el famoso Seminario Teológico Judío de Nueva York y Jerusalén.

En gran parte, ese singular interés académico se relacionaba con los contactos obtenidos en sus diálogos y estudios en la comunidad del Seminario Evangélico de Puerto Rico. Ese singular entorno educativo le facilitó adentrarse en una temática que algunos han considerado fascinante e interesante, y que ha podido en algún momento levantar debates, interrogantes y controversias.

Curiosamente, el tema del rey David es uno de esos asuntos que contribuye a las más interesantes interpretaciones dentro del mundo histórico, teológico y religioso. De esto puede dar fe el autor de este libro, que ciertamente se convertirá en una pieza clave para el estudio futuro de tan cimera figura dentro de la tradición judeocristiana.

Después de un largo período de trabajo en la investigación y redacción de esta obra, nuestro autor ha demostrado una vez más un muy alto grado de conocimiento en el área que compete a la vida y obra del famoso monarca bíblico. Es claramente visible el hecho de su familiarización y dominio del tema expuesto, pues se manifiesta con claridad en los recursos bibliográficos que analiza, pondera y evalúa. Al leer esta obra, es evidente que el haber contado con la vasta biblioteca que le pertenece, al igual que el análisis de otras importantes fuentes literarias, han contribuido de forma significativa al desarrollo de las ideas que se manifiestan en este importante libro.

El autor, al menos, ha superado tres posibles problemas metodológicos, si nos acercamos cautelosamente a los temas expuestos en el libro. Uno de estos sería la abundancia del material disponible relacionado con el período de este estudio; otra dificultad estaría representada por el análisis cuidadoso de las fuentes literarias y arqueológicas en torno al asunto expuesto; y, por supuesto, se impone siempre atender con rigor y creatividad las conclusiones de la obra. El Dr. Pagán en este libro ha superado esos desafíos.

Veamos: al perseverar en la ardua tarea de enfocar los temas en torno al rey David, el autor ha tenido entre sí algunas realidades que pasarían inadvertidas en otros estudios. Lo específico del tema justifica, en nuestra opinión, la atención especial que el Dr. Pagán ha dedicado a la historia y vida del personaje en plena época antigua. El análisis de las narraciones bíblicas, unido a las evaluaciones críticas de la información proveniente de la arqueología, por ejemplo, pone de manifiesto claramente las destrezas académicas e investigativas del autor.

En nuestra opinión sería casi imposible imaginar un esfuerzo superior al realizado por el Dr. Pagán, si tomamos en consideración que en muchos casos es imposible el acceso a documentación ya desaparecida o que nos llega en idiomas ajenos a las letras castellanas. Sin embargo, y superados todos esos desafíos, en nuestra opinión, nuestro autor ha realizado una exitosa y amplísima investigación sobre este tan singular y emblemático personaje bíblico.

No hemos tenido acceso, por el momento, a muchos textos que ofrezcan mayor cantidad de datos o hayan trabajado con mayor rigor el número de fuentes en torno a David que esta obra del Dr. Pagán. En verdad este pudiera ser uno de los primeros estudios académicos en Puerto Rico, con un tema histórico, cultural y religioso, y sin propósitos propagandísticos, presentado a una comunidad intelectual y de fe. Considero que sería muy difícil, incluso para un equipo de trabajo compuesto de especialistas en el área y financiado por alguna institución de educación superior, ir más allá de lo que aquí se nos presenta.

Este prólogo se escribe días después de la Cuaresma del 2011, año de grandes cambios en el planeta que ejemplifican el seguimiento de lo que debe ser el llamado a la unidad, no tan solo de los cristianos, sino de todas las comunidades de fe monoteístas. Mucho de lo que puede describirse sobre el período que cubre el relato de la vida del rey David es similar a nuestros días. Los cambios siempre traerán nuevos protagonistas; sin embargo, las figuras como nuestro personaje han de quedar en la memoria colectiva de los creyentes.

La riqueza de datos que pueden extraerse de esas experiencias, además de motivar al Dr. Samuel Pagán desde la perspectiva menos apasionada o sectaria de otras geografías, como la de Israel y Palestina, que le permite reflexionar con mayor sobriedad y calma, es una verdadera contribución al estudio de lo que tan correctamente se ha descrito en el título de esta obra: *El rey David: una biografía no autorizada*.

Dr. Ángel Vélez Oyola
Director de la Escuela de Teología
de la Universidad Interamericana de Puerto Rico

Presentación

Cuando se pasa revista a la historia de la educación teológica en América Latina puede observarse un proceso a veces lento y gradual, pero irreversible, de criollización de las distintas cátedras. Sin duda alguna, la cátedra teológica que más tiempo perduró en manos extranjeras, europeas y norteamericanas, ha sido la relativa al Antiguo Testamento.

El estudio del Antiguo Testamento presenta unos desafíos académicos y lingüísticos que las Iglesias latinoamericanas a duras penas estaban capacitadas para enfrentar, mucho menos resolver. Exige el dominio cabal del hebreo clásico y la capacidad de distinguir entre sus distintas variantes, un conocimiento al menos funcional de los idiomas vecinos y emparentados, la facultad para leer el griego, por la importancia de la Septuaginta (la traducción helenística del Antiguo Testamento), además del estudio erudito —histórico, social y cultural— de épocas extensas y complejas, al margen en ocasiones de la historiografía grecolatina clásica.

Para jóvenes con intereses teológicos, la ausencia de una sofisticada tradición intelectual familiar y eclesiástica y la relativa escasez de bibliotecas, casi excluía de inicio el considerar hacer estudios graduados en Antiguo Testamento. El problema ha sido común en toda América Latina, y solo recientemente comienza a solucionarse. Es ciertamente un reflejo de madurez en la educación teológica protestante en un país latinoamericano cuando uno de sus hijos o hijas asume la cátedra de exégesis y teología veterotestamentaria.

He esbozado brevemente esta característica de la educación teológica latinoamericana como trasfondo para resaltar la importancia que tiene el libro que presentamos: *El rey David: una biografía no autorizada*. Su autor, Samuel Pagán, es el erudito puertorriqueño en el estudio académico del Antiguo Testamento de mayor prestigio internacional. Su disertación doctoral *From Crisis to Hope: Study of the Origin of Apocalyptic Literature*, aceptada por el prestigioso Jewish Theological Seminary de Nueva York, en 1988, abrió un sendero inédito en nuestras letras teológicas especializadas. Ha sido profesor en varias instituciones teológicas de América

Latina y en las comunidades hispanas estadounidenses, ha dirigido las traducciones de la Biblia para los idiomas que se hablan y leen en este vasto hemisferio. Ha escrito y publicado una impresionante cantidad de ensayos, artículos y libros, en español e inglés, además de coordinar la edición de revistas y antologías. Desde hace varios años habita y labora en Tierra Santa, justo en la frontera entre Israel y Palestina, en uno de los lugares más sagrados y sanguinarios de toda la historia humana.

Pagán es teólogo y admirador de las letras hispanas, sobre todo de su pináculo literario, *Don Quijote de La Mancha*, sobre el que ha escrito hermosas reflexiones. Ha sido uno de nuestros intelectuales evangélicos más activos, con un estilo que aspira a combinar la erudición académica, típica de los biblistas profesionales, con la facilidad de lectura y entendimiento. Escritor incansable, algunos de sus libros son los siguientes: *La resurrección de la esperanza* (1983), *Púlpito, teología y esperanza* (1988), *Esdras, Nehemías y Ester. Comentario bíblico hispanoamericano* (1991), *Visión y misión* (1993), *Su presencia en la ausencia* (1993), *Palabra viva: entorno histórico, literario y teológico del Antiguo Testamento* (1995), *La visión de Isaías* (1997), *El tiempo está cerca: una lectura pastoral del Apocalipsis* (1997), *El misterio revelado: la comunidad de Qumrán y los manuscritos del Mar Muerto* (2002), *De lo profundo, señor a ti clamo* (2007), *Yo sé quién soy: don Quijote para el siglo XXI* (2008) y *Jesús de Nazaret* (2010).

En sus obras teológicas, ha logrado conjugar el rigor académico y la labor pastoral, el estudio científico y crítico de los textos bíblicos y el estudio comunitario devoto de esos mismos textos considerados escrituras sagradas. No es tarea sencilla. Con facilidad se crea un abismo entre ambas miradas exegéticas, la académica y la eclesiástica. En ocasiones ese dualismo cruza por la mente y el alma de una misma persona. Harto conocidas son las angustias de los estudiantes que inician simultáneamente sus estudios teológicos y su trabajo pastoral al tener que analizar críticamente, en el salón de clase, un texto bíblico sobre el cual luego predican en sus congregaciones. Superar ese dualismo ha sido norte de Samuel Pagán en sus escritos.

Su presencia en la ausencia (1993), por referirme a una de sus obras que más he disfrutado, estudia la literatura hebrea producida entre la destrucción de Jerusalén por el ejército babilónico de Nabucodonosor (*c.* 586 a. C.) y el decreto de Ciro de Persia que autorizó el retorno a la ciudad santa (538 a. C.). Es un escrito de manifiesta solidez académica. Sin embargo, su horizonte hermenéutico principal es el entorno de crisis que padece el pueblo de Dios latinoamericano de hoy que desea vivir de acuerdo a las demandas divinas de justicia y rectitud, y no según los dictados de quienes comandan el poder terrenal. Enlaza un estilo ágil y atractivo, el conocimiento cabal de los problemas históricos y textuales en cuestión, y la reflexión teológica pertinente a los israelitas de entonces y a los creyentes de hoy.

Samuel Pagán es, además, el puertorriqueño de principal protagonismo en la traducción de la Biblia al español y, en general, a todos los lenguajes latinoamericanos. Sobre las dificultades que confrontan los traductores al enfrentarse a las diferencias históricas, culturales y sociales, en ocasiones enormes, entre los tiempos bíblicos y los actuales, es iluminador su ensayo «Poor and Poverty: Social Distance and Bible Translation», *Semeia*, vol. 76, 1996, págs. 69-79. Participó destacadamente en la edición de *La Biblia de estudio* y la revisión de 1995 de la *Biblia Reina Valera*, además de coordinar la traducción de las escrituras sagradas cristianas en diversos lenguajes americanos autóctonos. Sigue así una tradición que se inicia, en nuestras comunidades hispanoparlantes, con Casiodoro de Reina y su *Biblia del Oso* (1569), quien en el prólogo a su famosa edición insiste en la necesidad de traducir la Biblia a las lenguas populares y nacionales.

Igualmente debe destacarse, en todos sus escritos, su notable esfuerzo por explicar las distintas alternativas exegéticas y hermenéuticas que confrontan los estudiosos de los escritos bíblicos, su disposición a optar por algunas de ellas y no otras, y su respeto a quienes defienden lecturas alternas. Ejemplos destacados son sus disquisiciones sobre el posible orden de llegada a Jerusalén de Esdras y Nehemías y sobre el valor de los libros llamados «deuterocanónicos» para el entendimiento cabal del imaginario simbólico del Nuevo Testamento.

Ahora, desde las tierras que siglos atrás gobernase el rey David, nos regala este nuevo libro, *El rey David: una biografía no autorizada*. Es un texto ejemplar en el que se conjugan las exigentes demandas de la erudición académica con un estilo diáfano y transparente, las nuevas investigaciones exegéticas y hermenéuticas con la generosa claridad literaria. Su tema, la monarquía davídica, es central en las escrituras judeocristianas, y nuestro autor analiza magistralmente cómo la figura de este rey israelita, David, se percibe y configura desde diferentes perspectivas en la Biblia. En algunas tradiciones escriturarias es un monarca de carne y hueso, extremadamente complejo y con abismales contradicciones éticas y morales; en otras, se le transfigura en un paradigma de monarca ejemplar; aún otros autores sagrados, en el contexto de la amargura de un pueblo devastado y desterrado, le confieren un toque mesiánico de esperanza apocalíptica, de renovación nacional y religiosa.

Escribo estas notas el Domingo de Ramos de 2011, cuando en toda la cristiandad, se conmemora la entrada de Jesús a Jerusalén con vítores que le proclaman «¡Hosanna al Hijo de David!» (Mt 21:9) y «¡Bendito el reino que viene, de nuestro padre David!» (Mc 11:10).

Samuel Pagán conoce muy bien cómo esas visiones del monarca nacionalista y guerrero interfieren con los anhelos de reconciliación y paz justa entre los pueblos que actualmente habitan la Tierra Santa. Este libro no surge exclusivamente de sus inquietudes académicas. Procede también de sus nobles esfuerzos solidarios con las comunidades judías, islámicas y cristianas, que viven y laboran en las tierras que una vez gobernó el rey David, guiados por la esperanza de labrarse un futuro común.

Luis N. Rivera Pagán
Profesor emérito de ecumenismo
Princeton Theological Seminary

Prefacio

Pero el Señor respondió a Samuel:
«No mires a su parecer,
ni a lo grande de su estatura,
porque yo lo desecho;
porque el Señor no mira lo que mira el hombre,
pues el hombre mira lo que está delante de sus ojos,
pero el Señor mira el corazón».

1 Samuel 16:7

El rey David: un personaje extraordinario

El rey David es un personaje fascinante. Desde las primeras narraciones escriturales, en las cuales se revela que fue subestimado por su padre, hasta los relatos en los cuales vence fulminantemente a Goliat y a los temibles filisteos, sus acciones ponen de manifiesto que era una persona intensa, firme, decidida, arriesgada, visionaria, intrépida, aventurera...

> David es, en efecto, un hombre sin igual en los testimonios bíblicos, pues genera pasiones intensas en hombres y mujeres, reyes y siervos, amigos y enemigos, grandes y pequeños, cortesanos y plebeyos...

Esa personalidad tan intensa del famoso rey de Israel ha inspirado la creatividad de diversos tipos de artistas. Poetas, dramaturgos, novelistas, ensayistas y escultores, han visto en la figura de David un personaje ideal para estudiar y explorar, exponer y analizar, actualizar y describir, dibujar y esculpir... Y en esas representaciones, se revelan no solo algunos detalles significativos de la vida del gran personaje bíblico, sino que se manifiestan las propias interpretaciones de los artistas en torno a la vida del rey.

En la literatura, por ejemplo, las obras relacionadas con David no son pocas. Basta solo mencionar algunas: el poema «Absalón y Ahitofel» de Drysen (s. XVII d. C.), que presenta la rebelión de Absalón contra el rey David; la novela de Elmer Davis, *Vencedor de gigantes* (1928), en la que se describe al rey como el poeta que siempre consigue a alguien que le haga el «trabajo sucio» en el reino; Gladys Schmitt escribió una interesante novela, *David el rey* (1946), en la que desarrolla la vida del monarca, y lo presenta en una relación amorosa con Jonatán.

Otras obras en torno a la vida y las acciones legendarias de David, son las siguientes: Thomas Buenett Swann, *Cómo caen los poderosos* (1974); Jill Eileen Smith, *Las esposas del rey David* (2009); y Cliff Graham, *Los valientes de David* (2009). Y en esta lista de obras distinguidas en torno al famoso rey de Israel, no podemos dejar de mencionar la importante contribución de Don Juan Bosch, *David. Biografía de un rey* (1966), en la que el político y expresidente de la República Dominicana hace un análisis de la vida, las acciones y la carrera política de David.

En el cine, David ha sido un personaje popular y exitoso. En primer lugar, Gregory Peck hizo el papel del rey en la película *David y Betsabé* (1951). Y, posteriormente, los siguientes actores han representado al famoso monarca en otras películas de importancia cinematográfica: Finlay Currie, en *Salomón y Seba* (1959); Richard Gere, en *El rey David* (1985); y Nathaniel Parker, en *David* (1997).

La música ha visto al rey David de muchas formas y en diferentes estilos. Josquin des Prés escribió un cántico de lamento del rey David, ante la pérdida de su hijo. El oratorio de Arthur Honegger, *El rey David*, es muy popular entre las piezas musicales que ejecutan regularmente los coros. La canción del grupo Sting, *Loco por ti* (1991), presenta la obsesión del rey por Betsabé. Y en esa misma tradición musical está el oratorio moderno *Rey David*, con la lírica de Tim Rice y la música de Alan Menken.

La televisión también ha cedido ante la fascinación que genera el rey David. La compañía NBC creó la serie *Reyes*, para representar la vida del rey David en términos contemporáneos. En la serie de PBS, *Wishbone*, el programa «El pequeño gran perro» recuenta la historia de David, especialmente su triunfo contra Goliat. Y en *Xena. La princesa guerrera*, se presenta un episodio, «Destrucción de gigantes», en la que se recrea la gran batalla entre David y Goliat.

En el mundo de las esculturas, David no ha quedado sin representación. Las estatuas más famosas del famoso rey han sido talladas por los siguientes artistas: Donatello (*c.* 1430-1449), Andrea del Verrocchio (1476) y Antonin Mercié (1873).

Sin embargo, es quizá la monumental escultura de Miguel Ángel la que más gente ha visto en torno al distinguido monarca israelita. La ironía de la vida es que ese *David* tiene la estatura de un Goliat (más de 15 pies, como cinco metros de altura), y ,además, ¡no está circuncidado!

Personajes como el David de la Biblia, que en vida llevaron a efecto hazañas singulares y tuvieron victorias ejemplares, al morir incentivan la inspiración e imaginación de quienes intentan relatar sus aventuras y destacar sus logros. Este tipo de personalidad, tan firme, aguerrida e intensa, propicia la creatividad de quienes quieren poner de manifiesto, de alguna forma ordenada, su desarrollo físico, moral, educativo y espiritual. Es muy difícil escribir un libro de una figura como David, pues su vida genera respuestas firmes y decididas que no siempre están de acuerdo.

> Para algunos, David fue un héroe nacional, ejemplo de la antigua sociedad israelita, líder indiscutible que llevó al pueblo de Israel a disfrutar la primera monarquía unificada de las tribus del norte y del sur; además, era un buen poeta, recordado como «el dulce cantor de Israel». Para otros, sin embargo, fue un forajido, maleante, inmisericorde, asesino y mercenario, un personaje sin escrúpulos y de carácter cuestionable, ante la posibilidad de lograr sus aspiraciones personales.

Y quizá entre esos dos polos, diametralmente opuestos, es que debemos ubicar este singular personaje bíblico.

De importancia singular es notar, sin embargo, que aunque David ha generado en la historia mucha creatividad artística, tanto visual como literaria, las biografías científicas, sobrias y analíticas sobre su persona no abundan. Generalmente, el tratamiento que se le brinda a nuestro personaje es más teológico y espiritual, y, además, se exploran solo algunos componentes positivos de su vida, no se analizan sus limitaciones éticas, sus pecados, sus dificultades en la administración de la vida y el hogar ni las relaciones con sus amigos. Inclusive, en torno a David, no faltan estudiosos que dudan de su existencia histórica, y afirman que se trata más bien de un personaje ficticio creado con propósitos propagandistas por los escribanos oficiales del reino.

Sobre el famoso rey David se pueden encontrar algunas obras en castellano que exploran, explican y actualizan algunas facetas gratas de su vida; sin embargo, en referencia al hombre que adultera, y que para encubrir su pecado es capaz de asesinar a un fiel y dedicado aliado y amigo, los estudios no son muchos. En las comunidades religiosas, los estudios en torno David generalmente están orientados a la devoción, son obras de corte homilético y espiritual que no atienden las dificultades históricas, los desafíos éticos ni las complejidades teológicas que se relacionan con nuestro personaje.

Una biografía no autorizada

El propósito de este libro, *El rey David: una biografía no autorizada*, es precisamente ese: explorar las complejidades de su vida, sus aspiraciones, proyectos y triunfos, junto a sus derrotas, ansiedades y pecados. No intentamos en este libro presentar un David piadoso y consagrado: la verdad es que el David cuyas acciones se exponen en la Biblia no solo fue «dulce cantor», sino que fue un hombre lleno de conflictos, contradicciones, incertidumbres y complicaciones.

Quizá esas mismas sean las razones por las cuales este personaje es tan fascinante y atrayente. Es posible que una de las explicaciones por la cual nos sentimos tan atraídos hacia David, es que descubrimos que todos los seres humanos tenemos un lado difícil y que estamos llenos de contradicciones y conflictos. La gente, en efecto, se relaciona con personajes complejos como David.

Esta es una biografía de David no autorizada, pues el objetivo es presentar al personaje bíblico tal y como se presenta en las Escrituras, con sus diferentes matices, facetas y descripciones. No nos interesa solo el poeta y cantor de Israel, sino el monarca que deshonró a Betsabé. No analizaremos solo al guerrero que triunfó sobre el coloso Goliat y también contra los ejércitos filisteos, sino el traidor que mandó a asesinar a Urías Heteo, su amigo. No queremos explorar solo la vida del experto en guerra de guerrillas, sino el buen analista político, al calculador sobrio, que tomaba sus decisiones bien evaluadas para lograr sus objetivos políticos y militares sin importar el costo ni las implicaciones de sus actos.

Ese David humano, lleno de logros y limitaciones, virtudes y defectos, es el que analizaremos y expondremos en este libro, pues nuestro objetivo es poner de manifiesto cómo una persona de esas cualidades puede llegar a convertirse en una figura ideal, en un personaje emblemático, en un buen modelo para las generaciones subsiguientes, en una figura mesiánica. No queremos presentar un David plástico, distante, artificial y superficial, sino la figura compleja, contradictoria, intensa, humana, fuerte y frágil... Nos interesa el hombre que nació en Belén, y gobernó primeramente en Hebrón, para al final, ser el monarca indiscutible del reino unido desde la ciudad de Jerusalén.

Escribir esta obra es una tarea grata y compleja. En primer lugar, la investigación y redacción del libro se hace mientras vivo en Jerusalén, específicamente en Tantur, una montaña muy cerca de Belén donde, de acuerdo con las Sagradas Escrituras, David nació, vivió, aprendió a ser pastor, desarrolló su habilidad de manejar la honda, y articuló algunos de sus primeros poemas o salmos. Y también escribo en un momento de gran inestabilidad política y de desafíos enormes en las negociaciones de paz entre Israel y la autoridad palestina.

Con alguna frecuencia, en esos diálogos de paz se alude a David. Los bandos en controversia, con regularidad, tanto israelíes como palestinos, hacen referencia a la llamada Ciudad de David, que es un sector muy importante en Jerusalén, reclamado por los dos grupos en confrontación.

Escribir esta obra, para mí es una necesidad tanto académica como espiritual. En mis cursos sobre el Antiguo Testamento o la Biblia hebrea, la sección en la cual se estudia a David es generalmente corta, y no hay mucho espacio ni tiempo para explorar con alguna intensidad los diversos componentes y particularidades de su personalidad ni las grandes contradicciones y dificultades de su vida.

Por esa razón pedagógica, me es necesario producir un libro en el cual pueda explorar el tema con profundidad y sobriedad, para compartir con mis amigos y amigas, estudiantes y colegas, algunos aspectos importantes y significativos de la vida de David, que el diseño curricular tradicional, en efecto, no me permite explorar adecuadamente en un curso introductorio a la Biblia.

Es muy importante mencionar, además, que David es una figura mesiánica en la Biblia. Que fundamentados en la profecía que Natán le brinda en torno a su descendencia y dinastía (2 Sam 7), los teólogos bíblicos desarrollaron una teología de restauración, futuro y esperanza, de gran significación espiritual para las iglesias y los creyentes en Cristo.

Jesús de Nazaret proviene de esa casa o dinastía de David, y de esa forma se convierte en heredero de las promesas divinas. Jesús es el Cristo, el Ungido, el Mesías, pues es parte de ese gran acervo histórico, teológico y espiritual que nació en el oráculo del antiguo profeta a David. Y en ese contexto teológico y mesiánico, este libro me produce mucha satisfacción.

Agradecimientos

Los agradecimientos referentes a la culminación de esta obra no son pocos. Sin embargo, voy a limitarlos a dos personas o grupos. En primer lugar, mis estudiantes en el Colegio Universitario Dar alKalima (Colegio de la Palabra) tienen una mención especial. Fueron ellos los primeros que me desafiaron a escribir este libro, para poner de manifiesto que David nació en Belén, y que, aunque fue rey de Israel, su origen geográfico se encuentra en los territorios palestinos actuales.

Además, luego de haber escrito un comentario sobre los Salmos, pienso que necesitaba explorar la vida de la persona a quien se le atribuyen tantos poemas del salterio. Fue mi esposa, Nohemí, quien siempre revisa y edita mis escritos, la que me indicó la importancia y necesidad de escribir esta obra complementaria. A ella va mi agradecimiento más profundo.

Y para culminar este prefacio, incluyo una sección breve de una plegaria y salmo que se atribuye a nuestro personaje David. Hago mío este poema, pues deseo que el aceite divino me oriente e inspire; además, le pido a Dios que mis reflexiones y análisis generen el bien y la misericordia en los lectores y las lectoras de esta obra. Esos valores son los que deben acompañarnos el resto de nuestras vidas.

>*«... unges mi cabeza con aceite;*
>*mi copa está rebosando.*
>*Ciertamente el bien y la misericordia*
>*me seguirán todos los días de mi vida,*
>*y en la casa del Señor moraré por largos días.»*
>
>Salmo 23:5b-6

Introducción
Úngelo, porque este es

Y dijo Samuel a Isaí: «Envía por él [David],
porque no nos sentaremos a la mesa
hasta que él venga aquí».
Envió, pues, por él, y lo hizo entrar.
Era rubio, de hermosos ojos y de buen parecer.
Entonces Jehová dijo:
«Levántate y úngelo, porque este es».

1 Samuel 16:11b-12

El joven David

Las narraciones en torno a David comienzan en el primer libro de Samuel (1 Sam 16:1-13). Se ubican específicamente en el contexto amplio de la transición de la época de los jueces a la instauración de la monarquía en Israel (c. 1050-970 a. C.). Esos relatos relacionan la figura de David con las hazañas de Samuel y Saúl, para posteriormente pasar a la historia de Salomón. Es una época de violencia y crisis internacional, de desorganización y desorientación nacional.

La primera noticia que tenemos de David es muy positiva, y prepara el camino para sus triunfos, logros y popularidad: el joven, aunque de primera instancia fue subestimado por su padre, era «de buen parecer», es decir, elegante, de buena presencia, que es una manera física de indicar que caía bien, que era agradable. Ese elemento descriptivo es de gran importancia teológica en el relato, pues en la Antigüedad esas características físicas eran signos del agrado divino, del favor de Dios.

Ya desde el comienzo mismo de las narraciones bíblicas que exponen los detalles de su vida, los escritores bíblicos indican de forma directa y clara que hasta el físico de David delataba claramente el aprecio que le manifestaba el Señor.

El nombre David aparece en más de mil ocasiones en la Biblia hebrea, y como en sesenta ocasiones adicionales en el Nuevo Testamento. Posiblemente, «David» significa «amado», que pone de relieve claramente, desde el inicio mismo de nuestro estudio, las posibles reacciones de la gente y de Dios en torno a su persona: ¡David era una persona fácil de amar!

Esa es una de las características distintivas de nuestro personaje, a través de las historias y narraciones bíblicas que se presentan en torno al hijo de Isaí. De singular importancia bíblica e histórica es que ese nombre emblemático, David, lo utiliza solamente el rey de Israel en toda las Sagradas Escrituras...

El nombre, que en hebreo es *dawid*, y *daueid* en griego, aparece en documentos de la antigua Babilonia tan temprano como el segundo milenio a. C. (p. ej., *da-wi-da-un-um*), y también es posible que haya algunas referencias escritas de ese nombre (p. ej., *dwd*) en documentos moabitas que provienen del IX a. C.

Algunos estudiosos, sin embargo, sin mucho éxito, han sugerido que el nombre David no es personal o propio, sino más bien que se trata de una especie de título monárquico, o nombre real para la persona que ocupaba el trono. Fundamentan esta interpretación, entre otras razones, en un pasaje bíblico que indica que quien mató a Goliat fue un tal Elhanán, hijo de Jaare-oregim, que provenía de Belén (2 Sam 21:19). David, de acuerdo con esa singular interpretación, era el nombre oficial o título como monarca, y Elhanán era su nombre propio.

Esas afirmaciones e interpretaciones, sin embargo, no toman en consideración que posteriormente, en los libros de las Crónicas, se indica que realmente a quien Elhanán mató en batalla fue a Lahmi, el hermano de Goliat (1 Cro 20:5). Además, es extraño pensar que Elhanán sea, a la vez, David y uno de los hombres de David, como se pone de manifiesto en otras narraciones escriturales (véase, p. ej., 1 Sam 21:18-22; 1 Cro 20:4-8).

Quienes interpretan el nombre David como título, tienen también cierto apoyo en lecturas y comprensiones de la palabra en textos extrabíblicos, como los que se encuentran en los archivos de Mari, la antigua ciudad de Ugarit. Basados en esos documentos, algunos eruditos, sin mucho fundamento o éxito, relacionan la palabra *david* con los títulos de «general» o «comandante en jefe». Otros estudiosos del tema indican, además, que inclusive es posible que la raíz semítica del nombre David se pueda asociar con el concepto de «derrota».

La familia de David

De acuerdo con las narraciones bíblicas, David era biznieto de Boaz y Ruth, nieto de Obed (Rt 4:18-22), y el más joven de los hijos de Isaí, que provenía de la comunidad de Belén (1 Sam 17:12-14). Aunque la Biblia no identifica explícitamente a su madre, el Talmud indica que fue

Nitzevet, la hija de Adael. Tenía dos hermanas, o quizá medio hermanas (Sarvia y Abigail, 1 Cro 2:16), además de seis o siete hermanos (véase, p. ej., 2 Sam 16:5-8 y 1 Cro 2:13-15). Y sus antepasados se incluyen en varias listas que se encuentran en la Biblia hebrea (Rt 4:18-22; 1 Cro 2:1-15), y también en el Nuevo Testamento (Mt 1:2-6; Lc 3:31-38).

La lectura inicial de las narraciones que se encuentran en el libro de Samuel (p. ej., 1 Sam 16:1-10; 17:12-15) da la impresión que David era el octavo hijo en la familia de Isaí. En Crónicas, sin embargo, de la evaluación de la lista de hijos, se desprende que David era el séptimo (1 Cro 2:13-15). Es posible que la lista de Samuel, cuando se dice que llegaron los siete hijos de Isaí ante el sacerdote, aluda a todo el grupo familiar, incluyendo a David, como se revela en el libro de las Crónicas.

Tener siete hijos en la Antigüedad era una forma simbólica y literaria de afirmar que se tenía una familia buena, adecuada y completa, y que el séptimo hijo gozaba de una bendición especial. Por otro lado, ser el hijo octavo, no el séptimo, es una manera de poner de manifiesto los orígenes sencillos y humildes de David: ¡no era el séptimo hijo el que recibiría una bendición especial! Sin embargo, según las Escrituras, Dios le llevó de ser un hijo subestimado a ser el rey escogido que unificó las antiguas tribus del pueblo de Israel.

Más que un detalle histórico y familiar, las afirmaciones en torno a que David era el menor de los hijos de Isaí, es una gran declaración teológica: Dios, en el proceso de manifestar su voluntad en medio de la historia humana, está muy interesado en trabajar con personas pequeñas, humildes, desaventajadas, subestimadas, ignoradas, humilladas, rechazadas...

Ese es el mismo mensaje que se desprende del estudio de las narraciones patriarcales, que revelan que Isaac, Jacob y José eran los menores en sus familias, pero recibieron y disfrutaron la gracia, el favor y la misericordia de Dios. El tema bíblico de la bendición divina para las personas subestimadas, no debe ignorase ni minimizarse.

De gran significación teológica son las genealogías de David, que lo asocian directamente con uno de los patriarcas, Judá, hijo de Jacob o Israel. Esas referencias familiares son formas literarias de asociar a David con las importantes promesas reales hechas en la Antigüedad a Abrahán y sus descendientes (Gn 49:8-12). Además, la lectura cuidadosa de estas genealogías pone en clara evidencia que parte de los ancestros de David, no eran israelitas: ¡Rut era moabita! ¡Tamar, cananea! Esos relatos familiares revelan el interés internacional de los autores sagrados.

Una de las implicaciones de la lectura detallada de esas genealogías, es que la selección de David como rey de Israel, y como singular portaestandarte de la voluntad de Dios en el pueblo, no estaba basada puramente en consideraciones nacionalistas o étnicas. Desde muy temprano, en las narraciones escriturales se manifiesta esta visión universalista de la revelación divina, que incorpora personas de culturas y pueblos que no son descendientes de Abrahán en la historia de la salvación. Ese sentido de universalismo religioso y cultural es un componente principal en el desarrollo posterior de la espiritualidad y teología mesiánica asociada con David.

De acuerdo con el testimonio de las Sagradas Escrituras, David tuvo ocho esposas identificadas, y con siete de ellas procreó hijos. Entre las más prominentes se encuentran Abigail (1 Sam 25) y Betsabé (2 Sam 11–12), además de la hija de Saúl, Mical, con la cual no engendró descendencia (2 Sam 6:23). No debemos ignorar que las narraciones escriturales indican que tuvo muchas más mujeres y concubinas, con las cuales posiblemente tuvo más hijos e hijas (1 Cro 3:9; 14:3).

¡Son 19 los hijos de David, y una hija, identificados en la Biblia! Su descendencia se mantuvo en el poder en el reino de Judá, hasta la época del exilio, cuando los ejércitos babilónicos destruyeron Jerusalén en el 587 a. C. Y entre sus descendientes famosos, según el testimonio bíblico o la tradición, se pueden identificar personas como Salomón (s. X a. C.), su sucesor en el trono; Jesús de Nazaret (s I d. C.), el fundador del cristianismo; y hasta Maimónides, el famoso rabino español (c. 1135-1204 d. C.), se asocia con el recordado rey de Israel.

Esposas e hijos de David

- Mical (1 Sam 18:27): no tuvo hijos de David
- Abigail (1 Sam 25:42): Daniel (1 Cro 3:1), también conocido como Quileab (2 Sam 3:3)
- Ahinoam (1 Sam 25:43): Amnón (1 Cro 3:1)
- Maaca (1 Cro 3:2): Absalón (1 Cro 3:2) y Tamar (2 Sam 13:1)
- Haguit (1 Cro 3:2): Adonías (1 Cro 3:2)

- Abital (1 Cro 3:3): Sefanías (1 Cro 3:3)
- Egla (1 Cro 3:3): Itream (1 Cro 3:3)
- Betsabé (1 Cro 3:5): Samúa, Sobab, Natán y Salomón (2 Sam 5:14; 1 Cro 3:5)
- Otros hijos de David: Ibhar, Noga, Nefeg, Jafia, Elisama, Beeliada o Eliada, Elifelet (2 Sam 5:14; 1 Cro 3:6-8; 14:47)

Listas de hijos de David

A continuación, incluimos las listas de hijos de David que nacieron en Hebrón y Jerusalén, de acuerdo con los testimonios de los libros de Samuel y Crónicas. Las diferencias y variantes escriturales se pueden deber a diferencias lingüísticas de los mismos nombres, dificultades en la transmisión del texto bíblico, o sencillamente a tradiciones alternas en torno a la familia de David.

- Nacidos en Hebrón

2 Samuel 3:2-5	*1 Crónicas 3:1-4*
Amnón	Amnón
Quileab	Daniel
Absalón	Absalón
Adonías	Adonías
Sefanías	Sefanías
Itream	Itream

- Nacidos en Jerusalén

2 Samuel 5:14	*1 Crónicas 3:5-9*	*1 Crónicas 14:4-7*
Samúa	Simea	Samúa
Sobab	Sobab	Sobab
Natán	Natán	Natán
Salomón	Salomón	Salomón
Ibhar	Ibhar	Ibhar

Elisúa	Elisama	Elisúa
—	Elifelet	Elpelet
—	Noga	Noga
Nefeg	Nefeg	Nefeg
Jafía	Jafía	Jafía
Elisama	Elisama	Elisama
Eliada	Eliada	Beeliada
Elifelet	Elifelet	Elifelet

Todas estas genealogías y listas de hijos e hijas de David, tienen un singular y claro propósito teológico: afirman la importancia de David como el rey más prominente y destacado de Israel, e intentan subrayar que las promesas divinas, que heredó a través de su ascendencia que lo asocian con Judá y Jacob o Israel, lo relacionan con las promesas proféticas posteriores hechas por Natán. ¡En David se une el pasado y el futuro! ¡Las promesas a los patriarcas y matriarcas de Israel se asocian directamente al oráculo de Natán!

Y esas peculiaridades familiares y teológicas, de acuerdo con la fe cristiana, lo ubican en la línea mesiánica que llega hasta el Nuevo Testamento, en la figura de Jesús de Nazaret, que se convierte en el cumplimiento pleno de esos oráculos antiguos.

David, según la Biblia

Generalmente, la Biblia no describe en sus narraciones las apariencias físicas de sus personajes y protagonistas. Ese es el caso de figuras de gran importancia (p. ej., Abrahán, Sara, Moisés, Miriam, Jesús y María), de las cuales desconocemos sus características fisiológicas. Las Escrituras, sin embargo, ponen de manifiesto sus decisiones y hechos, que nos permiten de alguna manera penetrar en su mundo conceptual, la filosofía de vida que tenían, el fundamento de sus acciones. En muy pocas ocasiones se dan detalles físicos que nos permitan visualizar cómo eran esas personas en la Antigüedad.

Ese no es, sin embargo, el caso de David. De acuerdo con la narración bíblica, en su primera descripción física, el libro de Samuel revela lo siguiente: «Era rubio, de hermosos ojos y de buen parecer» (1 Sam 16:12).

> Y a esas palabras iniciales, y en el contexto de la llegada del joven David al palacio de Saúl, se indica que uno de los criados del rey, afirma: «He visto a un hijo de Isaí de Belén, que sabe tocar; es valiente y vigoroso, hombre de guerra, prudente en palabras, hermoso, y el Señor está con él» (1 Sam 16:18).

La afirmación familiar pone de manifiesto su trasfondo íntimo y comunitario: David es hijo de Isaí de Belén. Esa forma de presentación, en la cual no se indican antecedentes ni se explican detalles genealógicos, puede ser un indicador de que Isaí era una figura muy bien conocida en Belén y fuera de su ciudad, en la tribu de Judá. Inclusive, es muy probable que también fuera conocido en la tribu de Benjamín, de donde procedía Saúl. Y, por las indicaciones que Samuel le da a Isaí y a sus hijos, se desprende que el padre de David era uno de los ancianos de la ciudad (1 Sam 16:1, 2-4), una persona distinguida e influyente en su comunidad, y reconocida en otras ciudades.

Era músico

Un detalle en torno a David que tiene significación teológica es que, según las Escrituras, «sabe tocar» (1 Sam 16:1-23), en referencia clara a sus habilidades musicales. Sin embargo, es irónico ver cómo David llega al palacio de Saúl para calmar los tormentos y ansiedades del monarca, cuando era precisamente David la fuente de sus complejos, preocupaciones, angustias, desequilibrios y ansiedades. De acuerdo con las narraciones escriturales, el rey no lo sabía aún, pero quien había llegado al palacio para confortarlo y ayudarlo era quien posteriormente le sustituiría en el trono.

> En los relatos de las relaciones entre Saúl y David, el texto bíblico desea contrastar la personalidad de esas dos figuras. Un rey que debería ser poderoso, fuerte y seguro, pero que se mostraba ansioso, inseguro y débil; y un joven sin experiencia militar, que con su música manifestaba seguridad, sobriedad y fortaleza.

El contraste es claro y significativo: se ponen las bases sicológicas y temáticas para el desarrollo de la trama en torno a estos dos líderes del pueblo.

La llegada de David al palacio como músico no tiene una finalidad artística o de entretención. En la Antigüedad, la música estaba al servicio de la religión y la espiritualidad, pues se pensaba que tenía funciones curativas, salutíferas y liberadoras. Además de ser utilizada en ceremonias religiosas y cúlticas, la música servía inclusive para ayudar a los profetas a alcanzar sus trances e inspiraciones (p. ej., Eliseo: 2 R 3:15; y Saúl: 1 Sam 10:1-6, 10). Y en el singular caso de David, la música era parte de la terapia emocional y espiritual que necesitaba Saúl para bajar los niveles de ansiedad, producidos, según las Escrituras, «por un espíritu malo que lo atormentaba y provenía del Señor» (1 Sam 16:14-16). El relato contrapone a los dos protagonistas: David era favorecido, y Saúl, atormentado por el Señor.

En ese sentido, David no solo era músico, sino sanador y taumaturgo. ¡Saúl necesitaba al joven para mantener su compostura emocional y salud espiritual! Estos son los detalles en las narraciones bíblicas que van preparando el camino para describir a Saúl como una persona sin salud mental, y a David como un joven con virtudes musicales. Esas afirmaciones tempranas en torno a David y sus dones musicales son el fundamento para reconocerlo posteriormente como el poeta y salmista por excelencia y como la persona clave en la organización de la adoración y las alabanzas en el posterior Templo de Jerusalén, conocido también como el Primer Templo o el Templo de Salomón.

El arpa o la lira que tocaba David, era un instrumento musical que tenía de tres hasta doce cuerdas. Y aunque no sabemos cómo sonaba, sí sabemos cómo físicamente era, pues se han encontrado varios modelos en algunas ciudades del Oriente Medio. Eran instrumentos caros, usados mayormente por la aristocracia; por esa razón pensamos que el David bíblico provenía de una familia de buenos recursos económicos. En este sentido, debemos corregir la imagen tradicional que puede visualizar a David como un pastor pobre, socialmente desaventajado, proveniente de una familia sin recursos económicos adecuados.

Su posición económica y social

La alusión a que David era «valiente y vigoroso» (1 Sam 16:18) se ha interpretado tradicionalmente desde una perspectiva militar. Sin embargo, una mejor comprensión de la expresión revela que se trata más bien de una afirmación de prestigio social. La misma frase se utiliza en referencia al papá de Saúl, que no era militar sino un hombre de negocios (1 Sam 9:1). Además, las alusiones militares a David vienen en la próxima declaración, que indica que era «hombre de guerra» (1 Sam 16:18).

Esas referencias sociales en torno a David, se confirman al estudiar y comprender las formas de administrar las riquezas en la Antigüedad. En una sociedad sin sistemas bancarios desarrollados, y sin dinámicas monetarias efectivas, las riquezas se medían en términos de tierras y ganados. Una persona poderosa, rica o «valiente y vigorosa», era la que poseía animales, que en el caso específico de Isaí, eran, entre posiblemente otros animales, las ovejas. Desde esta perspectiva, David no era un pastor económicamente pobre y rezagado social, en los confines más remotos y distantes de las tierras de su padre Isaí, sino uno de los herederos de la fortuna familiar que se asociaba con la crianza y el pastoreo de ovejas.

La posición social y económica de David y su familia se pone de manifiesto también en las narraciones que se incluyen en el libro de Rut. De acuerdo con el testimonio escritural, Booz, identificado como bisabuelo de David (Rt 4:18-22), es descrito como una persona prominente y rica (Rt 2:1).

Hombre de guerra

La expresión bíblica «hombre de guerra» (1 Sam 16:18), que el texto bíblico utiliza en referencia a David, describe a una persona con considerable experiencia militar; en efecto, es una manera de poner de relieve las capacidades bélicas y los triunfos de algún combatiente. Sin embargo, esta forma de presentar a nuestro personaje, al comienzo mismo de su carrera, contrasta con la imagen ideal que se tiene del joven pastor, que llegó al campo de batalla, donde los israelitas estaban en guerra contra los filisteos y su combatiente más famoso, el gigante Goliat, sin experiencia bélica previa. Inclusive, entre las referencias que se hacen a esa batalla contra el coloso filisteo, se indica que David no estaba acostumbrado a la armadura de guerra que pertenecía originalmente al rey Saúl (1 Sam 17:38-39).

El texto bíblico no indica cómo David adquirió esa experiencia militar, que se convirtió en una de las características personales más importantes, en primer lugar, para vivir y sobrevivir en el reino de Saúl, y posteriormente, para llegar al poder y consolidar el reino como monarca de Israel. La finalidad de la narración bíblica es sentar las bases para la posterior carrera militar exitosa del famoso rey de Israel.

Puede arrojar alguna luz sobre este tema un detalle importante que proviene de los descubrimientos arqueológicos en la región y de las interpretaciones de esos hallazgos. Alrededor del año 1000 a. C., hubo un crecimiento poblacional desmedido en las montañas de Judá que trajo inestabilidad social y económica en la región. Esas dinámicas demográficas, que ciertamente afectaron adversamente los recursos naturales locales, generaron una serie de conflictos entre las familias de Judá y en las comunidades aledañas: había más personas en la región, y las tierras cultivables se hacían cada vez más escasas en respuesta a ese singular aumento poblacional.

Esos conflictos hicieron que se generara una nueva clase social de personas que no tenían tierras cultivables para vivir. Algunas de esas personas, para sobrevivir y mantener a sus familias, se unían a instituciones establecidas, por ejemplo, en ciudades y estados, y vendían sus servicios como sacerdotes, ayudantes, y hasta militares o mercenarios de personas acaudaladas. Otros se mantenían al margen de la ley, y vivían de lo que podían obtener en ataques a grupos y pueblos establecidos, y en guerras.

Es posible que David, que vivió en ese preciso momento histórico, haya sido afectado adversamente por esas dinámicas demográficas. Quizá, cuando llegó a la edad adulta, ya las tierras familiares, cultivables y disponibles para pastar los rebaños, no eran suficientes para sostener a toda la familia. Y en ese contexto social de crisis, incertidumbres y transiciones, siendo David el más pequeño de la familia, es posible que se haya descubierto sin tierras ni medios para sobrevivir.

Posiblemente, son esas las dinámicas que llevaron a David al campo, y que le prepararon el camino para adquirir sus primeras experiencias bélicas. Esos problemas sociales fueron los que le movieron a desarrollarse como líder militar de un grupo pequeño de seguidores que, como él, no tenían acceso al poder ni a las tierras. Es quizá por esa misma razón que, aunque provenía de una familia acaudalada, cuando llegó el momento de casarse con la hija del rey Saúl, no tenía los recursos para pagar la dote matrimonial (1 Sam 18:23). En efecto, sin los recursos familiares ni tierras, David tuvo que aprender a vivir de sus esfuerzos personales, y de las armas.

> Esa experiencia básica le permitió distinguirse y triunfar en el ejército de Saúl: en primer lugar, fue exitoso como soldado y, posteriormente, como general. Con el tiempo, sin embargo, y con el desajuste emocional de Saúl, David se alió a un grupo de combatientes que le apoyaron en sus viajes de huida por el desierto, y le ayudaron a ganar una buena reputación como hombre de guerra.

Esa importante etapa en su vida le preparó para sus posteriores triunfos y ejecutorias como monarca de Israel.

Era prudente en sus palabras

> La expresión «prudente en sus palabras» es posiblemente una forma de aludir a su elocuencia y capacidad de comunicación. En efecto, David, de acuerdo con las narraciones bíblicas, tenía facilidad de palabras, pues estaba familiarizado con los protocolos pertinentes y los temas requeridos para sobrevivir en medio de la alta sociedad, tanto política como militar, de su época.

Esa buena capacidad para la comunicación, que revela con claridad su inteligencia, se pone en clara evidencia en varios contextos. En primer lugar, el discurso con que enfrentó a Goliat es una pieza literaria de gran virtud teológica. El argumento significativo que se atribuye directamente a David, es que el gigante filisteo había ofendido y provocado al Dios de los ejércitos de Israel (1 Sam 17:45-47). De acuerdo con la narración bíblica, la confianza del joven no estaba en sus habilidades bélicas, sino en la misericordia y el poder de Dios. En efecto, la elocuencia de David es reveladora de las teologías que articula, de acuerdo con los relatos escriturales.

La sabiduría y prudencia en el hablar de David también se manifiestan en sus declaraciones luego de haberle perdonado la vida a Saúl en dos ocasiones (1 Sam 24:6; 26:9-11). En esos contextos de crisis, y luego de enfrentar la posibilidad real de perder su vida, David alude al rey como el «ungido del Señor», y afirma que por esa singular razón teológica había actuado con misericordia y sentido de perdón. Le perdonó la vida al monarca que le perseguía, porque reconocía que Saúl había sido seleccionado por Dios, y consagrado y dedicado al Señor.

Esas tradiciones en torno a su elocuencia, son posiblemente las características personales más importantes en el desarrollo de la fama posterior que adquirió David como el dulce cantor de Israel. Esa gran capacidad de comunicación y sus destrezas musicales, unidas a sus ejecutorias como agente de paz, bienestar y salud para el rey Saúl, hicieron que el pueblo le recordara como el salmista o poeta por excelencia en el pueblo.

Era hermoso

La expresión que en castellano se ha traducido generalmente como «hermoso» o «de buena presencia», literalmente significa «persona de forma», y alude, posiblemente, a la manera correcta de ser ante la comunidad y de verse frente a los grupos. Esa descripción, además, se relaciona directamente con una serie importante de héroes y heroínas en las Sagradas Escrituras. En esa misma tradición, además de David, son «hermosos» José (Gn 39:6), Moisés (Ex 2:2) y Saúl (1 Sam 9:2). Y Ester también era «de hermosa figura y de buen parecer» (Est 2:2). De esa forma David se une a un grupo selecto de patriarcas, legisladores, monarcas y heroínas del pueblo.

De singular importancia, al evaluar la idea que transmite la expresión «de hermoso parecer», es el contexto general de la frase en torno al rey Saúl. En este caso, la hermosura de Saúl se asociaba directamente con su altura. De acuerdo con el relato bíblico, «de hombros arriba, sobrepasaba a cualquiera del pueblo» (1 Sam 9:2). Es decir, que Saúl era físicamente alto, imponente, impresionante. Y ese tipo de cuerpo y fisionomía era el ideal para líderes políticos, particularmente para los guerreros.

Algunos estudiosos, fundamentados en el énfasis que se pone a la altura de Saúl, y también al tomar en consideración la finalidad del pasaje (1 Sam 9:2), que es presentar las diferencias entre los dos personajes, piensan que David no era muy alto, por lo menos en comparación con Saúl, y ciertamente cuando se ubicaba al lado del legendario coloso filisteo, Goliat. A esta impresión en torno a la altura de David se añade la interpretación de algunas narraciones, que podrían leerse y comprenderse en ese mismo sentido: ¡quizá David no era muy alto, pues inclusive se podía esconder bien en una cama y pasar desapercibido! (1 Sam 19:13-17).

Posiblemente en el pueblo, y en particular entre los líderes, había algunas expectativas físicas en torno a cómo debían lucir sus líderes, en especial los monarcas. Por lo menos, esa fue la clara afirmación que se atribuye a Dios mismo, cuando Samuel se disponía a ungir al segundo rey de Israel, y estaba próximo a encontrarse con los hermanos de David (1 Sam 16:7): «No mires a su parecer ni a lo grande de su estatura...» (1 Sam 16:7), le advirtió el Señor al profeta y sacerdote. Los hermanos de David eran fornidos, grandes o altos, y parece, según el relato, que David no lo era.

Un detalle adicional sobre la apariencia física de David se puede desprender de la lectura cuidadosa de la narración de un episodio, en el cual la hija de Saúl le salva la vida a David. Para desorientar a los guardias del palacio, Mical puso una almohada de cabello de cabra sobre una estatua (¡quizá un ídolo!) en la cama, y le dijo a los soldados que David estaba enfermo en el lecho (1 Sam 19:13-17).

Fundamentados en una lectura cuidadosa del texto hebreo del pasaje, se puede pensar que David tenía el pelo grueso, despeinado y quizá con ondas, similar al de las cabras. A estas sugerencias, debemos añadir que cuando Samuel vio a David por primera vez, afirmó que «era rubio, de hermosos ojos, y de buen parecer» (1 Sam 16:12). La palabra que en la tradición de Reina-Valera se ha vertido como «rubio», podría ser más bien una referencia a un tipo de pelo color «rojizo».

Y «los ojos hermosos» de David, más que una descripción física del color o su apariencia, es, posiblemente, una referencia a su sentido de futuro, acercamiento a la vida y visión, en el sentido de comprensión de la realidad y su proyección humana. La hermosura de los ojos es una manera figurada de afirmar que David tenía futuro como líder nacional.

El Señor estaba con él

> En la lista descriptiva de atributos de David, ocupa el último lugar el fundamento de todas sus características físicas, musicales, literarias y militares: ¡el Señor estaba con él! (1 Sam 16:18). Esa era una forma teológica de enfatizar la base de sus éxitos, la razón de sus triunfos, la plataforma de sus logros, el fundamento de sus victorias.

David era una persona afortunada, según los relatos que exponen su vida, y ejecutorias personales y profesionales, porque estaba favorecido por Dios. Y esa bendición divina era el factor fundamental para que los escritores bíblicos destacaran su belleza, sus habilidades musicales, su capacidad de comunicación y su valentía militar.

De forma continua, y de diferentes maneras, el texto bíblico pone de manifiesto el favor divino hacia David. Por ejemplo, al triunfar sobre leones, osos, gigantes y filisteos (1 Sam 17:34-37). Además, la providencia divina le acompañó cuando Saúl, desorientado por los celos y amargado por los triunfos del joven, emprendió una campaña agresiva y paranoica de persecución para matarlo (1 Sam 19:21-22; 23:24-28). Los pasajes escriturales inclusive indican, explícitamente, que Saúl le temía porque reconocía que «el Señor estaba con él» (1 Sam 18:12).

> De acuerdo con las Escrituras, la humildad de David se destaca al revelar el fundamento de sus actitudes misericordiosas hacia Saúl: ¡no quería alzar la mano contra el ungido del Señor! (1 Sam 24:6,10; 26:9). Y para coronar los continuos relatos de victorias militares, triunfos personales, logros políticos y gestos magnánimos, Dios mismo le promete, de acuerdo con los testimonios bíblicos, que su dinastía será eterna (2 Sam 7).

En efecto, el texto bíblico desea afirmar de manera convincente, con todas estas narraciones, que el factor de triunfo básico e indispensable que acompañaba continuamente a David era la bendición divina. De esa manera se prepara el camino para las declaraciones teológicas en torno a su persona, como que era una persona que actuaba de acuerdo «al corazón de Dios», y que fue seleccionado por el Señor para sustituir al primer rey de Israel, Saúl.

El David histórico

Un grupo reducido de estudiosos, al evaluar la evidencia arqueológica disponible referente a los años 1200-1000 a. C. en la región de Judá, piensa que el David que se presenta en las Escrituras es esencialmente una figura literaria, producto de la ficción, imaginación y creatividad de algún escribano oficial del reino. Que se trata más bien de la creación de alguna persona encargada de redactar las memorias de la tribu de Judá y del reino que deseaba destacar la importancia del grupo y su líder.

Quienes piensan de esta forma entienden que la Biblia presenta a un David teológico, no a un personaje histórico, real y verificable. Este asunto es de vital importancia no solo en relación con el fundamento histórico de nuestro personaje, sino en el debate académico en torno a cómo interpretar las evidencias literarias y materiales en referencia a los años que circundan al s. X a. C. Además, esta comprensión de David repercute de manera importante en los diálogos de paz contemporáneos entre palestinos e israelíes.

Para responder efectivamente a este tipo de lecturas e interpretaciones de los documentos bíblicos, es posible recurrir a otras ciencias afines, por ejemplo, como la arqueología. Las conclusiones sobrias que pueden llegar de estos importantes recursos informativos pueden arrojar alguna luz en torno al tema general que nos ocupa, particularmente referente a nuestro personaje: el rey David que, de acuerdo con el testimonio bíblico, vivió en la ciudad histórica de Jerusalén, y que gobernó los pueblos de Judá e Israel en el período histórico conocido como de Hierro 1 (c. 1200-1000 a. C.), que es una época en la cual no hay mucha información ni evidencia arqueológica disponible.

Para iniciar nuestros comentarios, debemos mencionar la inscripción descubierta en unas ruinas históricas, conocidas como Tel Dan, que proviene de c. 850-835 a. C. De acuerdo con varios estudiosos del asunto, la inscripción puede leerse como una alusión a la «casa de David» o dinastía, que, en efecto, es probable que sea una referencia indirecta al famoso rey de Israel y una mención directa de su casa o dinastía.

Junto a ese importante descubrimiento, se deben añadir otras evidencias y descubrimientos que provienen del s. IX a. C. De ese mismo período, se encuentra la famosa estela Mesa de Moab, que probablemente incluye otra referencia a la «casa de David». Y aunque no ha sido necesariamente aceptada por la comunidad académica en general, es también posible que en una inscripción de c. 945 a. C., el faraón Sosenq I, de Egipto, mencione las «alturas de David», que sería un testimonio adicional en torno a la existencia histórica del rey de Israel. En efecto, la interpretación de esta evidencia arqueológica disponible apunta hacia la historicidad de nuestro personaje David.

Esas referencias, que provienen de la arqueología, unidas a los testimonios que surgen de las Sagradas Escrituras, apuntan al siguiente hecho: David fue posiblemente un personaje de la vida real, que vivió en Judá y se constituyó en el iniciador de una dinastía que era conocida en Egipto, Siria y Transjordania. En efecto, cuando hablamos de David, nos referimos a un ser humano concreto que desempeñó un papel político y militar de cierta importancia en el mundo político del Oriente Medio antes del s. IX a. C.

El siguiente libro tiene como propósito definido y claro estudiar a ese David, cuyas hazañas se incluyen en las Sagradas Escrituras, y que las evidencias arqueológicas apuntan hacia que existió y fundó una dinastía en Judá, desde la ciudad de Jerusalén. Además, en nuestro estudio, exploraremos cómo esa figura histórica fue interpretada teológicamente a través de los siglos para perpetuar la importancia de ese líder como un elemento de unidad nacional.

Nos interesa analizar e interpretar, no solo el David histórico, sino el teológico, pues este personaje bíblico ha tenido una influencia extraordinaria, tanto en la historia del judaísmo como en el cristianismo, y en las espiritualidades que se manifiestan en las sinagogas y las iglesias.

Capítulo uno
Fue ungido en medio de sus hermanos

Samuel tomó el cuerno del aceite
y lo ungió en medio de sus hermanos.
A partir de aquel día
vino sobre David el Espíritu del Señor.

1 Samuel 16:13

Fuentes literarias en torno a David: 1 y 2 Samuel

> El contexto amplio de la historia bíblica que presenta a David alude al período que va del año c. 1050 al 970 a. C. Esa es la época que marcó un hito histórico significativo en Israel: se pasó del tiempo de los jueces o los caudillos, que manifestaba una administración tribal e individual, a una organización e infraestructura más centralizada.

Fue el momento donde las llamadas «doce tribus de Israel», que llegaron a las tierras de Canaán desde el país de Egipto, según las narraciones del Pentateuco, hicieron una muy importante transición política, militar y administrativa: ¡establecieron una monarquía! Y ese es el entorno histórico general que se encuentra en los dos libros de Samuel y en el primer libro de las Crónicas.

Además de las fuentes literarias explícitas en los libros de Samuel, los estudiosos han descubierto algunas narraciones que tienen cierta integridad literaria y tendencia teológica. Esos bloques narrativos presentan aspectos específicos y determinantes de la vida de David. Estos dos grupos de relatos, con sentido de dirección teológico, son los siguientes: el primero, conocido como «la historia de la ascensión de David», o «la llegada de David al poder y al reino» (1 Sam 16– 2 Sam 5), presenta diversos episodios de la vida de nuestro personaje que le llevaron a ser ungido como rey de Judá e Israel. Y el segundo, que trata de las dificultades relacionadas con los procesos de transición del poder al final del reinado de David, se conoce como «las narraciones de la sucesión» (2 Sam 9–20).

Los libros de Samuel tienen un carácter eminentemente compilatorio, pues unen en sus narrativas diversos tipos de relatos, que pueden ser detallados y extensos —p. ej., la unción de Saúl (1 Sam 9:1–10:16), la boda de David y Abigail (1 Sam 25) y la vida de David en el palacio real (2 Sam 9–20)—, o ser porciones bien concisas y breves —p. ej., las guerras de Saúl contra los pueblos vecinos (1 Sam 14:47-48)—. Y los géneros literarios que utiliza son diversos, pues junto a las secciones compilatorias, por ejemplo, incorpora discursos (1 Sam 12), himnos (1 Sam 2:1-10), estribillos de cánticos de triunfo (1 Sam 18:7), y proverbios (1 Sam 2:25).

> El fundamento teológico de estos libros sigue las tradiciones del libro de Deuteronomio, en las que la valoración de la protección divina estaba íntimamente relacionada con la fidelidad del pueblo a la alianza o pacto en el Sinaí.

En ese contexto general de narraciones históricas que incluyen los libros de Samuel, se pone de manifiesto el nacimiento y la inauguración de una nueva forma de gobierno nacional, la monarquía, y en medio de todos esos relatos, se destaca la figura del rey David como el gobernante ideal.

La finalidad teológica de los libros de Samuel es hacer un recuento de la historia del pueblo de Israel desde una perspectiva oficial. Posiblemente, un historiador asociado a la monarquía, en la época de David, o quizá en el período de Salomón, comenzó a redactar secciones importantes que se incluyen en estos libros para explicar el porqué de algunas decisiones importantes de David (p. ej., la selección de Salomón como su sucesor), y para poner de manifiesto la ideología real que acompañaba las ejecutorias de David.

En ese sentido amplio, los libros de Samuel ponen en evidencia la historia de los comienzos de la monarquía, fundamentada en el presupuesto de que David era el ungido de Dios, según la profecía de Natán (2 Sam 7). De gran importancia teológica es entender que estos relatos bíblicos representan la postura oficial de la monarquía, la ideología del Estado, la posición del monarca, la perspectiva institucional pública.

Las narraciones en torno a David se producen en un ambiente internacional de decadencia, en el cual las grandes potencias regionales, que ejercían su hegemonía en Siria, Transjordania y Palestina, Canaán o Israel, estaban débiles por diversas razones. Las dinastías XX y XXI de Egipto (c. 1204-947 a. C.) estaban en medio de una serie de luchas internas que le impedían mover sus fuerzas muy lejos de sus fronteras. Los asirios, que constituían una potencia militar en todo el Oriente Medio, respondían en ese período a los avances importantes de los babilónicos, que intentaban expandir sus fronteras nacionales e influencias internacionales. Y los hititas habían decidido retirarse a Capadocia y Siria, luego de los tratados de paz con el faraón Ramsés II de Egipto (c. 1280 a. C.).

Esa realidad política internacional dejó un vacío de poder que llenaron los filisteos, que formaban parte de los llamados «pueblos del mar», que se asentaron en la cuenca del mar Mediterráneo por el siglo XIII a. C., y lograron una organización efectiva en los llanos costeros al sur de Canaán. Las narraciones bíblicas indican que se convirtieron en enemigos acérrimos de Israel. Y la evidencia arqueológica revela que tenían presencia importante y ejercieron influencias significativas en las ciudades de Bet Semes, Bet Sean y Guézer, además de merodear los alrededores de las antiguas ciudades de Jerusalén y Silo.

Entre las tribus que se revelaron como enemigas del pueblo de Israel, en ese mismo período, se encuentran los amalecitas. Se trata de grupos esencialmente nómadas, que recorrían con regularidad el Sinaí, el Néguev y Transjordania. Ya se mencionan los amalecitas en la Biblia como enemigos de Israel en la época de los jueces, y prosiguen esos conflictos durante las administraciones de Saúl y David. Con el tiempo, desaparecen como enemigos reales, pero se mantienen en la memoria colectiva como sus enemigos por antonomasia (Sal 83:8). Israel tuvo que luchar también en esa época contra otros grupos, como los amonitas, moabitas e idumeos (véase, p. ej., 1 Sam 14:47-48; 2 Sam 8).

Las narraciones bíblicas que aluden a este importante período histórico de Israel, se encuentran principalmente en los libros de Samuel, y también en el primer libro de Crónicas, que reinterpreta el material disponible. Se pone de relieve en estos relatos la vida y las actividades de tres personajes de gran importancia en la historia nacional: Samuel, Saúl y David.

Y es en ese contexto histórico, y en relación con estos tres líderes, que se establece la monarquía en Israel.

Samuel (1 Sam 1-12)

La imponente figura de Samuel es la que se revela en la primera parte del libro que lleva su nombre (1 Sam 1–12). Y aunque el texto bíblico relaciona el nombre de Samuel con «lo he pedido al Señor» (1 Sam 1:27-28), una comprensión más precisa del término revela que significa, más bien, «su nombre es Dios» o, inclusive, «el nombre de Dios».

En esta sección inicial de la obra, se presentan los siguientes temas: la infancia y vocación de Samuel (1 Sam 1–3); las narraciones en torno a las primeras dos guerras contra los filisteos y la historia del Arca del Pacto (1 Sam 4–6); los inicios del ministerio de Samuel como juez (1 Sam 7); y finalmente, se incluye los comienzos de la monarquía y la selección de Saúl como el primer rey de Israel (1 Sam 8–12). Toda esta narración constituye una especie de introducción a la vida de David, que es el rey ideal, de acuerdo con la teología bíblica posterior.

La primera noticia que tenemos de Samuel en las Escrituras es lo milagroso de su nacimiento. Esa narración revela, de entrada, la importancia histórica de ese personaje (1 Sam 1). Y el significativo cántico de Ana, su madre, es un buen ejemplo de un poema antiguo que destaca los temas de la fidelidad de Dios y su apoyo a la gente necesitada (1 Sam 2).

Los primeros dos grandes temas que se exponen en la obra revelan la gran significación teológica que se les brinda en las narraciones: la misericordia de Dios y el compromiso divino por responder al clamor de una madre débil y angustiada.

Los episodios que presentan a Samuel sirviendo en el santuario de Silo, y donde va madurando y creciendo su vocación (1 Sam 2:18– 3:18), introducen el tema del rechazo de Elí y sus hijos para ejercer el sacerdocio. De acuerdo con el análisis del autor del libro de Samuel, esa familia no se mostró digna de ejercer el ministerio sacerdotal y jurídico por la falta de valores éticos y la carencia de principios morales que manifestaron (1 Sam 2:12-17; 27-36). Se pone de relieve en estos relatos la importancia que la obra le brinda al tema de la integridad.

Las actividades de Samuel como último juez de Israel se presentan en medio de dos importantes guerras contra los filisteos. En la primera, que se llevó a efecto en Eben Haézer, los israelitas son derrotados fulminantemente. Los filisteos en esa ocasión capturan el Arca del Pacto, símbolo de la presencia divina, y la llevan a Asdod. Sin embargo, por las calamidades que trajo la presencia del Arca en territorio filisteo, decidieron devolverla a Israel, pues entendieron sus dificultades como parte del juicio divino por tener ese signo de Dios entre ellos. El Arca entonces viaja de Bet Semes a Quiriat Yearim (1 Sam 6). En esa primera guerra es que mueren los hijos de Elí, que, al recibir la ingrata noticia, también falleció.

En la segunda guerra contra los filisteos, que se libró como veinte años después, los israelitas lograron vencer a sus enemigos; en esta ocasión, guiados por Samuel, que ejerció un liderato militar y político como los antiguos jueces del pueblo. Y ese significativo evento marcó el paso para la transición hacia la monarquía, y revela las intervenciones de Samuel para establecerla (1 Sam 8).

> Samuel es, en efecto, una figura muy poderosa en Israel. Y ese poder y reconocimiento de autoridad se ponen claramente de manifiesto al percatarnos que ungió a los dos primeros reyes de Israel: Saúl y David (1 Sam 9:15–10:2; 16:1-13). Inclusive, ¡ungió al segundo cuando el primero todavía estaba en funciones!

En ese importante contexto histórico, social y político, se ponen claramente en evidencia las ejecutorias proféticas de Samuel. Como profeta de Dios, Samuel orientó al pueblo en torno a las virtudes y los problemas que se asociaban a la nueva forma de gobierno. Sus mensajes estaban fundamentados en la teología del Pacto (1 Sam 13; 15). Y una vez se inaugura la institución de la monarquía, el anciano Samuel se retira de la vida pública (1 Sam 12), y muere posteriormente en la ciudad de Rama, en la tierra de Benjamín (1 Sam 25), que está enclavada como a unos nueve kilómetros al norte de la ciudad de Jerusalén.

La figura de Samuel es cimera en la Biblia. No solo ejerció el sacerdocio, funcionó como juez y dirigió al pueblo en triunfos militares, sino que actuó como profeta en un período importantísimo de transición política, económica, militar y espiritual de Israel. En efecto, una persona que es capaz de seleccionar y ungir a dos monarcas tiene gran reconocimiento y aprecio en el pueblo.

El rey Saúl (1 Sam 13–2 Sam 1)

Luego de Samuel, la persona que se destaca en las narraciones bíblicas es Saúl, que provenía de la tribu de Benjamín. De acuerdo con el testimonio bíblico, fue ungido como rey por Samuel (*c.* 1030 a. C.), y su consagración tiene dos momentos de importancia. En primer lugar, fue ungido de forma privada en Rama (1 Sam 9:15-17; 10:1), y posteriormente fue ratificado de forma pública en Gilgal (1 Sam 11:14-15), luego de su victoria definitiva sobre los ejércitos de los amonitas.

La figura de Saúl es paradójica en los relatos escriturales. En primer lugar, gozó de gran popularidad en el pueblo, y también disfrutó del favor y las misericordias de Dios. Sin embargo, sus actos de rebeldía y desobediencia, de acuerdo con los testimonios bíblicos, le acarrearon el juicio divino. Y ese rechazo se manifestó de forma concreta: Dios lo repudió y lo sacó del reino.

Samuel jugó un papel protagónico en esos procesos, pues fue quien le comunicó la voluntad divina al monarca que desobedeció, y, posteriormente, ungió como rey a un sucesor, ¡mientras Saúl todavía estaba vivo y en el poder!

Las desobediencias de Saúl fueron dos, según las narraciones bíblicas. La primera se produjo en relación con la tercera guerra contra los ejércitos de los filisteos (1 Sam 13–14). En esa ocasión, en rechazo abierto a las directrices expresas y específicas de Samuel, Saúl comienza la guerra, e inclusive oficia personalmente las ceremonias religiosas, asociadas tradicionalmente con los comienzos de los combates. Posteriormente, desobedeció la orden divina de destruir el botín de guerra de forma total, después de su triunfo contra los amalecitas (1 Sam 15). Esas actitudes continuas y reiteradas de rebeldías y rechazos preparan el ambiente para la unción de David como rey de Judá (1 Sam 16), que se lleva a efecto, por razones obvias, en privado.

Las relaciones de Saúl y David fueron ambivalentes y complicadas: amables y respetuosas, violentas y hostiles. Y aunque Saúl llamó a David a que viviera en su palacio, de acuerdo con el testimonio escritural, con el tiempo desarrolló un sentido de rechazo, animadversión y celos contra el joven que le llevó a la hostilidad interpersonal, el desequilibrio emocional y la ruina espiritual.

El final de Saúl es trágico y funesto. En primer lugar, en una demostración de inseguridad, irracionalidad y desobediencia, consulta una adivinadora y pitonisa de la ciudad de Endor para invocar y consultar al espíritu del difunto Samuel (1 Sam 28:7-25). ¡Saúl no le hizo caso a Samuel en vida! ¡Y ahora le consulta en la muerte! Esa es una escena dolorosa y triste... Y finalmente, en la quinta guerra contra los ejércitos filisteos, y ante una derrota inminente, Saúl decide quitarse la vida con su propia espada en los montes de Gilboa (1 Sam 31).

El rey David (2 Sam 2–24)

El período que cubre la llegada del joven David a la corte de Saúl (1 Sam 16:14-23), hasta su proclamación como rey las tribus del norte y del sur (2 Sam 5:1-5), fue complejo y difícil. Se nota cómo David paulatinamente se convierte en un guerrero victorioso y hábil, un político decidido y firme, un planificador férreo y concienzudo. De acuerdo con las narraciones de la Biblia, el triunfo sobre Goliat en la cuarta guerra contra los filisteos le ganó la amistad intensa con Jonatán, uno de los hijos de Saúl, con quien estableció una relación cordial y significativa (1 Sam 18:1-4; 20:11–23:24). Toda esta sección prepara el camino para las narraciones de los triunfos posteriores de David.

A la vez que el joven David ganaba popularidad y prestigio en el reino, los sentimientos del rey Saúl hacia el recién llegado al reino, paulatinamente, se fueron transformando, hasta llegar a la violencia y al deseo de asesinarlo.

Esa actitud imprevisible e irracional de Saúl, hizo que David dejara el reino, y vagara, buscando seguridad y refugio, por diversas ciudades y regiones, entre las que se encuentran las siguientes: Rama (1 Sam 19:18-24), Gilboa (1 Sam 20), Nob (1 Sam 21:1-10), Gat (1 Sam 21:11-15; 27), el desierto de Judá (1 Sam 22:1-7), Moab (1 Sam 22), el bosque de Haret (1 Sam 22), Queilá (1 Sam 23:1-13), el desierto de Zif (1 Sam 23:14-18; 26), En Gadi (1 Sam 24), Siclag (1 Sam 27), y el Néguev (1 Sam 30). En efecto, fue un período peregrino, de huida, refugio y persecución; un tiempo difícil, que le preparó, sin embargo, para el resto de su vida como político, militar y hombre de Estado.

Luego de la muerte de Saúl, David llega al trono sobre las tribus del sur, en primer término, en Hebrón, por siete años (2 Sam 2:1-7). La transición del poder fue traumática, pues hubo que eliminar a los posibles herederos del trono, que eran los hijos de Saúl y sus comandantes militares. Posteriormente, cuando la monarquía ya no podía ser sucedida por algún heredero de Saúl, David es también proclamado rey sobre las tribus del norte (2 Sam 5:1-5). Y con el deseo de unificar los dos reinos, decide tomar la ciudad de Jerusalén y hacerla su centro administrativo, económico, político y religioso (2 Sam 5:6-16); además, llevó a esa ciudad el Arca del Pacto, que era el símbolo de la presencia divina en el pueblo (2 Sam 6).

Ese contexto inicial de victorias políticas y militares se reforzó con sus triunfos sobre los filisteos, moabitas, amonitas, arameos y edomitas (2 Sam 8; 10). Y en medio de todas esas conquistas es que se produce la profecía de Natán (2 Sam 7), que tanta significación teológica y espiritual tiene en toda la Biblia. Cuando David desea construirle una casa o templo a Dios, el Señor le promete una casa o dinastía permanente. Esa promesa es el fundamento del desarrollo firme y decidido de la teología de la esperanza y del crecimiento ideológico que precedió el mesianismo en las Sagradas Escrituras.

Luego de la unificación del reino y la consolidación del poder, comienzan las narraciones de un período de decadencia, que incluye algunos incidentes familiares tristes y dolorosos. La violación de Tamar por su propio hermano Amnón (2 Sam 13:1-22) y la rebelión de Absalón (2 Sam 15–16) constituyen episodios doloridos en la vida del rey. Esas dificultades familiares hicieron que los días finales de su vida fueran amargos y angustiosos.

Los triunfos de David también están empañados por sus pecados personales y desaciertos institucionales. En primer lugar, su adulterio con Betsabé y su posterior complot para asesinar a su esposo Urías (2 Sam 11) son manchas indelebles en la vida del famoso rey. Y a esa actitud prepotente y arrogante, debemos añadir el pecado de censar al pueblo, que era una manera de poner de manifiesto que su confianza ya no estaba en Dios, sino en sus fuerzas y en el poder militar que le representaba el reino (2 Sam 24:1-15).

La sección final en torno a la vida David (2 Sam 24:16-25), presenta la forma en que el rey adquiere el terreno en el que posteriormente se construirá el Templo de Jerusalén. Se trata del Monte Sion, la era o el terreno de Aruana, el jebuseo, que recuerda el lugar donde el ángel exterminador se había detenido para no destruir la ciudad (2 Sam 24:16). En ese preciso lugar, y por instrucciones expresas del profeta Gad, David levantó un altar al Señor (2 Sam 24:18). El rey compró el terreno por un precio justo, pues no quería ofrecer al Señor un sacrificio que no le costara nada (2 Sam 24:24). Ese acto humilde de David calmó la ira divina, y cesó la plaga y el juicio sobre el pueblo de Israel.

El final del reinado de David se narra en la sección inicial del primer libro de Reyes (1 R 1:1–2:12). El propósito de estos relatos es poner fin a la era de David para dar paso a su heredero, el rey Salomón. El ambiente sicológico de las narraciones revela un David anciano, encamado, impotente, débil, incapaz de gobernar. Y en ese contexto de fragilidad emocional, es que, ayudado por Betsabé, David declara a Salomón como su sucesor (1 R 1:28-53). Respondía de esa forma a las amenazas de Adonías, el hijo mayor que le quedaba, de proclamarse públicamente monarca oficial del reino (1 R 1:5-27).

De singular importancia, antes de presentar la muerte de David (1 R 2:10-12), son las instrucciones que brinda el viejo hombre de Estado, político y militar a su joven heredero, su hijo Salomón (1 R 2:1-9). Esas instrucciones, que recuerdan la teología de los libros de Deuteronomio y Josué (véase, p. ej., Dt 31:23; Jos 1:6, 9, 18), se pueden dividir en dos secciones primordiales. Cada sección destaca un aspecto fundamental de las instrucciones finales de David al futuro rey.

En primer lugar, David exhorta a Salomón a cumplir con la Ley del Señor (vv. 1-4). De esta forma, la narración bíblica destaca, una vez más, la importancia que el monarca le daba a los aspectos religiosos en los asuntos de Estado. Y, posteriormente, le orienta en asuntos más prácticos y concretos de la administración diaria del reino; especialmente le aconseja en torno a cómo debe actuar en relación con sus amigos y sus enemigos (vv. 5-9).

El primer libro de las Crónicas

Los dos libros de Crónicas, aunque utilizan materiales que provenían de épocas previas, se escriben luego del exilio en Babilonia. La finalidad literaria e histórica de estas obras era presentar una historia nacional que identificara la infidelidad del pueblo como la causa básica para que Dios permitiera la caída de la ciudad de Jerusalén, la destrucción del Templo, y el destierro a Babilonia de sus ciudadanos distinguidos. El autor cronista reinterpreta la historia del pueblo y pone de relieve las manifestaciones continuas de la misericordia de Dios, en contraposición con las actitudes de idolatría y pecaminosidad de la comunidad.

Una vez más, la fidelidad al pacto es el criterio teológico básico para evaluar el comportamiento del pueblo y sus líderes.

El propósito teológico y educativo del autor cronista era presentar a la comunidad postexílica el modelo y ejemplo de la historia nacional en su momento más importante y destacado: los reinados de David y Salomón.

El comienzo de la monarquía, luego de Saúl, para las Crónicas, era el momento cumbre de la historia del pueblo de Israel. Era una forma pedagógica de desafiar a sus contemporáneos, utilizando el material histórico que conocían, pero reinterpretándolo para sus propósitos teológicos específicos.

Y para lograr ese objetivo didáctico, el cronista articula su obra en tres secciones fundamentales: la primera destaca la prehistoria de la dinastía de David. Se trata de la presentación de una serie de genealogías y narraciones que van desde Adán, que es una forma de hacer referencia al momento de creación e inicio de la historia, hasta la llegada del rey David y la inauguración del reino unido de las tribus del norte y del sur (1 Cro 1–9).

En segundo lugar, el cronista expone la historia del período de David y Salomón (1 Cro 10–2 Cro 9). En esta sección se destacan los logros y las virtudes de ambos gobernantes y se eliminan o subestiman las faltas, los pecados, las imprudencias y los desaciertos de estos monarcas. Es una sección de suma importancia teológica, pues pone de manifiesto la verdadera intención teológica del escritor cronista: ¡presentar claramente a

David como el monarca ideal para el pueblo! Esa imagen revisada y transformada de David era fundamental y necesaria para la afirmación de la teología de la esperanza en medio de las penurias del exilio, en medio de la sociedad babilónica.

Finalmente, la obra cronista alude y expone las vivencias y las realidades en la dinastía de David (2 Cro 10–36). Incorpora el autor de la obra una serie de narraciones en las cuales se destacan primordialmente los desafíos, las vivencias, los gozos y las desventuras del reino del sur, para culminar con el edicto de Ciro, que le brinda a los deportados un cierto sentido de esperanza y futuro.

Una vez más, el criterio de fidelidad al Pacto es el valor básico para interpretar, positiva o negativamente, las ejecutorias de los reyes. Los relatos subrayan y enfatizan la vida y los actos de los reyes que se esforzaron por defender la fe y los postulados que se ponen de manifiesto en el culto que se llevaba a efecto en el Templo de Jerusalén.

En la historia cronista, las narraciones no comienzan con Samuel, Saúl, David, ni siquiera con los jueces, Moisés o Abrahán. El relato empieza directamente con Adán, que es una manera literaria y teológica para ubicar la vida del pueblo de Israel y su monarca ideal, David, en el marco más amplio de la historia universal; todo comienza en la creación misma del cosmos, la naturaleza, los seres humanos y la historia. En el exilio, y expuesto al resto de las naciones que interaccionaban con Babilonia, el cronista desea subrayar que el pueblo de Israel es parte integral de la historia mundial y universal.

Una singular característica literaria distintiva de las Crónicas es que identifica de forma continua y precisa las fuentes que han informado sus narraciones, que no son pocas. Se trata de una serie de obras que para el cronista tenían valor teológico y credibilidad histórica. Entre esos recursos, se encuentran los siguientes:

- el libro de los reyes de Israel (2 Cro 20:34);
- el libro de los reyes de Judá e Israel (2 Cro 16:11);
- el libro de los reyes de Israel y Judá (1 Cro 9:1; 2 Cro 27:7; 35:27; 36:8);
- el *midrash* del libro de los reyes (2 Cro 24:27);
- las gestas de los reyes de Israel (2 Cro 33:18);
- el libro de las crónicas del rey David (1 Cro 27:24);
- el *midrash* del profeta Ido (2 Cro 13:22);
- los hechos de Yahú, hijo de Hanani (2 Cro 20:34);
- y los hechos de Jozay (2 Cro 33:19).

Es posible pensar, al leer con detenimiento los títulos y al analizar sobriamente la información que transmiten, que en algunos casos se trata de las mismas obras con identificaciones y títulos diferentes.

El libro de los Salmos

El Libro de los Salmos, que tradicionalmente se ha relacionado con David, contiene alguna información de importancia en torno a nuestro personaje. Y aunque la obra es eminentemente poética, incorpora en sus versos, introducciones y reflexiones algunos datos que nos pueden interesar para comprender mejor las formas en que la comunidad religiosa y cúltica, específicamente los poetas y sus intérpretes, comprendieron y actualizaron las contribuciones, la vida y el valor teológico, moral y espiritual del famoso rey de Israel. David, en efecto, era conocido y reconocido como músico y poeta, como pone en evidencia clara una de las formas en que se conocía: «el dulce cantor de Israel» (2 Sam 23:1).

En primer lugar, algunos salmos aluden a David como recipiente y beneficiario de las promesas divinas (p. ej., Sal 89; 132). Un segundo grupo de salmos se identifica con la expresión hebrea *ledavid*, que generalmente se ha traducido «de David», en sentido de autoría, pero que su comprensión adecuada es más amplia y sobria, y puede indicar, «en la tradición de David», «perteneciente a David», o, inclusive, «dedicado a David» (p. ej., Sal 3–9; 11–32; 34–41; 51–65; 68–70; 86; 103; 108–110; 122; 124; 131; 138–145). Y un tercer grupo de poemas del salterio incluyen algunas referencias históricas, antes de comenzar el salmo propiamente, que relacionan el texto bíblico con algún episodio significativo de David o con su dinastía (p. ej., Sal 2; 18; 20; 21; 28; 45; 61; 63; 72; 84; 89; 101; 110; 132; 144).

> Toda esa información del salterio es teológicamente muy valiosa, mucho más que desde la perspectiva histórica, pues intentan afirmar y destacar la importancia de David en relación con la organización, el desarrollo, la teología y las prácticas litúrgicas en el Templo de Jerusalén.

Las memorias del pueblo que afirmaban a David como poeta, y que también recordaban la importancia que dio a la construcción del Templo, hicieron que la comunidad asociara el Libro de los Salmos con el famoso rey de Israel. Inclusive, de acuerdo con el Talmud, de la misma forma que Moisés se relaciona con los cinco libros de la Ley, David se asocia con los cinco rollos que constituyen el Libro de los Salmos o el salterio.

Las importantes contribuciones teológicas del salterio a la comprensión de la figura de David en las Sagradas Escrituras se revelan con suma claridad en, por ejemplo, dos salmos reales (Sal 89; 132). Son poemas posiblemente postexílicos, que incluyen en sus líricas algunas reflexiones teológicas en torno a David y la promesa divina en torno a su dinastía. Revelan la importancia teológica de David, no solo en la liturgia, sino en las reflexiones históricas y espirituales del pueblo judío.

El Salmo 89 es un poema con un sentido teológico profundo, con algunas características literarias de lamento. Presupone una crisis mayor en la institución de la monarquía. Quizá el poema refleja las dinámicas en Israel luego de la deportación a Babilonia, o el final de la época de la monarquía, cuando ya se sentían las amenazas reales de los ejércitos del famoso general Nabucodonosor. Y en ese entorno de dificultad extrema y adversidad, el poeta clama a Dios, invoca su auxilio, reclama su misericordia y alude a su fidelidad.

La evaluación sosegada del poema, que es un himno al Señor y rey del universo, puede distinguir tres secciones literarias y temáticas fundamentales. En la primera se canta a los atributos divinos, específicamente se destacan la bondad y la misericordia del Señor (vv. 1-19). En la segunda parte se alude a la antigua promesa hecha a David (vv. 20-38), en la que se indica que Dios mismo propiciará la estabilidad de su dinastía. El oráculo de Natán (2 Sam 7), en efecto, cobra vigencia en momentos de adversidad nacional. Al final, el poeta expresa sus lamentos por entender que Dios se ha olvidado de sus promesas (vv. 39-52).

El problema teológico para el salmista es armonizar las realidades históricas de las dificultades relacionadas con el exilio y las virtudes y el cumplimiento de las promesas divinas, particularmente las que tienen que ver con la dinastía de David. La crisis espiritual se pone claramente de manifiesto al tratar de entender el concepto de fidelidad divina, en medio del problema existencial, físico, real, histórico.

El Salmo 132, que debe ser un poema postexílico, incluye claramente referencias y alusiones a la antigua profecía a David en torno a su dinastía (2 Sam 7). Es, en efecto, una profunda reflexión teológica del oráculo de Natán. El salmista, que vive posiblemente en el exilio babilónico, medita en torno al tema general de las promesas divinas; específicamente le desafía el importante y complejo concepto de la fidelidad de Dios.

Los temas que se ponen de manifiesto en el salmo son los siguientes: el celo que mostró David al querer trasladar el Arca del Pacto de una estructura transitoria a un lugar permanente en el Monte Sion (2 Sam 6:12-19; vv. 1-9;), y culmina con una petición en favor del rey (v. 10). La segunda parte del poema alude de forma más directa al oráculo de Natán (vv. 11-18). El poeta recuerda cómo Dios recompensó a David por ese gesto noble al prometerle una dinastía permanente y eterna. La profecía de Natán y la reflexión teológica que hace el salmo son fundamentales para el desarrollo de la teología de la esperanza en el pueblo y para la manifestación posterior de la teología mesiánica, que tanta importancia cobra en el Nuevo Testamento.

La fraseología que se utiliza en el poema pone de manifiesto su gran importancia teológica: «El Señor ha elegido a Sion» (Sal 132:13), «este es para siempre el lugar de mi reposo» (v. 14), «vestiré de salvación a sus sacerdotes» (v. 16), «allí haré retornar el poder de David» (v. 17), y «he dispuesto lámpara para mi ungido» (v. 17). En efecto, el tema en general y la lírica del salmo ponen en clara evidencia la importancia de David en la historia del pueblo de Israel. Específicamente, revelan el papel que jugó el oráculo de Natán a David a través de la historia. Y esa gran contribución cobró dimensión nueva en el período exílico, cuando las realidades políticas y sociales apuntaban a la discontinuidad histórica y a la ruptura de la promesa divina hecha a David.

David en los libros proféticos: el mesianismo

Las alusiones y referencias a David en la literatura profética son de gran importancia teológica, pues son lecturas posteriores a las actividades del antiguo monarca, y revelan las reflexiones que con el tiempo se relacionaron con sus ejecutorias reales y las implicaciones del oráculo de Natán. En efecto, esos nuevos mensajes de los profetas ponen de relieve que la antigua promesa a David se transformó en el mesianismo, que tanta influencia ha ejercido en la teología cristiana.

Al responder con esperanza y sentido de futuro a los desafíos políticos, económicos, sociales y espirituales que se manifestaban en medio de la historia nacional, particularmente en el tiempo del exilio y en el posterior período de la restauración, los profetas vislumbraron un futuro transformado. Anticiparon la llegada de una era mesiánica, que sería capaz de transformar sus realidades de conflicto, derrota y desolación en un ambiente de paz, seguridad y prosperidad.

Anunciaron la llegada de un Mesías venidero, que inauguraría un reino especial, que se caracterizaría por la manifestación plena y extraordinaria de unos «cielos nuevos y una tierra nueva» (Is 66:22), que es una manera figurada y poética de afirmar la novedad de la realidad que vaticinaban.

Desde la perspectiva teológica, el Mesías prometido debería tener una serie importante de características, que se fundamentan básicamente en el antiguo oráculo de Natán. El Mesías prometido, debe ser descendiente de David (Is 7:13-17; 9:5-6; 11:1-5; Miq 5:1-5), un nuevo David (Ez 34:23-24) y un vástago de David que reinará con la justicia divina (Jer 23:5-6). Además, ese singular Mesías anunciado será capaz de unir la realeza de David (Zac 6:13) con la vocación sacerdotal, que le permitiría ofrecer sacrificios agradables ante Dios (Zac 6:11-14; Mal 1:11; Sal 110:4).

Referencias implícitas a David en el libro de Génesis

David es, en efecto, una figura excepcional en las Sagradas Escrituras. Su presencia es tan influyente que algunos estudiosos piensan que el núcleo básico con el cual comenzó el proceso para redactar la Biblia se relaciona con él y su reino. Estiman, por consiguiente, que el historiador oficial del Gobierno, en su administración o quizá en la de Salomón, que redactó los primeros incidentes y episodios de su vida y sus ejecutorias, hizo que otras personas redactaran documentos para exponer temas variados de importancia teológica e histórica para el pueblo. Por ejemplo, quienes así piensan ven en el Pentateuco alusiones al período de la monarquía, e inclusive a David directamente.

Una de las escenas con que comienza la Biblia en el libro de Génesis, la seducción de Adán y Eva para comer de la fruta prohibida (Gn 3), es vista por algunos exégetas como una especie de anticipo de la escena de seducción en la que están involucrados David y Betsabé (2 Sam 11). El asesinato de Abel por su hermano Caín (Gn 4) se asemeja al de Amnón por su hermano Absalón (2 Sam 13:23-39). La violación de Dina, hija del patriarca Jacob, por el príncipe de Siquem (Gn 34), tiene un paralelo con la violación de Tamar por el príncipe, hijo de David y medio hermano Amnón (2 Sam 13). Y las narraciones de Génesis, que presentan a la matriarca Rebeca conspirando con su hijo Jacob para quitarle la primogenitura a Esaú (Gn 27), se pueden relacionar a las actitudes sigilosas de Betsabé con su hijo Salomón para tomar el reino que le correspondía a su hermano mayor, Adonías (1 R 1:5–2:9).

Estas similitudes y paralelos no deben entenderse como casuales o fortuitas en las Escrituras. Los autores sagrados entendían la importancia de David y su reino, y presentaban algunas de las escenas que, posteriormente, en la narración bíblica se vivirían en los tiempos de la monarquía de David. Es quizá esta la razón temática por la que se incluye un muy breve incidente, en el cual Rubén, hijo del patriarca Jacob, se acuesta con la concubina de su padre, Bilha (Gn 35:22), al igual que Absalón, el hijo de David, tuvo una orgía pública con las concubinas de su progenitor en el tejado del palacio real en Jerusalén (2 Sam 16:21-22).

Un detalle adicional abunda a esta comprensión teológica y literaria en torno a la influencia de David en el resto de la Biblia, particularmente en el Pentateuco, específicamente en el libro de Génesis.

De singular importancia es la promesa divina a Abrahán en torno a las dimensiones y fronteras de la Tierra Prometida. Según las narraciones de Génesis, las fronteras son desde el río de Egipto (que se encuentra en la península del Sinaí) hasta el río grande, en referencia al Éufrates (Gn 15:18). Al estudiar la Biblia, no podemos ignorar que esas dimensiones extensas de la Tierra Prometida se alcanzaron finalmente durante el reinado de David.

David en el islam

En el Corán, David (en árabe, *dawud*) es visto como un profeta verdadero a quien Dios le reveló el Libro de los Salmos. Inclusive, las tradiciones islámicas incorporan, en torno a David, elementos que se encuentran en la Biblia hebrea, como su batalla y triunfo contra el gigante Goliat. Rechazan, sin embargo, que haya sido adúltero y asesino, pues el islam ve e interpreta a los profetas como personas buenas y dignas, inclusive son vistos como infalibles (el concepto de *ismah*).

Para algunos grupos islámicos, David no procedía de la familia de Judá sino de Leví y Aarón.

En varias de las tradiciones islámicas, particularmente en las orales que se relacionan con algunas personas que conocieron personalmente al profeta Mahoma (conocidas como *Hadith*), se alude a las actividades religiosas de David. Por ejemplo, se indica que las formas de ayuno y oración de David eran perfectas. Se afirma que el Apóstol de Dios, en referencia directa a Mahoma, dijo que el sacrificio más apreciado por Dios era el del profeta David, que ayunaba regularmente en días alternados. Además, aseguraba el fundador del islam, de acuerdo con estas fuentes antiguas, que las oraciones que Dios más apreciaba eran las de David, que dormía la primera mitad de la noche, oraba una tercera parte, y luego seguía durmiendo el resto de la noche.

De acuerdo con otras tradiciones importantes del islam, David recibió de Dios la mejor voz que humano alguno haya podido tener, de la misma forma que José era la persona más bella o de mejor parecer en el mundo. Se dice, además, que Mahoma afirmaba que el recitar los Salmos era muy fácil para David, y que podía recitar el salterio antes que su cabalgadura estuviera lista. Añaden, inclusive, estas leyendas islámicas, que aun los peces del mar salían de las aguas para escuchar la voz de David cuando recitaba sus Salmos.

Según el islam, fue David el que comenzó la construcción del Templo de Jerusalén, que finalizó su hijo Salomón, en el lugar que con el tiempo se edificó la mezquita de AlAksa, o la más santa.

En efecto, la piedad islámica destaca la vida espiritual del rey de Israel, y lo ubica ciertamente en un lugar privilegiado.

El rey David y Jesús de Nazaret

La teología cristiana, desde sus orígenes, relacionó la vida y el ministerio de Jesús de Nazaret, con el cumplimiento de las expectativas mesiánicas del pueblo de Israel. Una lectura cuidadosa de los Evangelios revela que Jesús es proclamado y aclamado insistentemente como Hijo de David y rey, que eran títulos mesiánicos reconocidos por el pueblo (Mt 15:22; 21:9,15; Mc 10:47-48).

Es importante notar, sin embargo, que Jesús evitó utilizar las designaciones relacionadas con David, posiblemente para disminuir las connotaciones reduccionistas del término (p. ej., militares, terrenales, políticas y nacionalistas). En su defecto, afirmó que él era más grande que David, pues aunque era su «Hijo», desde la perspectiva genealógica, era a su vez su «Señor» desde la óptica teológica y mesiánica (Mt 22:41-46).

Esa relación teológica entre Jesús de Nazaret, y su comprensión mesiánica, y David se pone en evidencia clara en la predicación de los apóstoles, luego de la experiencia de la resurrección de Cristo.

En repetidas ocasiones, el mensaje apostólico neotestamentario afirma que Jesús era descendiente de David (Ro 1:3; 2 Tm 2:8; Ap 5:5) para afirmar y destacar su naturaleza mesiánica. Además, se declara, de manera categórica y firme, que en la vida y el ministerio de Jesús se cumplen las promesas divinas y las expectativas humanas en torno al Mesías esperado (Hch 2:30; Heb 1:5).

El Evangelio de Mateo, inclusive, presenta a David como uno de los antepasados del Mesías (Mt 1:1), que es una forma inversa de leer las genealogías. Tradicionalmente, la autoridad en ese tipo de lista familiar la provee el antepasado famoso y distinguido; en esta ocasión, sin embargo, según el evangelista, es Jesús la base fundamental que le brinda el prestigio y la autoridad a su antepasado David.

Capítulo dos
Del rebaño al reino

*Tu siervo era pastor de las ovejas de su padre.
Cuando venía un león o un oso,
y se llevaba algún cordero de la manada,
salía yo tras él, lo hería y se lo arrancaba de la boca;
y si se revolvía contra mí,
le echaba mano a la quijada, lo hería y lo mataba.
Ya fuera león o fuera oso, tu siervo lo mataba;
y este filisteo incircunciso será como uno de ellos,
porque ha provocado al ejército del Dios viviente.*

1 Samuel 17:34-36

Samuel unge a David

Las narraciones en torno a David comienzan con una muy firme y clara afirmación teológica: ¡Dios rechazó a Saúl como rey de Israel! Ese es el contexto básico para el inicio de los relatos que presentan a David: desde su juventud en los campos de Belén hasta su llegada al palacio del rey (1 Sam 16:1-13). El texto bíblico se preocupa por afirmar con claridad que la ascendente carrera política y militar de David se contrapone de forma directa a las desdichas, penurias y decadencia de Saúl. Para las narraciones bíblicas, los triunfos del joven contrastan con las adversidades y derrotas del monarca.

Dios mismo, de acuerdo con el testimonio escritural, le dice al juez, sacerdote y profeta Samuel, que no se preocupe más por Saúl, pues representa el pasado del pueblo, simboliza lo desechado por Dios y personifica la derrota.

La afirmación divina es que se proyecte al futuro, se mueva al mañana y se prepare para ungir al próximo rey de Israel: David ¡No era hora de llorar al rey rechazado y depuesto, sino momento para celebrar con el rey a ser ungido y puesto!

La presentación de David (1 Sam 16:11b-13) comienza una gran sección narrativa en la Biblia (1 Sam 16–31). Esos relatos ponen de manifiesto la carrera dramática y firme de un joven pastor que llegó a ser rey, por voluntad divina, de todo un pueblo; además, presenta el patético fin de un monarca que desobedeció las órdenes de Dios. En esas narraciones se presentan, en contraposición directa, dos vidas, dos personalidades, dos caracteres, dos visiones del mundo, dos interpretaciones de la realidad, dos formas de reaccionar a la revelación de Dios, dos maneras de responder a las directrices divinas.

El David de los relatos bíblicos llega al poder por las misericordias de Dios; y Saúl, el primer rey de Israel, cae en desgracia, y enfrenta su final trágico, al desobedecer reiteradamente a Dios y a su mensajero Samuel.

De singular importancia temática y teológica es el criterio fundamental que se utiliza para la bendición y prosperidad de nuestros protagonistas: una vez más, la obediencia a la voluntad divina es el factor clave para disfrutar la misericordia de Dios y la gracia divina.

Dios mismo se revela a Samuel para que ungiera al nuevo rey, pero el sabio sacerdote y profeta, experimentado no solo en asuntos religiosos, sino en dinámicas políticas, se preocupa por la reacción violenta que puede tener Saúl, que estaba aún en el poder, al enterarse de que Dios le había rechazado (1 Sam 15) y que había decidido nombrarle un sustituto. La crisis se superó, según la narración bíblica, cuando el Señor le indicó a Samuel que fuera a ofrecer sacrificio al Señor en Belén, y entonces, en ese viaje, ungiera al nuevo monarca de Israel (1 Sam 16:2-3).

Samuel obedeció la voz divina, pero al llegar a Belén los ancianos de la ciudad le recibieron con sospecha, miedo y preocupación. ¡Le preguntaron directamente si la visita era pacífica! Respecto a la reacción de los líderes de la ciudad, es importante recordar que los jueces de las tribus de Israel en la Antigüedad tenían responsabilidades militares. Y que Samuel ya había puesto públicamente de manifiesto esas responsabilidades como líder del pueblo (1 Sam 7:2-17). Una vez se superó la reacción inicial de los líderes en Belén, Samuel llevó a efecto el sacrificio al Señor, de acuerdo a las tradiciones de la época.

En ese contexto amplio de obediencia a la palabra divina —y también de ofrecer sacrificios al Señor— Samuel se encuentra por primera vez con los hijos de Isaí. El relato bíblico, aunque indica que además de David eran siete hermanos, identifica por nombre explícitamente solo a tres: Eliab, Adinadab y Sama (1 Sam 16:6, 8, 9). La importancia del relato se relaciona con una afirmación de gran validez y relevancia teológica en torno a la identificación y selección de David: ¡Dios no se fija en las apariencias físicas, que son importantes para las personas, sino que aprecia las actitudes y decisiones que provienen del corazón! Es decir, a Dios le interesan los principios éticos y los valores morales, en los cuales las personas fundamentan el carácter y sustentan las decisiones. El «corazón», en este contexto escritural, alude no solo a las emociones, sino a los procesos decisionales, a las actitudes en la vida, a los fundamentos en los cuales se anclan las prioridades de la existencia, a la base de la comprensión de la realidad humana.

David es el último hijo en ser llamado y llegar ante el profeta. ¡El texto bíblico enfatiza que no estaba incluido entre los hijos mayores de Isaí! En efecto, fue subestimado ante sus hermanos mayores. La narración destaca de esta forma los orígenes sencillos y humildes de nuestro personaje para comenzar a relatar, posteriormente, su carrera ascendente hasta llegar al trono. Inicia de esta manera modesta una serie de relatos que llevan a David de los campos de ovejas y desierto en Belén al trono, primeramente en Hebrón, sobre las tribus del sur, y luego en Jerusalén, sobre todo el pueblo de Israel.

Solo bastó una mirada de Samuel, de acuerdo con el relato bíblico, para que se diera cuenta que David era la persona indicada. Cuando lo vio, se percató de que era «rubio, de hermosos ojos y de buen parecer» (1 Sam 16:12). Esa descripción física, más que detalles en torno a su apariencia, revelan que poseía las características necesarias para convertirse en rey.

La identificación del pelo, los ojos y el buen parecer lo presentan como una persona única, específica, singular, ideal, particular...

¡David no era una persona común! Samuel ungió al futuro rey de Israel, y el texto bíblico se preocupa en destacar esos elementos visuales y físicos positivos desde el inicio mismo de las narraciones.

La afirmación final del relato también tiene un propósito teológico de gran significación espiritual. Mientras la primera declaración del texto bíblico fue de rechazo a Saúl (1 Sam 16:1), la última aseveración pone de manifiesto que el Espíritu del Señor «vino sobre David», desde el día que fue ungido por Samuel (1 Sam 16:13). De forma explícita se declara la bendición divina que disfrutaba David, a la vez que se prepara el camino para las afirmaciones adversas en torno a su adversario: Dios se había apartado definitivamente de Saúl (p. ej., 1 Sam 16:14; 28:15-16), aunque previamente el texto bíblico había indicado que sobre él «estaba el espíritu divino» (1 Sam 10:6,10).

Esas evaluaciones y declaraciones en torno a Saúl son maneras de indicar que la comunicación directa entre el rey y Dios se había terminado. ¡El rechazo divino era claro, firme, definitivo, final! Con David estaba el Espíritu de Dios, que representa la comunicación directa, clara, efectiva y grata; y en torno a Saúl, imperaba el silencio, la distancia, la sospecha, la incomunicación... Se sentaron de esta forma las bases teológicas, y las particularidades de nuestros personajes, que enmarcan las narraciones que siguen: el ascenso continuo de David, y el descenso sistemático de Saúl.

David llega al palacio real

El encuentro inicial entre David y Saúl es descrito en el libro de Samuel de dos formas literarias temáticamente independientes. En la primera narración (1 Sam 14-23), David llega al palacio del rey cuando Saúl era atormentado por un espíritu malo y necesitaba un músico que le calmara. En el segundo relato, se indica que ese encuentro básico se produjo en medio de una de las guerras contra los filisteos, cuando David llegó al campo de batalla a llevarles comida a sus hermanos (1 Sam 17:12-37). Ambas narraciones ponen de relieve la importancia teológica del encuentro: David llegó de forma humilde y sencilla al entorno del monarca, que ya mostraba señales de sus debilidades humanas y demostraba en sus actitudes el rechazo divino.

El contexto sicológico y espiritual de la primera narración es el siguiente: como el Espíritu del Señor se había apartado de Saúl, lo atormentaba un «espíritu malo de parte del Señor» (1 Sam 16:14). El resultado directo e inequívoco del distanciamiento divino era el tormento, la ansiedad, el desajuste emocional y la cautividad espiritual del rey de Israel.

De acuerdo con el relato bíblico, el espíritu maligno provenía directamente del Señor. Para entender bien esta afirmación teológica, hay que estar consciente de que en ese período histórico se relacionaban directamente con Dios, no solo las virtudes humanas y las dichas de los pueblos, sino las adversidades individuales y las crisis de las comunidades. La figura de Satanás se desarrolló posteriormente en la historia del pueblo de Israel; posiblemente, proviene de la época que prosigue al exilio en Babilonia, en el período de la restauración nacional (véase, p. ej., Job 1:1–2:13; 1 Cro 21:1).

Ese espíritu malo, según el texto bíblico, atormentaba a Saúl y le impedía funcionar de forma adecuada y actuar de manera efectiva en el reino. Sus criados, al percatarse de la crisis, le recomendaron que buscara a alguien que supiera tocar el arpa para que le ayudara y le calmara.

> En la Antigüedad, la música no solo era una forma de entretenimiento, también se pensaba que poseía virtudes curativas, poderes mágicos. De acuerdo con el relato, los sirvientes del rey creían que Saúl podía mejorar si le traían algún buen músico que le ayudara a superar la crisis de salud mental y espiritual.

Y ese fue el entorno principal de la llegada del joven David al reino de Saúl. ¡Le llamaron para que sirviera de músico y sanador del monarca!

Por la recomendación de sus criados, Saúl mandó a buscar a David, que estaba en el campo cuidando las ovejas de su padre. Isaí respondió a los reclamos del rey y envió a David al palacio, que llegó ante el monarca, siguiendo las costumbres de la época, con una serie de regalos: un asno cargado de pan y vino y un cabrito. Los presentes eran una manera explícita de manifestar el aprecio de Isaí, el padre de David, por el rey Saúl.

Según se pone de manifiesto en la narración, Saúl amó a David mucho tan pronto lo vio (1 Sam 16:21). Este tema del amor de la gente hacia David es importante y recurrente en las narraciones bíblicas: lo amaron Saúl (1 Sam 16:21), Jonatán (1 Sam 18:1), Mical (1 Sam 18:20) y el pueblo (1 Sam 18:15). De esta forma reiterada, las narraciones bíblicas destacan su popularidad y preparan el sendero para proclamarlo rey y ungido de Dios. Era una manera de poner de manifiesto en el pueblo la voluntad divina en torno a David.

Como David halló gracia ante los ojos del monarca, Saúl lo nombró no solo músico y sanador, sino paje de armas, que era una posición de mucha confianza y gran responsabilidad en el reino. Esos nuevos compromisos en el palacio le permitían a David atender a Saúl y tocar el arpa cuando el monarca tenía esos ataques espirituales y desajustes emocionales, que provenían del «espíritu malo». Tan pronto David tocaba el arpa, dicen las Sagradas Escrituras, Saúl se aliviaba, se sentía mejor, que era una forma de indicar que el espíritu malo se apartaba de él (1 Sam 16:23).

Se contrastan de esta manera, nuevamente, las realidades y vivencias de David y las ejecutorias y acciones de Saúl: el primero tenía salud mental, y el segundo, insanidad; Dios escuchaba al primero y rechazaba al segundo; el Señor apoyaba las gestiones del joven y a la vez rechazaba las acciones del segundo.

¿Quién mató a Goliat?

Respecto a la muerte de Goliat, las narraciones bíblicas presentan algunas posibilidades. La primera, y más familiar, afirma que el joven David enfrentó al gigante filisteo con autoridad y valor. El texto indica que le venció solo con su honda, sin tener espada en su mano (1 Sam 17:1-58). Destaca el relato la valentía del joven, que enfrentó al coloso, experto en batallas desde su juventud, sin temores, amparado solo en las acciones previas de Dios, cuando enfrentaba los peligros que representaban los animales salvajes que atentaban contra sus ovejas.

El relato es largo y complejo, pues revela varias etapas de composición. El contexto histórico general del pasaje, es una nueva guerra entre los filisteos y los israelitas, que manifestaban una enemistad continua y creciente. Los primeros estaban dispuestos para la batalla en Soco y Azeca, que eran poblaciones al suroeste de Jerusalén; y los segundos, en el valle de Ela, que estaba al oeste de Belén. Y en ese entorno de guerra, Goliat representaba a los combatientes filisteos y David a los ejércitos de Israel.

La descripción de las armas de Goliat está en la tradición de lo que sabemos de los instrumentos bélicos de la época. Vestía como los guerreros descritos en los escritos de Homero y tenía las armas características de los pueblos que vivían alrededor de la cuenca del mar Mediterráneo: casco, coraza, lanza, canillera y jabalina; además, estaba acompañado de un escudero.

En efecto, se trataba de un militar de carrera, un profesional en el mundo de las armas, un experto en las dinámicas de guerra, un perito en las ciencias bélicas.

Su excepcional tamaño requiere algún análisis y explicación. Según el texto bíblico, la altura de Goliat era de «seis codos y un palmo» (1 Sam 17:4). Y si un codo representaba unas 18 pulgadas, y un palmo como seis, ¡la altura real de Goliat sería de unos nueve pies y seis pulgadas! En efecto, era un gigante verdadero, un coloso excepcional, un guerrero de gran tamaño, un combatiente invencible.

Esa gran estatura, sin embargo, al igual que algunos detalles del tamaño de su equipo de guerra, puede estar magnificada por los redactores del texto hebreo. Por ejemplo, en la versión griega de los Septuaginta (LXX) de este mismo pasaje, y también en los manuscritos descubiertos en las cuevas de Qumrán (4 QSam a), se indica que la altura de Goliat era de «cuatro codos y un palmo». El tamaño de Goliat sería entonces de unos seis pies y seis pulgadas: ¡bien alto ciertamente, pero no un gigante extraordinario!

Para comprender bien el relato y entender adecuadamente el origen de estas dificultades textuales, debemos identificar el propósito teológico del pasaje: contraponer la gran estatura y poder del filisteo con la figura de David, que era un joven no muy alto y sin experiencia bélica. En efecto, el contraste físico es evidente. Y el cambio de seis a cuatro codos en la estatura de Goliat puede deberse de la repetición involuntaria del número seis y sus múltiplos, pues posteriormente se indica que solo la punta de la lanza del gigante pesaba unos seiscientos siclos de hierro (1 Sam 17:7).

La finalidad teológica de estas descripciones, que destacan las características físicas y las armas de Goliat, en oposición a la estatura y el equipo de David, es poner de manifiesto que Dios estaba con el joven. El discurso de guerra de Goliat, por cuarenta días, que es una forma de indicar que se trataba de una humillación completa, oprimía al pueblo de Israel; y las declaraciones de David afirmaban el poder liberador de Dios. La arrogancia del gigante es diametralmente opuesta a la humildad del pastor. Las maldiciones del filisteo revelan su agresividad e inmisericordia, su hostilidad y determinación, su experiencia militar y sus tácticas de guerra; y la sobriedad de David pone de relieve su confianza en Dios.

Según esta narración bíblica, David no fue al campo de batalla a pelear con Goliat, sino para llevar comida a sus hermanos, y también para confirmar que estaban bien. Isaí era viejo (1 Sam 17:12) y estaba preocupado por sus hijos, pues sabía de los peligros que corrían en la guerra.

Porque obedeció la orden de su padre, David estuvo presente cuando más se necesitaba en la batalla, y venció al gigante. La obediencia de David es uno de los valores que se destacan en las narraciones de su vida, y se presentan en contraposición a las desobediencias de Saúl.

Inclusive, antes de enfrentar a Goliat, el joven pastor rechazó utilizar las armas y el equipo de guerra del rey.

El triunfo de David contra Goliat tiene dos etapas. En primer lugar, lo derribó con una piedra que se le incrustó en la frente; y, posteriormente, le quitó la espada al enemigo y con ella le cortó la cabeza. Era esa la corroboración física de lo que había dicho el joven anteriormente: «El Señor no salva con espada ni con lanza» (1 Sam 17:47). En la narración, este tipo de aseveración pone de relieve la finalidad teológica del pasaje. Mucho más que una descripción histórica precisa de los acontecimientos, estos relatos son reflexiones teológicas que desean destacar el poder de Dios contra los enemigos de los israelitas, que en esta ocasión son los filisteos.

Un segundo relato presenta la muerte de Goliat, y se incluye posteriormente en la vida de David, cuando Saúl hacía tiempo había muerto (2 Sam 21:18-19). Quien mató al gigante, de acuerdo al relato alternativo, fue un tal Elhanán, que también provenía de Belén. Se destaca en esta ocasión que entre los filisteos había un grupo de gigantes, que era una manera de enfatizar el poder y la capacidad militar del grupo, en comparación con los ejércitos de Israel.

Cada una de estas narraciones tiene un propósito teológico definido, y las dos apuntan al hecho de que los gigantes enemigos no tienen el poder de vencer y superar al pueblo de Israel. En el primer episodio, se enfatiza y contrapone la altura de Goliat y la pequeñez de David; la experiencia del gigante y la inmadurez del joven; y la violencia del guerrero y la sobriedad del pastor.

¡Goliat había desafiado, en última instancia, al Dios de los escuadrones de Israel! Y esa actitud de arrogancia y hostilidad no podía permanecer impune. La gran afirmación teológica del pasaje es la siguiente: atentar contra Dios es un esfuerzo fútil y sin posibilidades de éxito.

En la segunda narración, se destaca, más bien, que los hombres de David no temieron a los gigantes filisteos y les vencieron. Se subraya el hecho de que los filisteos eran gente experimentada en guerras, pero no pudieron vencer a los soldados de David. La figura destacada en esta narración es David, aunque quien mató directamente a Goliat fue uno de sus combatientes. El propósito teológico del relato es poner de manifiesto una vez más que David era la persona ungida por Dios, y que tenía el favor divino. Y esa finalidad espiritual se corrobora al leer el poema de liberación a Dios (2 Sam 22:51; Sal 18:1-50), que sigue inmediatamente luego del pasaje de los gigantes.

El amor entre David y Jonatán

Uno de los episodios bíblicos que ha generado más discusiones académicas y eclesiásticas durante las últimas décadas es el que describe las relaciones entre David y Jonatán, el hijo del rey Saúl (1 Sam 18:1-5). En el relato se indica claramente que, una vez David culminó de hablar con Saúl, presumiblemente de su triunfo sobre Goliat, «el alma de Jonatán quedó ligada con la de David», y añade la narración que le «amó como a sí mismo». Y ese amor y unión fue el fundamento, según el texto bíblico, del pacto que hicieron, en el que el príncipe heredero de Saúl le entregó a su joven amigo piezas personales de ropa y varios instrumentos de guerra: el manto, algunas ropas y el cinturón, además de su espada y arco. En efecto, fue una buena alianza, que en las narraciones bíblicas posteriores se reafirma.

A estas declaraciones iniciales, debemos añadir el dolor que tuvo David al enterarse de la muerte de su amigo, de acuerdo con el testimonio de las Escrituras. Y en ese contexto de amargura, tristeza y duelo, se atribuyen al futuro rey y poeta las siguientes expresiones: «Angustia tengo por ti, Jonatán, hermano mío, cuán dulce fuiste conmigo. Más maravilloso me fue tu amor que el amor de las mujeres» (2 Sam 1:26).

Una lectura inicial y superficial del pasaje puede apuntar hacia un tipo de relación que en la actualidad se podría denominar como homosexual. Las referencias a que Jonatán «amó» a David, y que «sus almas quedaron ligadas», unidas a la afirmación poética de que esa relación fue mejor que «el amor de las mujeres», entendidas literalmente, han hecho pensar a algunas personas que efectivamente esa fue una relación homoerótica. Sin embargo, una lectura crítica del pasaje revela otras dimensiones de esa singular relación que no deben obviarse al analizar el texto bíblico.

Las relaciones de David con la familia de Saúl son complejas. Como él no era parte de la familia, no podía aspirar legítimamente al trono. El matrimonio de David con Mical, una de las hijas de Saúl, superaba parcialmente esa dificultad, pues Saúl tenía otros hijos que tenían aspiraciones reales. Esa boda transformaba a David de usurpador a un legítimo aspirante al trono.

El pacto de Jonatán y David, en el cual el primero le entrega al segundo, como símbolo de amistad y reconocimiento de autoridad, sus armas, es la forma en que el escritor bíblico pone de manifiesto que hasta la familia de Saúl reconocía a David como el rey en propiedad del pueblo. Esa amistad, según las narraciones bíblicas, perduraría por años (1 Sam 20:15, 42), pues David demostró misericordia a Mefiboset o Meribaal, el hijo de Jonatán, en el período complejo y violento de consolidación del poder real.

El análisis de las narraciones de David y Jonatán revela lo siguiente: en primer lugar, que David fue fiel a sus promesas. Cuando llegó la hora de organizar el reino y eliminar los posibles obstáculos para su consolidación, respetó la vida de la familia de Jonatán. En efecto, demostró que era fiel a sus amigos y a sus compromisos y promesas.

En segunda instancia, esa relación de pacto entre David y Jonatán tenía implicaciones convenientemente políticas. El «amor» de Jonatán, en efecto, tiene importantes connotaciones políticas. En este contexto, el «amor» no solo era un afecto interpersonal y cariño, sino que más bien significaba lealtad política. De acuerdo con los relatos bíblicos, Jonatán estaba dispuesto hasta a ceder sus justas aspiraciones reales (véase 18:1-5; 23:15-18).

Según el testimonio de las Sagradas Escrituras, Jonatán siempre es evaluado de forma positiva. Es visto, esencialmente, como una persona inteligente, fuerte y valiente, pero, sobre todo, se afirma que confiaba en el Señor (1 Sam 14). Y en el entorno de esos elogios y en el marco de referencia de esos reconocimientos, los relatos bíblicos indican que estaba dispuesto inclusive a sacrificarse y abdicar al trono para darle paso a David.

La lectura cuidadosa de las narraciones bíblicas presenta también una perspectiva alterna de las relaciones de David y Jonatán. Es importante tomar en consideración que quien escribe estas narraciones intenta destacar la figura de David, desea magnificar sus logros y subestimar sus errores y desaciertos personales, familiares, militares y reales. Es difícil imaginar que Jonatán haya dejado a Saúl para jurarle lealtad absoluta a David.

El resto de los textos bíblicos en torno a este asunto indican claramente que, aunque David y Saúl rompieron relaciones de forma oficial y abrupta, Jonatán nunca dejó a su padre para seguir a su amigo. Inclusive, Jonatán murió en batalla junto a su padre. Este detalle pone de relieve que aunque la amistad pudo haber sido sincera e importante, no afectó a las relaciones paternofiliales de Saúl y Jonatán.

> La expresión de que el amor de Jonatán era mejor que el de las mujeres (2 Sam 1:26) debe ser entendida en su contexto cultural preciso, y debe ser explicada tomando en consideración esas particularidades históricas. En el Oriente Medio, las manifestaciones de cariño entre personas del mismo sexo son mayores que en Occidente, y no implican ningún tipo de comportamiento homosexual.

La frase en hebreo es posiblemente una hipérbole para destacar la naturaleza y profundidad del pacto que hacían David y Jonatán, y no tiene que ver nada con el tipo de relaciones que tenían como amigos.

Además, como en la Torá se rechaza abiertamente la homosexualidad como un comportamiento adecuado en la sociedad israelita (Lv 20:13), es extremadamente difícil pensar que los escritores bíblicos hayan incluido una afirmación de esa naturaleza en el relato cuyo propósito fundamental es presentar a David como la manifestación humana de los deseos divinos.

Los celos de Saúl

Los celos que desarrolló Saúl con David, de acuerdo con las narraciones bíblicas, tienen por lo menos dos orígenes explícitos. En primer lugar, se asocian con un cántico que entonaban las mujeres por todas las ciudades de Israel, mientras danzaban: «Saúl hirió a sus miles, y David a sus diez miles» (1 Sam 18:7). Una razón adicional para el origen de esas actitudes enfermizas es que «un espíritu malo de parte del Señor» se apoderaba del monarca, y lo hacía delirar (1 Sam 18:10).

Respecto al cántico de las mujeres, es interesante notar que, en ese instante, de acuerdo con la cronología que se incluye en los relatos del libro de Samuel, David había matado solo a un filisteo —al gigante

Goliat—, mientras Saúl era un hombre de guerra y estaba experimentado en batallas. Esa actitud de las mujeres, que ensalzaban eufóricamente a David mucho más que a Saúl, enojó grandemente al monarca, que desde aquel momento no miró con buenos ojos al joven. Ese cántico público, aparentemente inofensivo, generó una actitud paranoica en Saúl, que no escatimó esfuerzos para destruir a David.

En el amplio contexto emocional y espiritual de esa actitud enardecida y hostil de Saúl en contra de David, le vuelven al monarca una serie de ataques, que la Biblia relaciona con un «espíritu malo», que le hacen delirar y ensañarse contra el joven músico.

Ni las notas musicales del arpa calmaron la violencia y hostilidad del rey, que trató infructuosamente de asesinar a David clavándolo en la pared con su lanza. El joven músico, afortunadamente, evadió la agresión en dos ocasiones, de acuerdo con las narraciones escriturales.

El texto bíblico trata de explicar el comportamiento irracional de Saúl de forma teológica. ¡El rey Saúl temía a David! Ese temor psicopatológico se fundamentaba en que Dios se había apartado del rey, pero estaba con David. Los celos de Saúl eran producto del rechazo divino que había recibido. Y esas actitudes irracionales del monarca se agravaban al notar que David se comportaba con prudencia y sabiduría de forma continua, pues «el Señor estaba con él».

Mientras David alcanzaba más reconocimiento y aprecio en el pueblo, la salud mental y espiritual de Saúl se deterioraba y complicaba. Los triunfos continuos de David eran el preámbulo de la destrucción de Saúl; los logros del joven eran la fuente de la desesperanza al rey.

Como Saúl no pudo deshacerse de David en el palacio, y la popularidad del joven aumentaba de forma constante, decidió enviarlo al campo de batalla para que fuera el enemigo, y no él, quien finalmente lo matara. En primer lugar, le ofrece en matrimonio a su hija Merab; pero David, sorprendido, rehusó tal ofrecimiento. En el amplio contexto emocional y espiritual de esa actitud hostil y enardecida de Saúl en contra de David, le vuelven al monarca una serie de ataques, que la Biblia relaciona con un «espíritu malo», que le hacen delirar y ensañarse contra el joven músico. David respondió a esas actitudes de Saúl con gestos de humildad. Posteriormente, Saúl entregó a Merab por esposa a un tal Adriel, el meholatita.

No cejó Saúl en su empeño por destruir a David, y en esta ocasión crea un complot con sus sirvientes para que David aceptara su ofrecimiento. Para lograr su propósito, utilizó a su otra hija, Mical, que amaba a David, e incorporó a los sirvientes del palacio para que convencieran a David para que aceptara el ofrecimiento real. Y como David se declaró pobre y humilde, y sin capacidades económicas para darle al rey alguna dote por su hija, el rey le pidió que le trajera «cien prepucios de filisteos», pensando, posiblemente, que perdería la vida en las batallas. Era una forma diplomática e indirecta de eliminar a quien le generaba los celos morbosos y el delirio. Sin embargo, David cumplió efectivamente con la encomienda real.

La boda de David y Mical merece alguna atención. Saúl intentaba utilizar a Mical para deshacerse de David; y David intentaba usar a Mical para estar más cerca del poder y del reino. Aunque la narración afirma que Mical amaba a David, no se revela que David correspondiera a ese amor. En efecto, la hija de Saúl se convirtió en una pieza más en el tablero de ajedrez de quienes se disputaban el reino: David y Saúl.

El plan del rey volvió a fallar, pues David consiguió no cien, sino doscientos prepucios de soldados filisteos antes del plazo que el rey le había dado para completar la hazaña para casarse con su hija. ¡Las victorias militares de David fueron extraordinarias! Al ver las ejecutorias de David, Saúl comprendió, una vez más, que Dios le acompañaba, y que su hija Mical le amaba.

Llegar a esa conclusión, sin embargo, hizo que Saúl temiera aún más a David. Y el temor de Saúl, según el argumento escritural, se relacionaba con la posibilidad real de perder el reino a manos de este nuevo héroe popular. Por su parte, según las narraciones de las Escrituras, David seguía alcanzando más triunfos que el resto de los soldados de Saúl... ¡Se hizo famoso por sus hazañas militares! Y, de acuerdo con el testimonio bíblico, Saúl identificó a David como su máximo enemigo por el resto de su vida.

Un detalle importante en el desarrollo temático de las narraciones bíblicas es la reiteración del temor que Saúl tenía hacia David (1 Sam 18:12, 15, 29). Posiblemente, ese «temor» tenía un fundamento real y concreto.

> El pueblo amaba a David, y ese «amor», más que un sentimiento o emoción, era una manifestación concreta de lealtad política. Como en la Antigüedad los reinos se mantenían fundamentados en el poder militar, que el pueblo «amara», aclamara o fuera leal a un militar constituía para el monarca una clara amenaza.

Y Saúl articula explícitamente esa preocupación real, cuando le indica directamente a Jonatán, su hijo, que nunca sería rey en Israel hasta que David estuviera muerto (1 Sam 20:31).

Ese es el contexto general de las persecuciones que llevó a efecto Saúl para eliminar a David. ¡Los celos y las preocupaciones lo desorientaron, lo cegaron, lo cautivaron! ¡Saúl quedó absolutamente inmerso en esa actitud enfermiza y hostil! ¡Esos sentimientos irracionales impidieron que Saúl volviera a tener paz! Mientras la popularidad de David aumentaba en el reino, pues según el texto bíblico Dios estaba con él, también crecía la psicopatología de Saúl, de quien el Señor se había apartado.

Los celos del monarca hicieron que perdiera el juicio, la paz, el reino, la familia, el poder, la esperanza, el prestigio, la razón y el futuro. Esos celos enfermizos y cautivantes le movieron a tener como proyecto de vida perseguir y tratar de asesinar a David, e hicieron que olvidara sus responsabilidades administrativas en el reino. Saúl existía, según las narraciones de las Escrituras, para matar a David, lo que era una empresa negativa que iba en contra de la voluntad de Dios.

Saúl intenta matar a David

Los celos de Saúl no cesaron; por el contrario, fueron en aumento. Y para llevar a efecto su plan homicida, Saúl trató de reclutar a su hijo Jonatán y a Mical, su hija, y también a los siervos del palacio. El objetivo era llevar a efecto una estrategia coordinada y efectiva que terminara de una vez y por todas con la vida de David, que era la fuente primordial de sus ansiedades y tormentos.

Ante tal plan, tanto Jonatán como Mical, que amaban a David, reaccionaron adversamente. Ambos protegieron a David de las artimañas y los ardides del rey. Jonatán, además de tratar de convencer a su padre de la irracionalidad del plan, avisó a David para que estuviera alerta. La primera reacción del rey, ante la amonestación decidida de Jonatán, fue de aceptación y sobriedad. ¡Decidió no matar a David! Sin embargo, no pasó mucho tiempo para que sus deseos de muerte se renovaran y hasta aumentaran. No cesaban en Saúl los deseos de matar a quien entendía como su rival político.

Inclusive, luego que David triunfara de nuevo de forma contundente contra los ejércitos filisteos (1 Sam 19:7-10), el «espíritu malo de parte del Señor» regresó a Saúl y le movió a intentar matar al joven héroe nacional. ¡Trató de traspasarlo con su lanza! En esa ocasión, David quedó a salvo y pasó la noche con Mical, su esposa.

Mical, al percatarse de los deseos del rey, avisó a David y lo ayudó a escapar en el anonimato de la noche. ¡Lo descolgó por una ventana! Y, además, preparó su cama con almohadas para simular que David estaba enfermo. Saúl al sentirse engañado y traicionado, reclamó a su hija, que respondió que había tenido que actuar de esa forma por temor a la muerte.

Esas persecuciones reiteradas y crecientes de Saúl en el palacio hicieron que David saliera del reino. No podía arriesgar más su vida, pues los ataques de ira y violencia del rey se hacían cada vez más frecuentes y agresivos. ¡Y ya la música no lo calmaba!

Las opciones no eran muchas: se quedaba en el palacio, arriesgando continuamente la vida, o salía del reino para buscar seguridad.

En medio de esas confusiones e intentos de asesinato, David decide huir del palacio de Saúl. De gran significación teológica es identificar a dónde llegó inicialmente. En primer lugar, viajó a la ciudad de Rama, donde estaba Samuel. Es revelador que el primer espacio a donde David busca refugio y orientación es el hogar de quien le había ungido. La presencia de Samuel, que era una figura imponente y respetada en el pueblo, debió haberle dado sentido de seguridad; y la conversación con el antiguo líder nacional le podía servir de apoyo y fortaleza.

Samuel, entonces, acompañó a David a Naiot, donde habitaba un grupo de profetas. El propósito de la visita no es del todo claro. Quizá iban en busca de la orientación divina, pues las actitudes de Saúl ciertamente debieron haber causado, tanto en David como en Samuel, alguna desorientación. Es importante recordar que en el Israel antiguo las instituciones de la monarquía y el profetismo van de la mano. Es posible que en esta crisis de liderato Samuel intentara calmar a David, pues le reiteraba que su unción no era humana, sino divina.

La sección final de la narración es sociológicamente compleja (1 Sam 19:18-24). Al enterarse Saúl de que David estaba en Naiot de Rama, envió a tres grupos de mensajeros y soldados para que le trajeran de vuelta al palacio. Sin embargo, los tres grupos cayeron en algún tipo de trance profético. Luego fue el mismo Saúl a la ciudad a ver lo que sucedía y a encontrar a David, y de pronto el espíritu del Señor se apoderó de él, y continuó andando y profetizando hasta llegar a Naiot. En medio de ese trance, Saúl se quitó las ropas y estuvo profetizando delante de Samuel toda la noche.

Qué realmente significa que estaban «profetizando», es difícil de entender y precisar. De acuerdo con el pasaje, no se indica que dijeran palabra alguna en relación con esos actos. Lo que distingue este tipo de actividad profética, es el trance y los bailes, no los oráculos.

Parece que la profecía en estos círculos religiosos consistía de caer en algún tipo de éxtasis o frenesí en el cual la persona bailaba, y podía, inclusive, hasta despojarse de sus vestimentas. Quizá en medio de los movimientos y el trance, comunicaban algún tipo de mensaje, ya fuera hablado o por medio de señales o gestos.

David y Jonatán se despiden

Como las actitudes violentas y la hostilidad de Saúl no cesaban, David finalmente decide dejar el reino y buscar refugio en los campos y el desierto. Fue una decisión muy difícil, triste y dolorosa. Dejaba en el palacio a su esposa y a su amigo; y en Belén, a su familia. Le esperaba un período difícil como forajido y perseguido, donde imperaba la incertidumbre, donde reinaba la indecisión. Y aunque conocía bien los lugares a donde se dirigía en Judea, de acuerdo con las Escrituras, por su experiencia previa como pastor en esa región, no sabía lo que era el rechazo, la persecución y el abandono. Le esperaban días muy complicados, sin el apoyo de familiares y amigos, ni la infraestructura real, a la que ya se había acostumbrado en el reino.

En esta sección de los relatos bíblicos (1 Sam 20), se reafirma nuevamente la amistad y el pacto entre Jonatán y David. El hijo del rey reiteró su compromiso con David, y demostró una vez más su fidelidad al poner su propia vida en riesgo al apoyar y ayudar a David (1 Sam 20:33). Saúl, lleno de ira, había decidido matar a David, y en esta ocasión estaba dispuesto a perseguirlo a cualquier lugar del reino. Quería eliminar todos los obstáculos que se interpusieran en el camino para lograr su propósito: ¡asesinar a David! Jonatán comprendió, en efecto, la naturaleza e inminencia del peligro que corría la vida de David, y, finalmente, se despidió de él con mucho dolor.

Los diálogos de Jonatán y David son reveladores. Sirven para introducir el tema del apoyo que David le dará a la familia de Jonatán.

En el corazón de estas conversaciones, se incluye una afirmación significativa y especial: Jonatán le pide a David que utilice la misericordia divina para con su familia, cuando finalmente los enemigos de David sean eliminados (1 Sam 20:14-16).

Esa promesa se hace realidad posteriormente, cuando David está en proceso de consolidar su poder como nuevo monarca y procede a eliminar a sus enemigos políticos. En ese contexto de muerte y destrucción, David recordó las promesas a Jonatán y tuvo misericordia de su familia.

La escena final es intensa. David y Jonatán lloran amargamente en la despedida, aunque el texto bíblico enfatiza que David lloró más. «Vete en paz», le deseó Jonatán a su amigo, que se levantó y se fue... Y Jonatán regresó a la ciudad...

Capítulo tres
David, el fugitivo y mercenario

*Además se le unieron todos los afligidos,
todos los que estaban endeudados
y todos los que se hallaban en amargura de espíritu,
y llegó a ser su jefe.
Había con él como cuatrocientos hombres.*

1 Samuel 22:2

David huye de Saúl

Uno de los capítulos más complejos en la vida de David es el que pone de manifiesto sus acciones mientras huía del rey Saúl. Son narraciones que presentan varios episodios que ponen en clara evidencia aspectos de su carácter y personalidad, que no se descubren con facilidad al leer y analizar el resto de los relatos en torno a su vida. Se trata de pasajes escriturales que presentan al David que escapa de los ataques de Saúl, pero que en dos ocasiones específicas le perdona la vida, y que inclusive llora la muerte de su predecesor.

No podemos ignorar, al estudiar con detenimiento estos textos bíblicos, que están escritos desde la perspectiva de David, pues intentan mostrar lo mejor de nuestro personaje. El propósito fundamental de las narraciones es indicar que, aun en medio de las dificultades extremas que tuvo que enfrentar en el desierto, David mostró una actitud magnánima y grata hacia Saúl y su familia.

De esa forma, los textos bíblicos confirman que David es la persona indicada y elegida por Dios para reinar en Judá e Israel.

Una vez David se despide de Jonatán (1 Sam 20:41-42), se marchó sin acompañantes a la ciudad de Nob (1 Sam 22:19), ubicada muy cerca de Jerusalén y Gilboa, que tradicionalmente se asociaba con la tribu de Benjamín. En esa comunidad vivían los sacerdotes que habían llegado de Silo, que era el santuario tradicional en el cual Samuel había vivido en su juventud (1 Sam 1:21-22; 2:11). Luego de la destrucción del santuario de Silo (1 Sam 14:3; Jer 7:14), Nob se convirtió en un centro regional importante de actividades religiosas.

Le recibió en la ciudad de Nob el sacerdote Ahimelec, que era uno de los descendientes de Elí (1 Sam 22:9), que reaccionó sorprendido al percatarse de que David viajaba solo. Como respuesta a la actitud del sacerdote, David le responde que su misión proviene directamente del rey, y que es secreta. Y añade, posteriormente, que nadie debería saber de su estadía en la ciudad, pues había citado a sus sirvientes y a su apoyo en un lugar determinado de antemano.

La sección que prosigue (1 Sam 21:3-6) tiene implicaciones teológicas de importancia. David le pide de comer al sacerdote, que responde que solo tiene disponible el pan sagrado. Ahimelec estaba dispuesto a darlo como alimento con una condición: ¡que los siervos de David estuvieran ceremonialmente puros o, por lo menos, que no hubieran tenido relaciones sexuales con mujeres! A lo que David respondió de manera afirmativa.

Ese singular tipo de pan ceremonial, que es el conocido como el «pan de la proposición» o «pan de la presencia» (Ex 25:23-30), se dedicaba semanalmente a Dios en los sacrificios (Lv 24:5-9). En efecto, esa comida estaba reservada únicamente para los sacerdotes. Ese pan, que formaba parte de las ofrendas que se presentaban ante Dios, es descrito en la Torá como perfume que llegaba ante el Señor, y se debía ofrecer los sábados en sacrificio perpetuo, símbolo eterno del Pacto o Alianza de Dios con su pueblo.

De esta forma, las narraciones bíblicas van destacando a David como una persona digna de alimentarse con ese tipo particular de comida religiosa, que estaba eminentemente preservada solo para los descendientes de la familia de Aarón. Se presenta así un importante componente religioso y espiritual en la vida de David, que posteriormente se va a destacar y realzar en su deseo de construir el Templo de Jerusalén, y también en la promesa divina en torno a su dinastía (2 Sam 7:1-29; 1 Cro 17:1-27).

Desde el comienzo de su huida por el desierto, las narraciones presentan a un David que tenía el signo de la presencia de Dios, que estaba separado para una encomienda especial.

El día que David llegó a Nob, y que el sacerdote le dio los panes sagrados, estaba en la ciudad una figura que posteriormente resultó ser una figura maligna, siniestra y destructiva: Doeg el edomita, que era el principal de los pastores de Saúl. Este pastor, que para todo efecto práctico era un espía del rey, con el tiempo cumplió las órdenes de su rey al asesinar a los sacerdotes del lugar (1 Sam 22:6-23). ¡No solo era pastor y espía, sino verdugo y asesino!

Otro elemento de importancia teológica en el relato es que Ahimelec le entregó a David la espada de Goliat. El fugitivo le explicó al sacerdote que, como la orden del rey había sido tan rápida y apremiante, no había tenido tiempo de buscar su espada y armas. Elaboraba aún más de esa forma el engaño inicial de que andaba en una encomienda real secreta. Y el sacerdote, ajeno a las dinámicas e intrigas del palacio que motivaron la huida de David, le entregó la espada del coloso filisteo.

> Esa espada era símbolo de triunfo y esperanza. Para David, era una evocación de que el Señor le acompañaba, y que quienes, como Goliat y los filisteos, desafiaran la voluntad divina en su vida, serían destruidos, como el gigante.

Además, la espada estaba escondida envuelta en un velo detrás del efod, que en esta ocasión, posiblemente, no alude a las vestimentas sacerdotales, sino a algún tipo de objeto de mayor tamaño, capaz de guardar una espada grande.

Quizá ese efod era el lugar donde se ubicaban el Urim y el Tumim, que constituían signos vivibles de la voluntad de Dios; y también pudo haber contenido otros símbolos religiosos de la comunidad sacerdotal. De todas formas, la espada de Goliat no era un arma común: representaba la victoria militar que se fundamentaba en la voluntad divina. David reconoció esa importancia cuando exclamó: «Ninguna como ella» (1 Sam 21:9).

Una vez salió de Nob, David se dirigió a una de las cinco ciudades filisteas de importancia: Gat. Quizá pensaba que entre los filisteos se debería sentir más seguro, pues Saúl y su ejército no podían llegar a ese territorio a perseguirlo y matarlo. Sin embargo, la fama de David le precedió, y los filisteos lo reconocieron como la inspiración del famoso cántico de las mujeres: «Hirió Saúl sus miles, y David a sus diez miles».

En efecto, los filisteos rápidamente le identificaron como «David, el rey de la tierra» (1 Sam 21:11), que era una manera de destacar su capacidad militar, y poner de manifiesto el peligro que representaba para la comunidad filistea. Ese reconocimiento hizo que David estuviera en una posición de seguridad precaria y temiera ante Aquis, el rey de Gat. Para superar la crisis, David se fingió loco, y el rey lo despidió sin hacerle daño. La decisión de Aquis se fundamenta en una creencia antigua: se pensaba que herir a una persona demente hacía que la locura recayera sobre quienes perpetraban el hecho.

Desde la ciudad de Gat, David se refugió en la cueva de Adulam, que está ubicada al noreste del reino filisteo y al suroeste de Jerusalén (Gn 38:1). Varios salmos aluden, en sus títulos hebreos, al incidente que se relata a continuación (p. ej., Sal 57; 142). Se trata de un incidente de gran importancia teológica y espiritual para quien con el tiempo se convertiría en símbolo de esperanza nacional, en signo de futuro para el pueblo de Israel, en prototipo de un mañana grato y positivo.

Cuando sus familiares y amigos supieron que David se encontraba en ese lugar, fueron a la cueva a visitarle. Y a ese grupo familiar se le unió un sector social de gran importancia en el desarrollo militar y político de David. De acuerdo al testimonio bíblico, se le unió en la cueva una serie de personas, descritas en la narración como afligidas, endeudadas y amargadas (1 Sam 22:2).

El grupo que llegó ante David en la cueva son los representantes de los sectores más marginados, oprimidos y heridos por el reino de Saúl. Eran personas que habían recibido el golpe social de verse alejados de las dinámicas políticas y económicas que le permitían subsistir y mantener a sus familias. Ese grupo, que eran como cuatrocientos hombres, con el tiempo se convirtió en la base militar de David, que vino a ser su jefe. ¡Ese fue el núcleo de los soldados profesionales que le acompañaron el resto de su vida! De esta forma se sientan las bases para ejecutorias militares de David como fugitivo.

Después de organizar su ejército personal, David se movió a Mizpa, en las tierras de Moab. En la ciudad de Mizpa, que está ubicada al este del mar Muerto, David se reunió con el rey de los moabitas, y le encomendó a sus padres, por un tiempo indefinido, descrito en la narración como «hasta que sepa lo que Dios hará de mí» (1 Sam 22:3). Según la genealogía que se incluye en el libro de Rut, David estaba emparentado con los moabitas (Rt 4:18-22): ¡Rut, la moabita, era bisabuela de David!

Al ubicar a sus padres en un lugar seguro, David escuchó el mensaje del profeta Gad, que parece era parte del grupo que le acompañaba, para que regresara a Judá. Por primera vez se menciona en las Escrituras a este profeta, que posteriormente en el reino cumplirá varias responsabilidades de gran importancia religiosa y envergadura política (véase 2 Sam 24:11-

19; 1 Cro 29:29; 2 Cro 29:25). A los consejos del profeta, además, debemos añadir que David, posiblemente, pensaba que con el grupo que le acompañaba podía hacer frente a los ejércitos de Saúl.

Y entonces salió de Moab y se escondió en el bosque de Haret, que debe estar ubicado en algún lugar al sur de las montañas de Judá. Desde ese lugar tenía la oportunidad de conocer lo que sucedía en el reino de Saúl y en las comunidades aledañas.

El asesinato de los sacerdotes de Nob

La sección que incluye el asesinato de los sacerdotes de Nob pone de manifiesto claro que había una especie de conspiración para derrocar al rey. Cuando le contaron a Saúl que David había sido visto en la ciudad de los sacerdotes, reunió a sus sirvientes y le preguntó al grupo en torno a las supuestas promesas que les pudo haber hecho David. Inquirió si David les daría tierras y viñedos, y si les daría autoridad militar sobre cientos y miles de soldados. Además, les reprochó que nadie le hubiera avisado del pacto que habían hecho David y su hijo Jonatán; y que nadie le hubiera alertado de la sublevación en su contra.

En ese contexto de diálogo abierto y franco de Saúl con sus siervos, que posiblemente eran militares de alto rango, y en el entorno amplio del reproche por el apoyo indirecto que le daban a su enemigo David, se allega ante el rey uno de sus asesores, Doeg el edomita, que es identificado en esta ocasión como «el principal de los siervos de Saúl» (1 Sam 22:9). Fue Doeg el que le informó al rey que había visto a David en la ciudad de Nob. En estos relatos no se menciona explícitamente a David por su nombre para evitar la distinción pública, sino que se alude a él de forma despectiva, como «el hijo de Isaí».

Saúl mandó llamar al sacerdote Ahimelec, a sus familiares y a todo el grupo de sacerdotes que servían en ese santuario. ¡Les censuró por haber apoyado a David! ¡Les reprochó haber ayudado a su enemigo! El sacerdote le explicó al enojado monarca que no sabía de las dificultades ni de su enemistad con David. Le recordó que David era yerno del rey, y que en el palacio real la gente lo reconocía y honraba. Argumentaba Ahimelec que no era la intención de los sacerdotes ofender al rey. Sin embargo, el rey hizo caso omiso de las explicaciones y mandó a sus generales que los mataran a todos. Era una orden con muy serias implicaciones teológicas: ¡el rey Saúl mandó matar a los sacerdotes del Señor! ¡El monarca, en su irracionalidad, atenta contra la voluntad divina!

Los generales de Saúl no obedecieron la orden expresa del rey y rehusaron ejecutar a los sacerdotes del Señor. Entonces el rey mandó a Doeg que llevara a efecto la matanza. El edomita no temió a las repercusiones de sus actos contra los sacerdotes y asesinó aquel día a ochenta y cinco sacerdotes, que son descritos en la narración como que vestían efod de lino, para destacar la responsabilidad del grupo y subrayar la gravedad del acto. Además, aquel mismo día, Saúl destruyó la ciudad sacerdotal de Nob, matando también a las mujeres, a los niños, y a los animales. ¡Fue una hecatombe!

De acuerdo con el testimonio escritural, la matanza en Nob fue absurda, impropia, injusta e irracional, y pone en evidencia clara la desorientación personal y política de Saúl. El objetivo básico del relato es presentar a un rey que, con sus ejecutorias, revela que está en contra de la voluntad de Dios y en contraposición directa con los sacerdotes del Señor.

La finalidad primordial de estas narraciones es ubicar a Saúl en un proceso continuo de desgaste espiritual y emocional, a la vez que se destacan las buenas acciones de David. En efecto, cada vez más se confirma que los libros de Samuel y Reyes se escriben desde la perspectiva de David.

En medio de la matanza, solo escapó uno de los hijos del sacerdote Ahimelec, cuyo nombre era Abiatar. En su huida, para contar lo sucedido, Abiatar llegó ante David, quien reconoce que Doeg el edomita había sido el responsable de la matanza. Desde ese día, David le dio protección al hijo de Ahimelec, pues había quedado sin familia ni apoyo. Y con el tiempo, Abiatar se convirtió en sumo sacerdote en el reino de David (1 Sam 23:6; 2 Sam 20:25).

David huye al desierto

La vida en las ciudades y sus entornos, para David, era peligrosa. Saúl tenía informantes por todo el reino, y, tan pronto David llegaba a algún lugar, con premura le llevaban la noticia al rey. Esa infraestructura de espías y colaboradores al servicio del monarca hizo que David se refugiara nuevamente en el desierto. ¡Saúl tenía a su servicio una especie de Estado policiaco! En los lugares remotos, sin embargo, el joven fugitivo podía esconderse con más facilidad y seguridad, pues abundaban las cuevas, y como la densidad poblacional era menor, no había tantas personas que le pudieran traicionar.

Un episodio interesante y significativo, de gran valor teológico y espiritual, pone de manifiesto la comunicación directa y relación entre Dios y David (1 Sam 23:1-29). Al escuchar que los filisteos atacaban y saqueaban la ciudad de Keila, ubicada al sur de la cueva de Adulam, entre Judá y Filistea, David, dubitativo, pregunta al Señor lo que debe hacer. El relato indica claramente que «consultó» al Señor, que es una forma de expresión bíblica para afirmar el reconocimiento divino y destacar el deseo de hacer la voluntad de Dios.

De singular importancia es notar que la narración no indica cómo el Señor le comunicaba a David su voluntad. Posiblemente, a través del profeta Gad, o quizá mediante el uso del Urim y Tumim del sacerdote. Sin embargo, la respuesta divina fue positiva en dos ocasiones, pues el grupo que acompañaba a David estaba con miedo (1 Sam 23:2-4). Dios indicó con firmeza: «Levántate, desciende a Keila, pues yo entregaré en tus manos a los filisteos» (1 Sam 23:4). Y, en efecto, el grupo de combatientes de David triunfó de forma definitiva sobre los filisteos, y como botín de guerra se llevó sus ganados.

Saúl, al enterarse de que David estaba en la ciudad de Keila, convocó al pueblo y sus combatientes para la batalla definitiva contra su enemigo. En esta ocasión, David consultó a Dios a través del sacerdote Abiatar, que utilizó el efod, y posiblemente el Urim y Tumim para descubrir la voluntad divina. Las preguntas de David eran dos, muy precisas y directas: la primera, en torno a si Saúl llegaría a la ciudad para hacerle la guerra; y la segunda inquiría si los ciudadanos de Keila lo traicionarían y entregarían al rey. La respuesta divina a ambas preguntas fue afirmativa.

David entendió la voluntad divina y salió nuevamente al desierto; específicamente se refugió en Hores, uno de los montes de Zif, en el collado de Haquila, que está al sureste de Hebrón. Allí se sentía seguro y a salvo. Y hasta ese lugar llegó Jonatán, su amigo, para darle algunas palabras de aliento y seguridad; además, renovaron el pacto que habían hecho previamente. La narración no indica cómo el hijo del rey se enteró del escondite de David, aunque sabemos de la efectividad de los informantes del reino.

> Las palabras de Jonatán revelan su gran significación teológica. En primer lugar, le da un mensaje de seguridad profética, «no temas»; y, luego, le indica que su padre no lo encontrará, y que aún el mismo rey Saúl sabe que David reinará sobre el pueblo de Israel.

La expresión inicial es una afirmación de esperanza y sobriedad característica de los mensajes de los profetas de Israel (véase, p. ej., Is 43:1-4). Y a esa palabra básica de esperanza le añade el reconocimiento pleno de su futuro como monarca.

Viniendo del príncipe heredero, las palabras de Jonatán tienen un gran valor político y revelan la intención teológica de la narración. Posiblemente, ya se escuchaba en diversos lugares del reino que David era una posibilidad real para sustituir a un rey que había perdido la capacidad de gobernar con cordura, prudencia, inteligencia y eficiencia. El relato se preocupa por indicar de forma reiterada y clara que hasta el hijo de Saúl, Jonatán, reconoce públicamente que la voluntad divina para el pueblo de Israel es que David sea el rey. Y esa declaración está en consonancia con la unción de Samuel.

Al igual que los moradores de Keila, los de Zif traicionaron a David indicándole a Saúl dónde estaba escondido. La información de inteligencia militar fue precisa. Y el rey, decidido a eliminar finalmente a su archienemigo, salió con sus ejércitos a buscar al evadido. Pero a su vez, alguien informó a David, que salió del lugar y se escondió en el desierto de Maón, que se encontraba a unos doce kilómetros al sur de Hebrón.

Las reacciones adversas contra David de los ciudadanos de Keila y de Zif pueden ser una señal del comportamiento y las acciones de David y sus combatientes en la región. Esas traiciones reiteradas revelan el resentimiento de los pobladores, pues David y su grupo subsistían del saqueo y del pillaje en esas comunidades. ¡Esa era la forma de subsistencia en el desierto! Asaltaban las poblaciones, les robaban sus ganados y cosechas, les quitaban la comida y la seguridad y perseguían y asesinaban a los que se resistían. Imperaba la ley del más fuerte, que en ese contexto del desierto era el grupo de David, que contaba ya con un ejército personal de seiscientos hombres de guerra.

La persecución en el desierto fue continua, y, ya cuando Saúl se disponía a capturar a David y su grupo, llegó la noticia de que los filisteos estaban atacando el país. El lugar en donde se encontraban los ejércitos de Saúl se conoce como Sela-hama-lecot, que posiblemente significa el «lugar de la división o de la separación», en una posible alusión a la estrategia militar usada contra David, al dividir su ejército alrededor del monte y eliminar las posibilidades de escape del enemigo.

Entonces, frente a una seria amenaza de seguridad nacional, Saúl abandonó la persecución de David, momentáneamente, para responder a los ataques de los filisteos. De esta forma, David se refugió en «los lugares fuertes», o en los sectores mejor protegidos de En-gadi, que está al este de Hebrón y a las orillas del mar Muerto. Ese fue el refugio que preparó el camino para el próximo incidente con Saúl.

David perdona la vida a Saúl

Las narraciones en las que David perdona la vida del rey Saúl son dos, y revelan similitudes (1 Sam 21:1-22; 26:1-27). Algunos estudiosos indican que esas repeticiones temáticas pueden ser un buen indicador del fundamento histórico del núcleo básico del incidente. Además, la finalidad teológica de ambos episodios es similar: afirmar que David respetó la vida de Saúl, pues no quería levantar la mano contra «el ungido del Señor», que era una manera de poner en evidencia clara su piedad, y también manifiesta el respeto que le tenía a la institución de la monarquía. En estos relatos se nota una vez más el propósito de los autores bíblicos: preparar el camino para la llegada de David al trono.

Una vez Saúl superó la crisis con los filisteos, le informaron de que David se había escondido en En-gadi. Tomó, entonces, el rey tres mil combatientes escogidos para buscar a David y sus hombres. Respecto al lugar donde estaban los fugitivos, la narración se preocupa por indicar que era «la cumbre de los peñascos de las cabras monteses» (1 Sam 24:2), que era una forma visual de aludir a lo remoto del lugar. En efecto, David estaba escondido en un lugar de difícil acceso.

Al llegar cerca del lugar donde se suponía que el fugitivo estaba oculto, Saúl decide hacer sus necesidades, y entra en una cueva, sin percatarse de que en el fondo estaban escondidos David y sus hombres. Era el momento ideal para que David tomara venganza de su perseguidor y lo eliminara de una vez y por todas. Inclusive, sus hombres de guerra le indicaron que era una oportunidad única y divina, y aludieron a algún mensaje que David había recibido previamente de parte del Señor, en el que se le anunciada que Dios mismo iba a poner a sus enemigos en sus manos (1 Sam 24:4).

> Sin embargo, David, en vez de utilizar la oportunidad para asesinar a quien le perseguía injustamente, según el testimonio bíblico, actuó con sobriedad y misericordia. ¡Le perdonó la vida al rey! ¡Solo cortó la orilla de su manto! Y ese singular acto de misericordia y perdón es descrito en la narración escritural como una manifestación pública de humildad, dignidad, magnanimidad y respeto de parte de David.

Las discusiones que siguen en torno a este incidente son significativas, tanto desde el punto de vista político como teológico. David le anuncia al rey que le perdonó la vida, y se dirige al monarca con reverencia y reconocimiento de autoridad. En su argumento, David le explica a Saúl que no debe escuchar a quienes le dicen que él procura su mal. Inclusive, añade que sus hombres le dijeron que lo matara, pero que él rechazó ese curso de acción. De acuerdo con el relato, David reiteraba de forma pública y audible el fundamento de su decisión: no debía extender su mano contra el ungido del Señor (1 Sam 24:10). Es decir, que su decisión personal, que tenía grandes repercusiones políticas y militares, se fundamentaba en una firme convicción teológica.

El rey responde con humildad y mansedumbre a las palabras de David. El relato se preocupa por incluir en sus respuestas varias afirmaciones de gran valor teológico. En primer lugar, y en medio de llantos, Saúl reconoce que David es más justo que él, y que tiene la capacidad de manifestar bondad, que es una característica fundamental de los gobernantes. Y finalmente declara públicamente lo que él sabía con seguridad: «Tú has de reinar, y el reino de Israel se mantendrá firme y estable en tus manos» (1 Sam 24:20). Esa declaración es el propósito teológico del relato: Saúl reconoció públicamente que la persona que le daría estabilidad al reino de Israel era David.

El segundo incidente de perdón al monarca se produce en las inmediaciones del desierto de Zif (1 Sam 26:1-25). Aunque el lugar del episodio es diferente, el contexto teológico es similar. Una vez más, David tiene la oportunidad de quitarle la vida al rey que le perseguía para asesinarlo, pero mostró autocontrol y compostura, manifestó misericordia y respeto, reveló nuevamente su reconocimiento de la autoridad real y destacó el papel que jugaba el rey en las dinámicas divinas: ¡era el ungido del Señor!

Mientras Saúl estaba en su palacio en Gabaa, nuevamente sus informantes le indicaron que David estaba en el desierto de Zif. Armado de coraje y valor, se dirigió con sus hombres de guerra para perseguir y asesinar a su enemigo tradicional. ¡Le acompañan tres mil hombres de guerra escogidos de todo el pueblo de Israel!

La narración es interesante, pues incluye elementos de intriga. Cuando Saúl llegó al desierto y acampó con sus tropas, David envió unos espías para identificar el lugar con precisión. Una vez Saúl y Abner, el general de su ejército, estaban dormidos, rodeados por sus tropas, David y Abisai, su escolta, entraron en el campamento, hasta el lugar específico donde dormían el rey y sus generales, y se llevaron la lanza real y la vasija de agua que estaba en su cabecera. Y aunque Abisai quería aprovechar la oportunidad y matar a Saúl, David se lo impidió, invocando el hecho de que el rey era «el ungido del Señor».

El relato tiene niveles milagrosos. Que nadie les hubiese visto es ciertamente un prodigio que debía ser explicado. De acuerdo con el texto bíblico, lo que realmente había sucedido es que había caído sobre todo el grupo «un sueño profundo enviado por el Señor» (1 Sam 26:12). La naturaleza de este tipo de sueño es significativa, pues puede ser una alusión al sueño de Adán, cuando Dios de su costado sacó a Eva (Gn 2:21). En efecto, se trata de un evento milagroso que pone de relieve el favor divino hacia David.

Para corroborar que David le había perdonado la vida al rey, se relata un diálogo similar al que se produjo en En-gadi. David le pregunta a Saúl, y también a Abner, en torno al porqué de la persecución, y le indica que son los hombres quienes lo instigan a perseguirlo. Además, David añade que su sangre inocente no debe caer sobre la responsabilidad del rey.

Un detalle aparentemente menor debe ser comentado y expuesto. En el diálogo, David se compara con una pulga, o quizá una mosca, o algún ave, como la perdiz, en los montes (1 Sam 24:14; 26:20). Previamente, el mismo David había aludido a la persecución como si buscaran a un «perro muerto» o «una pulga», o quizá una mosca (1 Sam 24:14). La imagen es la de un espectáculo sin valor. Un perro muerto no vale nada, y mucho menos una de las moscas que le circundan. La palabra «perdiz» suena en hebreo igual a «el que llama», en referencia a David, que anteriormente se había identificado como quien «le grita» al rey (1 Sam 26:14).

Esas imágenes, que surgen de la vida diaria en el Oriente Medio, son significativas. Por ejemplo, la persecución de una «pulga», o una «mosca», es extremadamente difícil, pues siempre regresa a molestar a quienes tratan de eliminarla. Posiblemente, la idea subyacente es que David no iba a irse, y, si se retiraba o era eliminado, vendrían otros a «molestar» al rey.

La respuesta del rey, una vez más, es de humildad y reconocimiento de culpa. Admite que ha obrado con necedad y acepta que ha pecado. Finalmente, Saúl bendice a David y le augura triunfos en las grandes empresas que inicie. De acuerdo con la narración, el rey, de forma repetida, al aceptar que le han perdonado la vida, agradece a David ese gesto magnánimo. Y entonces, cada cual tomó su camino.

Sin embargo, como la actitud de Saúl en contra de David es parte del propósito del redactor de la obra, luego de algún tiempo, el monarca retoma su actitud perseguidora, violenta y hostil contra el joven. De esta forma se mantiene la trama, continúa la intriga, prosiguen las narraciones.

David, Nabal y Abigail

En medio de las dos narraciones del perdón de David al rey Saúl, se incluye un episodio de gran importancia histórica por la naturaleza de las revelaciones que hace (1 Sam 25:1-44). Al comienzo mismo del relato, se da la noticia de la muerte de Samuel, sin mucha información ni detalles. Se indica solo que durante esos días —es decir, mientras Saúl perseguía a David en el desierto—, el gran juez, profeta y sacerdote del pueblo, la persona que Dios utilizó para seleccionar y ungir a los dos primeros reyes de Israel, falleció y fue enterrado en Rama, su ciudad. Además, se añade, que todo Israel lo lloró.

El relato procede a indicar que David se fue al desierto de Parán, que se encuentra al sur de las antiguas tierras de Canaán, en medio de la península del Sinaí (Nm 10:12). Sin embargo, una lectura amplia de todos estos relatos revela que debió haberse ido al desierto de Maón, según indican el resto de las narraciones (1 Sam 23:24; 25:2), y de acuerdo como se revela directamente en el texto de la Septuaginta (LXX), o versión griega de este pasaje.

Estando en Maón, escuchó David que un hombre muy rico, Nabal, cuyo nombre significa «insensato» o «estúpido», estaba esquilando sus ovejas. Su esposa se llamaba Abigail, y era de buen entendimiento, sabia, prudente y «hermosa». Nabal, por el contrario, era rudo, imprudente, de mala conducta e impropio.

David envió a diez de sus combatientes más jóvenes a que solicitaran apoyo y ayuda a Nabal, pues había protegido y ayudado a sus pastores mientras estaban en el desierto cuidando sus ovejas. Sin embargo, la respuesta de Nabal fue de rechazo, negativa y hostilidad: le negó el pan, el agua y la carne (1 Sam 25:11). No correspondió Nabal a los gestos de buena voluntad que había tenido David con sus pastores en el desierto. No respetó las leyes tradicionales e implícitas de cordialidad y reciprocidad.

David, que entendió ese desprecio y negativa de Nabal como una afrenta mayor, organizó a cuatrocientos de sus combatientes para destruir al insensato y quedarse con sus propiedades y fortuna. Sin embargo, alguien le notificó a su esposa Abigail, que entendió la inminencia y la naturaleza del peligro, y decidió responder con rapidez, prudencia y sabiduría a la crisis. Le llevó a David, en una caravana de asnos, una muy importante ofrenda de reconciliación: doscientos panes, dos cueros de vino, cinco ovejas guisadas, cinco medidas de grano tostado, cien racimos de uvas pasas y doscientos higos secos. En efecto, era un regalo que podía alimentar muy bien, por lo menos, a parte del ejército de David.

La actitud de Abigail fue de humildad y de reconocimiento de la autoridad de David. Además, puso de manifiesto la insensatez de su esposo, pues ella no se había percatado de la llegada de los representantes de David. Se llegó ante David, en efecto, para pedir perdón, y para implorar su misericordia, a lo que David respondió positivamente.

No se pueden ignorar las implicaciones sexuales de las palabras de Abigail.

Cuando Abigail le contó a su esposo lo que había sucedido, «se le apretó el corazón en el pecho, y se quedó como una piedra»; posteriormente, murió a los diez días. Y ante la muerte de Nabal, David tomó por esposa a Abigail.

Este relato pone de manifiesto lo que se insinuaba en las narraciones anteriores sobre la vida de David en el desierto. Tanto él como sus combatientes subsistían tomando el vino, las carnes y el pan de las comunidades que estaban alrededor del desierto. Daban protección a los pastores y terratenientes de la región a cambio del sustento. Y cuando no recibían el apoyo requerido, arrasaban fulminantemente las comunidades, como se indica que iban a hacer con Nabal y sus propiedades. De no haber intervenido Abigail, la destrucción de Nabal y su casa estaba asegurada con el grupo de combatientes que David había organizado a su alrededor.

Una vez más, la narración incluye una serie de afirmaciones teológicas en torno a David que no deben subestimarse ni pasar desapercibidas (1 Sam 25:28-31).

En boca de Abigail se pone de manifiesto una serie importante de afirmaciones referentes a David: que tendrá una casa perdurable, que el Señor peleará las batallas por él, que no le vendrá ningún mal, que vencerá a sus enemigos, y que lo establecerá como «príncipe en Israel», que es una manera de poner de manifiesto sus futuras responsabilidades reales.

De singular importancia es descubrir que ese episodio, a la vez, presupone la vida de un David bandolero y asaltador, al mismo tiempo que la narración reitera que era el escogido de Dios. Entre esos dos polos éticos se articula y presenta la vida de David en el desierto: ¡era un malhechor al cual Dios manifestaba misericordia!

Es posible que en ese relato de Nabal y Abigail se incluya un detalle que puede explicar el antagonismo continuo y la hostilidad que le tenía el rey Saúl a David. Con la muerte de Nabal, David tomó por mujer a Abigail, y el pasaje bíblico añade que también tomó a una mujer llamada Ahinoam de Jezreel (1 Sam 25:43). Esta referencia es interesante, pues ese nombre aparece solo dos veces en la Biblia, y en la otra ocasión alude a una de las mujeres de Saúl (1 Sam 14:50). Además, el pasaje indica que la actitud de David estaba relacionada con la decisión de Saúl de dar su hija, Mical, que era mujer de David, a Palti, hijo de Lais, que provenía de Galim (1 Sam 25:44).

Si Ahinoam era primeramente esposa de Saúl, que David la haya tomado por mujer constituye una declaración pública de deseo del trono: era una especie de afirmación de un golpe de Estado. En la Antigüedad, los nuevos reyes tomaban para ellos el harem de los monarcas anteriores, pues era una afirmación de triunfo. Quizá esta decisión de David era el fundamento de las expresiones de Saúl hacia su hijo Jonatán, que lo declara «hijo de perversa y rebelde» (1 Sam 20:30). Además, es posible que esta sea la explicación de la profecía de Natán, que le indica a David, con seguridad: Dios le había entregado «la casa de tu señor [en referencia a Saúl]», y que le puso en sus brazos «a sus mujeres» (2 Sam 12:8).

David entre los filisteos

Las aventuras de David en medio de los grupos filisteos son reveladoras de su carácter y ponen de manifiesto sus prioridades y valores en la vida (1 Sam 27:1–28:2).

Cuando David, finalmente, se percató de que la crisis con Saúl iba a continuar, aunque en ocasiones el rey le indicaba que no proseguiría con sus planes de asesinarlo, decidió salir de los territorios de Judá y adentrarse en Filistea; específicamente, pidió asilo político ante el rey de Gat, Aquis. Allá llegó todo el grupo de David y sus familias, y por un año y cuatro meses estuvo como refugiado en el reino filisteo de Gat. La narración bíblica se preocupa por indicar que, cuando Saúl supo que David estaba en Aquis, no lo buscó más.

El rey de Gat le dio a David la ciudad de Siclag para que se estableciera con su grupo. Aunque la localización exacta de esa ciudad es desconocida, posiblemente, se encontraba al sur del territorio de Judá, pues de esa forma David podía controlar efectivamente no solo los pobladores de esas tierras, sino que tenía acceso al desierto del Négev.

Ese fue un tiempo complejo y difícil para David, pues vendió sus servicios de protección militar a sus enemigos tradicionales, los filisteos. ¡Se convirtió en un mercenario! Desde Siclag hacía incursiones regulares contra diversos grupos que habitaban la región, no muy lejos de su comunidad (p. ej., gerusitas, gezritas y amalecitas), pero, de acuerdo con las narraciones bíblicas, llegaba hasta el sur, al desierto de Shur, en Egipto.

Respecto a la esencia y naturaleza de esas incursiones, es importante citar y entender bien el texto bíblico: «David asolaba el país, y no dejaba con vida hombre ni mujer; se llevaba las ovejas, las vacas, los asnos, los camellos y las ropas» (1 Sam 27:9). ¡David dirigía, en efecto, un grupo armado de bandoleros que asaltaban los diversos pueblos y las comunidades de la región! Y para evitar que alguien le indicara al rey Aquis la naturaleza y extensión de sus actos, no dejaba a nadie llegar con vida al reino filisteo de Gat.

Las actividades de David le ganaron la confianza plena del rey filisteo, Aquis, que lo nombró sin reservas y de forma permanente en su guardia personal (1 Sam 28:2). De esta forma, David se incorporó oficialmente a los ejércitos filisteos y pasó a formar parte de las milicias que con el tiempo harían nuevamente guerra contra el pueblo de Israel.

Saúl y la adivina de Endor

El singular episodio de la adivina de Endor presenta a un rey de Israel que llega a lo más profundo del abismo ético y religioso (1 Sam 28:3-25). La narración es precedida por la repetición de la noticia de la muerte de Samuel; se alude a la reacción de dolor y luto de todo el pueblo; se hace referencia a que habían enterrado al antiguo juez, profeta y sacerdote de Israel, en su ciudad, Rama; y se pone de manifiesto lo que había hecho Saúl con «los encantadores y adivinos» (1 Sam 28:3): los había expulsado de la tierra.

En ese contexto de luto nacional y rechazo de los nigromantes, el pasaje bíblico presenta nuevamente una amenaza de guerra muy seria de parte de los ejércitos filisteos. Se habían reunido para la batalla en Sunem, que se encontraba al norte de Gilboa en la sección sur del valle de Jezreel (1 R 1:3). Saúl, con sus hombres de guerra, no estaba lejos en Gilboa. Sin embargo, al ver el rey de Israel la extensión del campamento del ejército enemigo, se turbó en gran manera. Cada vez más, la amenaza filistea era mayor, y amenazaban con invadir y quedarse con los territorios que pertenecían a Israel.

La reacción inicial de Saúl fue consultar a Dios en torno a si debía proseguir con la batalla, pues notaba que sin el auxilio divino la campaña estaba perdida. Sin embargo, Dios no le respondió a través de los medios tradicionalmente aceptables de revelación (mediante sueños, a través del uso del Urim o por medio de los profetas). Esa incomunicación era el presagio de la derrota que le sobrevendría, pues de forma reiterada, en las narraciones precedentes, se afirma que Dios había rechazado y desechado a Saúl.

> En medio del miedo humano y el silencio divino, Saúl decide consultar a «una mujer que tenga espíritu de adivinación» (1 Sam 28:7). Esa decisión real es de suma importancia teológica para comprender la forma en que Saúl es presentado en las narraciones bíblicas. Como esas prácticas ocultistas estaban expresamente prohibidas por la Ley de Moisés (Dt 18:9-14), el pasaje ubica a Saúl en un nuevo nivel de rechazo divino.

Saúl no solo despreciaba la Ley, sino que desafiaba la voluntad de Dios ante sus sirvientes. Ese gesto impropio de desafío, prepotencia y arrogancia preparó el camino para el desenlace final.

Una vez se hicieron los preparativos necesarios, Saúl llegó disfrazado a la casa de la pitonisa. Se presentaron a la ciudad de Endor, al norte de Gilboa y Sunem, donde acampaban los ejércitos filisteos e israelitas. Saúl y dos de sus hombres de confianza, le piden directamente a la mujer que les adivine por el «espíritu de adivinación» y que les traiga a Samuel, pues el rey quería consultarle si debía proseguir con los preparativos bélicos (1 Sam 28:8-12).

La primera reacción de la mujer ante tal petición fue de rechazo firme y decidido. ¡Respondió de forma oficial! Indicó que Saúl había extirpado de la tierra a los adivinos, y ella no quería morir. Sin embargo, el rey jura por Dios que no se le hará daño. Es irónico ver cómo la narración presenta a Saúl: le aseguró a la mujer, y hasta juró por Dios, que no le sobrevendría ningún mal. ¡Puso a Dios de testigo para algo que contradecía la voluntad expresa de Dios, de acuerdo con la revelación de Dios a Moisés!

Luego que se le aseguró a la mujer su seguridad personal, ella procedió a llamar a Samuel para que regresara del mundo de los muertos al de los vivos. Y cuando la mujer lleva a efecto sus formas de comunicación con el mundo de ultratumba, en primer lugar, indica que ve «dioses que suben de la tierra» (1 Sam 28:13). Cuando Saúl inquiere un poco más en torno a la apariencia o forma de lo que veía, la mujer indica que «era un hombre anciano, cubierto de un manto». En efecto, según la narración bíblica, Saúl comprendió que se trataba de Samuel, e hizo una gran reverencia con el rostro en tierra (1 Sam 28:14-19).

El diálogo entre Saúl y Samuel es corto, claro y profético. En primer lugar, el rey reconoce que Dios se había apartado de él, y que la comunicación con Dios se había perdido. ¡Como la comunicación con el Dios viviente no se materializaba, Saúl decidió entrar al mundo de los muertos! Entonces, el rey le pregunta directamente a Samuel si debe emprender la batalla contra los ejércitos filisteos. El anciano responde que peleará, pero que perderá la batalla, y que, al otro día, el rey Saúl le acompañará en el mundo de los muertos. Además, el relato incorpora unas afirmaciones teológicas de importancia: ¡Dios le había arrancado el reino a Saúl y lo había entregado a David!

Saúl cayó al suelo desplomado ante las palabras de Samuel. La gravedad de las noticias lo aturdieron; además, no había comido en todo el día. Y aunque al principio no quería comer ante los ofrecimientos de la mujer de Endor, finalmente accedió, comió y regresó al campamento aquella misma noche.

Para comprender bien este relato, es menester reiterar que se trata de una narración teológica.

El propósito del pasaje es poner de manifiesto hasta dónde había llegado Saúl en su desobediencia a la revelación divina. La finalidad es explicar el contexto espiritual de la muerte de Saúl. El objetivo del pasaje no es explicar los procedimientos para llamar a personas muertas a que regresen a la vida. La incorporación de esta narración en el testimonio bíblico es magnificar el pecado de Saúl, además de indicar que David no tuvo que ver nada con la muerte del monarca.

El deceso de Saúl, de acuerdo con el texto bíblico, que fue predicho por Samuel, se fundamenta en el rechazo divino, en la intolerancia de Dios a la desobediencia del monarca, en el desprecio del Señor a la adivinación.

Los filisteos desconfían de David

La guerra de Saúl y sus ejércitos contra los filisteos era inevitable (1 Sam 29:1-11). Preparándose para la batalla, los filisteos reunieron a todos sus ejércitos y generales, identificados como «príncipes», en la ciudad de Afec, que constituía una de sus bases militares de más importancia en la llanura costera (Jos 12:18). Según el texto bíblico, ¡los batallones filisteos se contaban en cientos y miles! Y en medio de esos grupos se encontraba David que estaba con sus hombres al servicio del rey filisteo Aquis.

Cuando los generales filisteos pasaban revista a sus tropas y se percataron de que David estaba en el grupo, rechazaron su participación en la guerra. De singular importancia es la forma como lo describen. Según el pasaje escritural, los príncipes filisteos preguntaron, «¿Qué hacen aquí estos hebreos?» (1 Sam 29:3), a lo que Aquis respondió que eran parte de sus combatientes, y que confiaba en ese grupo liderado por David. Ese fue el contexto para que los príncipes filisteos, enojados, rechazaran abiertamente y de forma categórica la participación de David en la guerra con ellos. ¡Tenían miedo de que los traicionara al fragor de la batalla!

La manera que el relato describe al grupo de David es importante: los identifica como «hebreos» (1 Sam 29:3). Esa expresión era la forma de designar a los antiguos israelitas, y siempre estaba en boca de extranjeros, en un tono eminentemente despectivo. La palabra, posiblemente, alude a las personas que no formaban parte de los grupos principales de las sociedades del Oriente Medio antiguo.

No es tanto un término de descripción étnica, sino la expresión peyorativa que alude a un sector de la sociedad que es rechazado, por ejemplo, por el trabajo que desempeñan, o por la condición de marginados, esclavos o fugitivos, como es el caso de los antiguos hebreos que fueron liberados de la esclavitud y la opresión de las tierras del faraón de Egipto.

Aquis finalmente despide a David, pero no sin antes describirlo como un «ángel de Dios» (1 Sam 29:9), que en este contexto transmite la idea de bondad y lealtad; posteriormente, la expresión se refiere específicamente a la perspicacia de David para identificar lo bueno y discernir lo conveniente. Este episodio es de fundamental importancia para el propósito teológico de las narraciones en torno a David: los relatos desean indicar claramente que David nada tuvo que ver con la derrota de Israel y con la muerte de Saúl y sus hijos en la batalla contra los filisteos. Es una manera de hacer que David quede bien y éticamente limpio ante las futuras generaciones de israelitas: ¡David no peleó contra su propio pueblo!

La guerra contra los amalecitas

Mientras David se preparaba para participar en la guerra contra los israelitas con los ejércitos filisteos (1 Sam 29:1-11), los amalecitas llegaron a Siclag y la asolaron. Fue una campaña militar extensa, pues quemaron sus propiedades y se llevaron cautivas a todas las personas que estaban en la ciudad. Se trataba de un claro acto de provocación, contra las fuerzas de David.

Cuando los combatientes de David llegaron a sus hogares y vieron sus propiedades en ruinas y sin sus familias, querían apedrear a David por haber dejado la ciudad sin la debida protección. El dolor de la comunidad fue intenso, «lloraron a voz en cuello, hasta que les faltaron las fuerzas para llorar»; el alma de toda la comunidad estaba llena de amargura. Inclusive, las dos mujeres de David estaban secuestradas por el grupo de los amalecitas.

El texto bíblico, una vez más, pone de manifiesto las virtudes espirituales de David. Destaca el relato, nuevamente, la dignidad espiritual que le caracterizaba. Según la narración, David halló fortaleza en el Señor, y le dijo al sacerdote Abiatar que le consiguiera el efod para consultarle a Dios si debía perseguir a los asaltadores, y posteriormente inquirió si le podía alcanzar.

La respuesta divina fue clara: «Síguelos, porque ciertamente los alcanzarás, y de cierto librarás a los cautivos» (1 Sam 30:10). Con la anuencia divina, y la seguridad que le brindaba su experiencia militar, David emprendió su campaña de liberación de sus familiares cautivos con el grupo de seiscientos hombres que le acompañaban. No todos los combatientes pudieron llegar al final de la jornada bélica, pues, por el cansancio, doscientos de los hombres de David no pudieron pasar el torrente del Besor, que estaba situado en las cercanías de Siclag, al suroeste de Beerseba.

La providencia divina acompañaba a David, pues, en el camino, se encontró con un egipcio que había participado en los ataques a Siclag, y que había quedado abandonado por sus jefes. Los amalecitas habían incursionado en el Négev, y entre los lugares que asaltaron estaba Siclag, la ciudad de David y sus hombres. La referencia a los cereteos (que posiblemente provenían de Creta y estaban emparentados con los filisteos) es importante, pues junto a los peleteos constituían parte de la guardia personal e íntima de David (1 Sam 30:14).

Finalmente, el mismo egipcio que los amalecitas habían dejado abandonado en el desierto, se convirtió en el espía y guía de David, que lo llevó directamente al campamento enemigo. Como los amalecitas no esperaban ninguna retaliación, y estaban despreocupados en fiestas, celebrando sus triunfos y botines, el grupo de David los atacó por sorpresa y los batió inmisericordemente, desde la mañana hasta la tarde del segundo día. Fue una victoria contundente, pues ningún combatiente amalecita escapó; solo unos cuatrocientos jóvenes, que huyeron en sus camellos mientras los israelitas batían a sus enemigos.

De esa forma David rescató a sus familiares y se ganó nuevamente el respeto de sus familiares y soldados. La narración bíblica destaca que no faltó nada de lo que se habían llevado los amalecitas, incluyendo las ovejas y el ganado mayor. Inclusive, el texto bíblico indica que dio su parte a los combatientes que no habían podido pasar el torrente de Besor. En efecto, David, según el pasaje, actuó con nobleza y justicia.

Para concluir este episodio, la narración escritural pone de manifiesto otro gesto noble y magnánimo de David: ¡envió parte del botín de guerra a los ancianos de Judá, que eran sus amigos! Ese acto se fundamenta, aparentemente, en la bondad; sin embargo, tiene grandes repercusiones para el futuro político de David: prepara el camino para llegar a la monarquía de Judá. Con esos regalos, que llegaban a las comunidades que estaban al sur de Palestina, incluyendo Hebrón, David se congraciaba con quienes posteriormente lo nombrarían rey. De todas formas, David era el hombre fuerte de la región; lo que faltaba era el reconocimiento público de los líderes de las tribus.

La muerte de Saúl y sus hijos

> Referente a la muerte de Saúl y sus hijos, las Escrituras incluyen dos versiones. En la primera, el rey se suicida con su propia espada, al verse perdido y no querer que los filisteos deshonraran su posición de monarca (1 Sam 31:1-13; 1 Cro 10:1-12). Y en la segunda, es un soldado amalecita que pasaba por el campo de batalla quien terminó finalmente con la vida del rey, que estaba mortalmente herido (2 Sam 1-16).

En ambos casos, la muerte fue patética y trágica, pues surge en medio de una derrota apabullante de los filisteos, que no solo matan a los líderes máximos del pueblo de Israel, sino que hacen huir a los israelitas de las ciudades para que los enemigos las habitaran. Y de esta forma finalizan las narraciones del primer rey del pueblo de Israel.

En el primer relato de la muerte de Saúl se indica que también perecieron sus hijos, que, al parecer, fueron cuatro: el primero en ser identificado es Jonatán, que es bien conocido por sus actos de heroísmo y su pacto de amistad con David (1 Sam 14:1-46; 18:3-4); luego, la narración alude a Abinadab, que solamente aquí se menciona en las Escrituras; finalmente, se hace referencia a Malquisúa, de quien tampoco sabemos mucho (1 Sam 14:49). El cuarto hijo de Saúl es Is-boset, que parece no participó con su padre en esta batalla contra los filisteos, y posteriormente fue proclamado rey como sucesor de Saúl (2 Sam 2:8-10); sus relaciones con David siempre fueros tensas (2 Sam 2–4).

La derrota de los ejércitos de Israel ante los filisteos fue nefasta, absoluta y completa. No solo hicieron huir a los israelitas de sus ciudades, según el texto bíblico, sino que al llegar al campo de batalla e identificar el cuerpo de Saúl, lo humillaron y desacralizaron: le cortaron la cabeza y lo despojaron de sus armas de combate. Posteriormente, anunciaron el triunfo por todas las ciudades filisteas, llevaron las armas de Saúl al templo de Astarot, en un gesto de gratitud a sus divinidades, y finalmente colgaron el cuerpo inerte del monarca en el muro de Bet-sán.

Bet-sán está localizado en el valle del Jordán, en un punto estratégico, pues se encontraban en ese lugar las rutas comerciales más importantes de la época. Poner el cuerpo de Saúl en esos muros era una forma de declarar su victoria ante todas las caravanas comerciales que viajaban del norte al sur y del este al oeste.

Cuando los ciudadanos de Jabes de Galad se enteraron de que el cuerpo de Saúl estaba colgado en Bet-sán, como una expresión de reconocimiento y gratitud (1 Sam 11), fueron de noche, tomaron el cuerpo del monarca y los de sus hijos, los quemaron y enterraron sus huesos debajo de un árbol. Finalmente, de acuerdo con el relato, ayunaron por siete días, que era el tiempo que duraban los ritos de duelo en Israel (Gn 50:10).

La segunda versión de la muerte de Saúl se ubica en el contexto de la llegada de la noticia de la derrota de Israel ante David (2 Sam 1:1-16). Luego que David venció a los amalecitas, según las narraciones bíblicas, llegó a su campamento un joven amalecita con claras señales de duelo, pues tenía los vestidos rotos y la cabeza cubierta de tierra (Jos 7:6; 1 Sam 4:12). Y luego de indicar que había escapado de los campamentos de guerra, reveló la información más importante: el pueblo huyó de la batalla y muchos cayeron y murieron, entre los que estaban Saúl y sus hijos.

David quiso cerciorarse de la veracidad de la información y le preguntó cómo sabía de estas muertes. Y el joven respondió que llegó por casualidad al monte Gilboa y vio a Saúl herido, que se apoyaba sobre su lanza, y tras él venían carros y gente de a caballo. Fue el momento cuando el joven le indicó que, por instrucciones expresas de Saúl, lo había matado para evitarle la angustia. Tomó entonces la corona real y el brazalete del monarca, y se los entregó a David.

Al escuchar con asombro las noticias, David ordena que maten al joven, pues no tuvo reparos en asesinar al ungido del Señor. El amalecita, que solo con su procedencia levantaba sospechas entre David y su gente (véase, p. ej., Ex 17:8-14; Dt 25:17-19; 1 Sam 15:2), pensó que al exagerar las noticias de la muerte de Saúl recibiría alguna recompensa; sin embargo, recibió la muerte, pues dijo que había levantado su mano contra alguien a quien Dios había ungido.

Las narraciones en el primer libro de Samuel enfatizan la vida de los dos primeros reyes de Israel y Judá. En efecto, los relatos bíblicos presentan a Saúl como el primero de los reyes del pueblo de Israel, luego que se superara la época de los jueces. El caso de David es diferente, pues se describe su carrera de forma ascendente, que le movió desde los campos de Belén, como pastor de ovejas, hasta llegar a ser un fugitivo en el desierto, perseguido por el rey, y que le llevó con el tiempo a convertirse en un mercenario al servicio de los ejércitos filisteos.

Sin embargo, aunque la vida de David en las narraciones escriturales se describe como difícil y compleja, de forma continua los pasajes bíblicos lo presentan como el ungido del Señor que con el tiempo se convertiría en rey. Además, quienes escriben estos relatos continuamente afirman que era una persona que gozaba del favor divino.

Quizá todas estas secciones de la Biblia son una forma de apología de David, pues inclusive afirman que los celos de Saúl fueron infundados, y que al final, David no tuvo que ver nada con la muerte del rey y sus descendientes, que eran los posibles futuros herederos del trono.

Aunque la lectura minuciosa de los pasajes bíblicos pone claramente de manifiesto que David era un hombre con muchas imperfecciones, se desprende de esos mismos textos que hay un deseo continuo de magnificar sus hazañas positivas, enfatizar sus virtudes éticas, destacar su piedad, subrayar sus actitudes en torno a la voluntad divina, y reiterar su respeto al oficio del rey como ungido del Señor. De esa forma se prepara el camino para que los ancianos de Israel, a su vez, lo reconozcan como rey, pues, para todo efecto práctico, tenía el poder en la región sur de Canaán, en los alrededores de la ciudad de Hebrón.

Saúl y David

Los contrastes continuos entre lo que las narraciones indican de Saúl y David, son reveladores de la intención de los autores. De forma sistemática, a la vez que se ensalzan las hazañas y virtudes de David, se subestiman y rechazan las acciones y actitudes de Saúl. La identificación de esa filosofía literaria, que se pone en evidencia clara de manera continua, muestra una vez más el propósito teológico de los relatos, que consiste en preparar el camino para que David llegue al trono, a la vez que se descarta a Saúl por ser un monarca inefectivo. Inclusive, en torno a Saúl, se indica que fue desechado por Dios.

A continuación, incluimos las evaluaciones que le da el texto bíblico a las acciones de cada rey, Saúl y David. Varios estudiosos han utilizado estas listas para destacar cómo las narraciones bíblicas presentan y describen a cada uno de estos personajes. Es una manera continua de presentar el caso a favor de David...

- Ambos reyes reciben la misma evaluación:
    - Familias con buenos recursos económicos:
        - Saúl (1 Sam 9:1); David (1 Sam 16:20; 17:14-18).
    - Físicamente impresionantes:
        - Saúl (1 Sam 9:1); David (1 Sam 16:18).
    - Escogidos por Dios:
        - Saúl (1 Sam 9:15-17; 10:20-24); David (1 Sam 16:1, 12).
    - Buenos hombres:
        - Saúl (1 Sam 9:2); David (1 Sam 15:28).
    - Ungidos por Dios:
        - Saúl (1 Sam 10:1); David (1 Sam 16:13).
    - Victorias iniciales, como en la época de los jueces:
        - Saúl (1 Sam 11:5-11); David (1 Sam 17).

- Los enemigos los describen como despreciados:
  - Saúl (1 Sam 10:27); David (1 Sam 25:17, 25; 2 Sam 20:1).
- Tocados por el espíritu de Dios:
  - Saúl (1 Sam 10:10; 11:6; 19:23); David (1 Sam 16:13).
- ¿Debe alguien morir hoy?
  - Saúl (1 Sam 11:3); David (2 Sam 19:23).
- Afirman que algún enemigo no debe morir, pero luego se arrepienten:
  - Saúl (1 Sam 19:6); David (19:23; 1 R 2:8-9).
  - Saúl es criticado y David, alabado:
- Ofrecen sacrificios:
  - Saúl (1 Sam 13:8-14); David (2 Sam 6:13, 17; 24:25).
- Toman el botín de los amalecitas:
  - Saúl (1 Sam 15); David (1 Sam 27:9; 30:19-20, 26-31).
- Tienen piedad:
  - Saúl (1 Sam 15:9); David (1 Sam 23:21; 2 Sam 21:7).
- Se involucran en dinámicas proféticas:
  - Saúl (1 Sam 10:10-11; 18:10; 19:23-24); David (2 Sam 23:2).
- Manifestaciones de humildad:
  - Saúl (1 Sam 9:2; 10:22); David (1 Sam 18:23; 24:14; 26:20; 2 Sam 7:18).
- Dejan a los enemigos para luchar contra los filisteos:
  - Saúl (1 Sam 18:17, 25); David (1 Sam 29:11).
- Tienen experiencias de frenesí religioso:
  - Saúl (1 Sam 19:24); David (2 Sam 6).
- Saúl recibe una evaluación negativa, y David, positiva:
  - Compran caballos:
    - Saúl, no; David, sí (2 Sam 8:4).
  - Aumenta el número de esposas y concubinas:
    - Saúl, una esposa y una concubina; David, aumentó su harem.
  - Imponen impuestos:
    - Saúl, no; David, sí.
  - Calidad de sus apoyadores y siervos:
    - Saúl: sus siervos son los que Dios les había tocado el corazón (1 Sam 10:26); David: sus siervos eran personas marginadas y dolidas de la sociedad (1 Sam 22:2).

- Hijos corruptos:
  – Saúl, no; David, sí.
- Conductas sexuales inapropiadas:
  – Saúl, no; David, sí.

La evaluación sobria de toda esta información, revela que ni Saúl era tan mal gobernante y malvado, ni David era un ejemplo óptimo de virtudes.

La verdad es que, fundamentados en la evidencia textual, Saúl era un líder modesto de un reino pequeño y poco desarrollado que no gozó del aprecio de la administración oficial que tomó el poder luego de su muerte. Y David era, en efecto, un político astuto, que organizó un Gobierno central con un sistema oficial de comunicaciones.

Ese sistema de información oficial del reino, que se implantó, posiblemente, durante el gobierno de David, o quizá en el de Salomón, se encargó de enfatizar las virtudes de David, y se dedicó a reiterar que había sido llamado y ungido por Dios para ser el monarca de ambos reinos, Judá e Israel. Desde la perspectiva teológica, afirmaban los escritores oficiales del Gobierno que Dios había desechado a Saúl, y que, por el contrario, escuchaba a David.

Capítulo cuatro
Y ungieron a David como rey

*También llevó David consigo
a los hombres que le acompañaban,
cada uno con su familia,
los cuales habitaron en las ciudades de Hebrón.
Luego vinieron los hombres de Judá
y ungieron a David como rey
sobre la casa de Judá.*

2 Samuel 2:3-4a

Lamento de David por Saúl y Jonatán

Una vez se diseminó la noticia de la muerte de Saúl y Jonatán, de acuerdo con las narraciones bíblicas, David lamentó públicamente el suceso. Y su dolor tiene, posiblemente, dos componentes de importancia nacional y cultural. En primer lugar, había caído el primer rey de Israel y su hijo, que era su amigo íntimo. El símbolo de la unidad y el prestigio del pueblo de Israel había caído en la guerra contra los filisteos. Además, las formas de desacralización de los cadáveres hacían del evento uno trágico y nefasto. En la Antigüedad, seguir las costumbres funerarias de forma adecuada era signo de haber llevado una vida digna y respetable; por el contrario, la disposición impropia de los cadáveres, o la deshonra de los difuntos, ponía de relieve vidas antagónicas y problemáticas.

> David respondió a esas muertes con un importante y significativo poema de luto y dolor (2 Sam 1:17-27). Entonó un lamento que debía enseñarse a las futuras generaciones del pueblo de Judá, y que se encuentra en el libro de Jaser.

Esta obra, también identificada como el libro del Justo, del cual solo se conocen las referencias en las Escrituras, era posiblemente una colección de fragmentos poéticos que afirman los actos heroicos de algunos líderes del pueblo, como Josué y David (Jos 10:13).

La elegía le canta a Saúl y Jonatán, y los identifica como «valientes», como «la gloria de Israel», que son maneras de destacar sus capacidades militares y triunfos en batallas. Afirma el cántico que siempre fueron inseparables, tanto en la vida como en la muerte, que es un indicador de que la amistad de Jonatán con David no afectó adversamente a la relación paternofilial. Y en ese contexto poético es en el que David indica que el amor de Jonatán le fue mejor que el de las mujeres, que es una manera de enfatizar la lealtad política que le mostró el hijo del rey.

Este poema continúa el propósito teológico de las narraciones en los libros de Samuel: ensalzar la figura de David, en contraposición a la de Saúl. Es una manera adicional de indicar que a David le entristeció la muerte de Saúl, con la que él nada tuvo que ver. Es una forma de preparar el camino para que David llegue al poder sin ningún lastre ético o moral en torno a la transición política del reino.

> Los relatos bíblicos van, de forma paulatina pero sistemática, moviendo la trama y los acontecimientos para que se proclame a David como rey de Judá, primeramente, y después sobre todo Israel.

David es coronado en Hebrón

La presentación de David como un hombre piadoso, temeroso de Dios, deseoso por conocer la voluntad divina y respetuoso de lo sagrado es uno de los temas importantes en las narraciones de los libros de Samuel. Esa percepción es la que se utiliza para destacar su coronación en la histórica y milenaria ciudad de Hebrón. De acuerdo con el relato bíblico, David le consultó directamente al Señor si debía llegar a alguna de las ciudades de Judá para ser coronado, y fue Dios mismo el que le indicó que fuera a Hebrón, la ciudad más importante de Judá, por estar asociada con las promesas divinas hechas a los patriarcas y las matriarcas de Israel (2 Sam 2:1-7).

Obedeciendo la voluntad divina, según el testimonio escritural, David partió hacia Hebrón con sus dos mujeres, Ahinoam y Abigail, y con sus compañeros de armas y sus familias. No era un grupo pequeño, pues solo los combatientes eran seiscientos, que junto a sus familiares, podían llegar como a tres mil personas, más los animales que viajaban en la caravana. En efecto, al llegar a Hebrón, el grupo de David era impresionante: ¡su llegada se convirtió en una demostración de fuerza y poder! Y «los hombres de Judá», es decir, los ancianos y líderes más importantes del pueblo, ungieron a David como rey.

Cuando finalmente David es ungido como monarca de la tribu de Judá, para todo efecto práctico, ya ejercía el poder en la región. La ceremonia era una especie de reiteración de lo que ya se manifestaba de forma concreta en la vida diaria de la comunidad. David era el hombre fuerte de la región, pues sus contactos y alianzas con los filisteos, hicieron posible que ese sector de Canaán no recibiera el azote adverso de las reiteradas guerras con los israelitas. Además, su ejército personal, que le manifestaba una lealtad férrea, era el que mantenía el control y la seguridad en las comunidades vecinas de Hebrón. Y en ese contexto, David reinó desde la ciudad de Hebrón a Judá por siete años y medio (2 Sam 2:11).

En el entorno mismo de su coronación, la primera decisión oficial del nuevo monarca de Judá, en el sur, fue agradecer al pueblo de Jabes de Galaad, que formaba parte del reino del norte, el haber dispuesto honorablemente del cadáver de Saúl y sus hijos. ¡Fue una movida política bien pensada, sabia e inteligente! David calculó bien las implicaciones de sus palabras, pues comenzó un proceso de relaciones públicas y acercamiento político que culminó posteriormente en la consolidación de la monarquía.

En esa misma comunicación de agradecimiento público, David le envía un mensaje adicional e implícito a las tribus del norte: como ya el rey Saúl había muerto, les recordaba a los ciudadanos de Galaad que ahora él era el rey de Judá, que era una manera de invitarles a unirse a su reino. A la vez, el mensaje insinuaba las posibles consecuencias adversas de alguna rebelión. Es por esa razón que les dice: «Esfuércense vuestras manos y sed valientes» (2 Sam 2:7), que era una manera solapada de incentivar que se incorporaran a su proyecto político de unidad nacional.

La guerra civil

> Una vez los ancianos de Judá ungieron en Hebrón a David como rey, las relaciones de las tribus del norte y las del sur se rompieron definitivamente. El ambiente de guerra estaba listo, pues los avances de David habían minado el poder de Saúl sobre Judá.

La muerte del primer rey de Israel aceleró lo que ya se veía venir y se esperaba: la guerra civil entre la casa de David y la de Saúl (2 Sam 2:8–4:12), entre las tribus del norte y las del sur. Fue una lucha intensa y extensa, en la que los ejércitos de David fueron ganando fortaleza, ventaja y reconocimiento público de forma continua, sistemática y creciente (2 Sam 3:1).

Para llenar el vacío de poder en Israel, luego de la muerte de Saúl y sus hijos en la batalla contra los filisteos, los israelitas llevaron a Isboset, hijo de Saúl, a Mahanaim, y lo proclamaron rey sobre Galaad, Gesuri, Jezreel, Efraín, Benjamín y todo Israel. Lo llevaron a Mahanaim, que estaba localizada en Transjordania, para evitar posibles atentados de los ejércitos filisteos (1 Sam 31:1). La figura que estaba detrás de este movimiento para mantener la dinastía de la casa de Saúl era Abner, el general del ejército israelita.

El nombre original de este hijo de Saúl, era Is-baal (que significa, «hombre de Baal»), pero los escritores bíblicos lo cambiaron a Is-boset (que transmite la idea «hombre de vergüenza»), para evitar la referencia al antiguo dios pagano adorado por todo Canaán.

De particular importancia teológica en la narración es que el rey que había sacado de Israel a los encantadores y adivinos (1 Sam 28:3) de su reino, tuviera un hijo cuyo nombre aludía a una de las divinidades cananeas más importantes. Se demuestra de esta forma que todavía se manifestaba en Israel un profundo sincretismo religioso, que los sacerdotes del Señor no habían podido detener, superar ni erradicar. ¡La idolatría se ponía claramente de manifiesto aun en el palacio del rey!

De acuerdo con las Escrituras, Is-boset reinó sobre Israel solo por dos años (2 Sam 2:10). Además, el texto sagrado afirma que David estuvo en el trono de Judá por siete años y medio (2 Sam 2:11). Estas declaraciones pueden ser una indicación textual importante de que David ya era el monarca en Judá, el sur, aun cuando Saúl vivía y estaba en el trono de Israel.

En estas narraciones relacionadas con la guerra civil, la figura de Abner es importante. De forma paulatina, luego de la muerte de Saúl, este general israelita fue adquiriendo poder, popularidad y autoridad en el pueblo. Y aunque inicialmente estuvo interesado en restaurar la monarquía de la casa de Saúl, quizá con el deseo ulterior de llegar a ser el rey, pues la figura de Is-boset era muy débil, con el tiempo se percató de la imposibilidad de esas gestiones (2 Sam 3:7-11), y comenzó un proceso de acercamiento y diálogo con la casa de David (2 Sam 3:12).

De singular importancia en todos estos relatos es la forma en que se alude a Israel y Judá como comunidades diferentes: Israel se relacionaba específicamente con Saúl, y Judá, con David. De esta manera se notan, desde antes de la ruptura del reino unido, inclusive cuando David todavía no había unificado su monarquía, que entre ambas comunidades había peculiaridades y singularidades que los distinguían y diferenciaban. También manifiestan algunas relaciones, pues Saúl había incursionado en el sur (1 Sam 23:19-28; 26:1-25), y David, que era de Judá, estuvo al servicio de Saúl (1 Sam 16:14-23; 17:12-14).

La guerra civil comenzó a instancias de Abner, general de los ejércitos de Is-boset, y Joab, sobrino de David y líder de los combatientes de Judá (2 Sam 2:12-17). Ambos militares habían demostrado no solo audacia militar y valor, sino sagacidad política. Los ejércitos se encontraron dispuestos al combate en el estanque de Gabaón, que es, posiblemente, un pozo redondo, tallado en las rocas, de casi veinticinco metros de profundidad, que se encuentra al norte de la ciudad antigua (Jer 41:12).

Los generales se pusieron de acuerdo para que, en vez de enfrentar a los dos contingentes, pelearan solo representantes de las milicias. De esa forma llegaron al combate doce jóvenes de cada bando, que se mataron mutuamente en las luchas. El lugar donde se llevó a efecto el conflicto se conoce, según la Biblia, en hebreo, como Helcat-hazurim, que puede traducirse como «Campo de las rocas», porque posiblemente los combatientes utilizaron armas de piedra, y no de metal, para sus luchas. Y aunque entre las reglas de combate estaba que pelearían solo representantes de los grupos, los ejércitos de David libraron una gran batalla contra los de Israel, que fueron vencidos de forma fulminante.

En la narración de este combate se incluye un incidente que tiene repercusiones ulteriores. Abner mató al hermano de Joab (2 Sam 2:2023), y ese asesinato prepara el camino para el próximo episodio de las luchas del norte y el sur, pues el general israelita no se olvidó ni dejó impune ese acto del comandante de las fuerzas de Is-boset.

El relato inicial de la guerra civil finaliza con una tregua negociada entre Joab y Abner. Luego de una persecución intensa, deciden detener las hostilidades, pues se reconocen como «hermanos» (2 Sam 2:26). Esa identificación revela que, aun en medio de la guerra, los grupos combatientes entendían que eran parte del mismo pueblo. Al final de los combates, veinte hombres de David habían perecido, mientras que las bajas en los ejércitos de Israel fueron de trescientos sesenta soldados (2 Sam 2:30-31).

Pacto de Abner con David en Hebrón

Aunque los generales de ambos ejércitos acordaron una tregua, de acuerdo con el testimonio bíblico, la guerra civil entre Israel y Judá continuó. Y en el proceso, David prosiguió su vida regular en la ciudad de

Hebrón. De ese período, los textos bíblicos indican que David tuvo seis hijos de sus esposas:

- Amnón, hijo de Ahinoam;
- Quileab, de Abigail;
- Absalón, de Maaca;
- Adonías, de Haguit;
- Sefatías, de Abital;
- Itream, de Egla (2 Sam 3:2-5; 1 Cro 3:1-4).

En Israel, el prestigio, la autoridad y el poder de Abner aumentaban considerablemente. Inclusive, las narraciones indican que hasta el mismo rey le temía (2 Sam 3:11). Y para poner de manifiesto no solo su autoridad, sino su deseo de reinar, Abner tomó una de las concubinas de Saúl, Rizpa, como esposa (2 Sam 3:6-7). En la Antigüedad, ese tipo de acto no solo era una afirmación matrimonial e interpersonal, sino que constituía una declaración política, una forma oficial de poner de relieve las aspiraciones reales, era el anuncio público de un golpe de Estado.

Ante el acto de indisciplina y soberbia de Abner, el rey Is-boset reclamó a su general ese acto impropio de infidelidad y arrogancia, aunque de forma tímida. El aguerrido general responde con más agresividad e irrespeto a las preguntas del rey, y añade que había sido misericordioso con él al no derrocarlo previamente; además, hace una declaración pública de apoyo a David y de reconocimiento de que Dios le había ungido para reinar en todo el pueblo de Israel y Judá, desde Dan hasta Beerseba (2 Sam 3:8-11). ¡Hasta los enemigos de David reconocen que había sido ungido por Dios para reinar, según los textos bíblicos!

Esa desavenencia con Is-boset, motivada por haber tomado la antigua concubina de Saúl, fue el detonante para que Abner, a espaldas del rey, se decidiera a buscar relaciones con David y hacer un pacto para entregarle el reino del norte. En ese pacto, Abner se comprometía a serle fiel a David, y a cambio pondría a su disposición el antiguo reino de Saúl, que Is-boset había dirigido con precariedad.

David recibió cortésmente a los representantes y mensajes de Abner, a los que respondió con rapidez: el primer paso para proseguir las negociaciones y llegar a algún acuerdo era devolverle su esposa Mical, la hija de Saúl (2 Sam 3:13-16). Esa acción de David era mucho más que un gesto de amor conyugal.

> Aunque el texto bíblico revela que Mical amaba a David (1 Sam 18:28), no se indica nada de los sentimientos del monarca hacia ella. Solo en esta ocasión se pone de relieve esta actitud de reconciliación, pues posiblemente estaba motivada por las fuerzas políticas y el deseo de reinar.

Tomar como esposa nuevamente a Mical, cuyo actual marido, Paltiel, sufrió con mucho dolor y llanto su partida (2 Sam 3:15-16), y con la cual David nunca tuvo hijos, era una estratégica decisión política y diplomática muy importante. De esa forma David se convertía de nuevo en parte de la familia real de Israel, y podía aspirar y ascender al trono con legalidad y reconocimiento general, que es el propósito teológico del relato.

Una vez se llegaron a los acuerdos preliminares, Abner se reunió con los ancianos y líderes del pueblo de Israel, y les presentó sus planes en torno al futuro del reino. El argumento, que posiblemente debió haber incluido la debilidad e incapacidad política y administrativa de Is-boset, se fundamentó en una declaración teológica: Dios había prometido que a través de David libraría al pueblo de Israel de los filisteos y de todos sus enemigos (2 Sam 3:18). De acuerdo con el relato bíblico, ya los ancianos del pueblo anhelaban ese cambio de poder.

Posteriormente, Abner llegó a la antigua ciudad Hebrón, sede del reino de David, acompañado por veinte hombres, para aprobar finalmente el acuerdo político. De esta forma estaba todo listo para que David no solo fuera el rey de las tribus del sur en Judá, sino que también expandiera sus dominios al norte, al reino de Israel. Y junto a la entrega del reino, se comprometió a serle fiel.

Muertes de Abner e Is-boset

Antes de ser proclamado rey de todo Israel, las narraciones escriturales presentan el asesinato de dos figuras clave en el reino del norte: Abner e Is-boset. Abner era el comandante de los ejércitos de Israel, e Is-boset, el rey heredero del trono de Saúl. Ambas figuras juegan papeles de gran importancia en los complicados procesos políticos y militares que llevaron a David al poder sobre las tribus del norte.

De gran importancia teológica es el hecho de que el redactor de estos pasajes se preocupa por indicar que David no tuvo que ver nada con esos asesinatos. Y esa reiteración nos hace sospechar que posiblemente las fuerzas políticas y sociales que movían esos acontecimientos en el reino estaban manejadas por el propio David. En efecto, las lecturas cuidadosas de los relatos bíblicos ponen claramente de manifiesto la astucia política y la sagacidad del famoso rey.

Una vez Abner salió en paz de la reunión con los ancianos de Judá, donde se había llegado a los acuerdos necesarios para llevar a David al poder (2 Sam 3:21), Joab y sus combatientes regresaron a Hebrón (2 Sam 3:22). Trajeron un gran botín de guerra, producto de sus ataques a las comunidades aledañas. Apenas llegó el grupo, le indicaron a Joab que Abner había hecho un pacto con David, cosa que enfureció al general de Judá. Ese acuerdo le preocupaba a Joab, posiblemente, por dos razones básicas: en primer lugar, no se fiaba de quien había asesinado a su hermano Asael; además, la presencia de un nuevo general en el reino ponía en peligro su posición de hombre de confianza de David.

De acuerdo con la narración escritural, Joab, sin indicárselo a David, junto a su hermano Abisai, enviaron a sus ejércitos a buscar a Abner y, cuando lo trajeron a Hebrón, lo mataron. Ese asesinato, ponía a prueba los acuerdos que se habían establecido con los ancianos de Israel a través de Abner.

Sin embargo, el texto bíblico se esmera en afirmar nuevamente que David no fue responsable de aquella muerte. Una vez más se nota ese interés continuo y sistemático de los redactores en poner a David fuera de las dinámicas humanas —que en momentos no eran las más éticas ni morales— que le llevaron al poder.

Como respuesta a aquel asesinato, aparentemente innecesario, David hace dos cosas: en primer lugar, maldijo a Joab y, además, escribió y entonó un lamento fúnebre, al igual que hizo ante la muerte de Saúl y Jonatán. De esta forma las escrituras reiteran que David era inocente de aquel asesinato. Finalmente, reconoció públicamente que los hijos de Sarvia, Joab y Abisai, eran más violentos, rudos e inmisericordes que él, y los encomendó públicamente al Señor por sus maldades y sus actos (2 Sam 3:39).

La muerte de Abner llegó a Israel y causó gran conmoción (2 Sam 4:1-12). Todo el pueblo se atemorizó, y hasta el rey se desorientó y deprimió, que es el sentido básico de la expresión «las manos se le debilitaron» (2 Sam 4:1). Is-boset no sabía cómo responder al desafío que representaba que en el reino del sur, Judá, hubieran matado a su principal apoyo militar y general. La confusión política y social fue intensa, y el reino del norte, que ya mostraba claros signos de precariedad administrativa, desorientación social, debilidad política e impotencia militar, se hundió de pronto en una especie de anarquía, en la cual no estaban bien protegidos ni el rey ni el pueblo.

Al lado del rey Is-boset, se encontraban dos militares que aparentemente eran de su confianza. Eran los hijos de Rimón: Baana y Recab, que provenían de Beerot, una de las ciudades de Gabaón (Jos 9:17), asignada antiguamente a la tribu de Benjamín (Jos 18:25), y que estaba ubicada al noroeste de Jerusalén. La forma en que el texto bíblico describe a estos dos ayudantes del rey es significativa: eran «capitanes de bandas de salteadores» (2 Sam 4:2), expresión que pone claramente de relieve los niveles éticos y morales del dúo. Y esa misma forma de presentar a estos siervos de Is-boset prepara el camino para explicar lo que sucedió con el débil y desorientado monarca: Recab y Baana se pusieron de acuerdo para asesinar al rey Is-boset.

Cuando llegó la hora de más calor y el rey estaba durmiendo su siesta, y la portera de la casa se «había quedado dormida mientras limpiaba el trigo» (2 Sam 4:6), los hijos de Rimón entraron en el palacio, se allegaron a la alcoba real y lo mataron inmisericordemente. Posteriormente al asesinato, le cortaron la cabeza y se la llevaron a David a la ciudad de Hebrón, de acuerdo con el relato bíblico, luego de caminar toda la noche por el camino de Arabá.

La respuesta de David ante el asesinato de Is-boset está en consonancia con su reacción frente a la muerte de Saúl y Jonatán: los mandó matar por haber asesinado «a un hombre justo en su cama» (2 Sam 4:11). Además, ordenó que les cortaran las manos, que era una forma póstuma de enfatizar que fueron ejecutados por sus malas acciones (2 Sam 4:12).

La narración del asesinato de Is-boset incorpora un comentario en torno a un hijo lisiado de Jonatán, que pertenecía a la casa de Saúl (2 Sam 4:4). Se explica cómo quedó paralítico. Su nombre era Mefi-boset, que quiere decir «sembrador de vergüenza»; o mejor, Merib-baal, que significa «mi abogado es Baal»; o «Meri-baal», que transmite la idea de «mi señor es Baal» (1 Cro 8:34). Y una vez más, el escritor bíblico evade el uso del nombre del dios cananeo, Baal, y le cambia el nombre al hijo de Is-boset.

Ese comentario referente al nieto de Saúl prepara el camino para las acciones posteriores de David, en las que manifiesta misericordia a los miembros restantes de la monarquía del norte (2 Sam 9:1-13; 16:1-4; 19:24-30). Es la manera que el narrador de estos episodios utiliza para destacar las buenas acciones y la nobleza de David, y para realzar que él no tuvo que ver con las desgracias que le sobrevinieron a esa familia.

David es proclamado rey de Israel

Finalmente, cuando Saúl, Jonatán e Is-boset habían muerto, David es proclamado rey sobre las tribus del norte: Israel. La ceremonia de unción se llevó a efecto en Hebrón, donde David había establecido su trono. Los ancianos de Israel viajaron a Hebrón para afirmar la decisión y llevar a efecto la celebración.

El fundamento de la unción de David como monarca, de acuerdo con la evaluación de los ancianos de Israel, era doble. En primer lugar, David era el hombre fuerte de Israel, aun cuando Saúl vivía y reinaba. Ellos reconocieron que la figura de autoridad militar en la monarquía era David, que tenía la capacidad de llevar a los soldados a las batallas y hacer que regresaran vivos. Esa es una manera de indicar que, inclusive antes de la muerte de Saúl, ya el pueblo y sus líderes pensaban en David como su sucesor. Es decir, que las sospechas y preocupaciones de Saúl estaban bien fundadas, pues había gente en el reino que quería a David; además, ya David había soñado con esa posibilidad real.

La segunda razón que los ancianos articulan para llevar a efecto la ceremonia de coronación de David es básicamente teológica. Dios le había dicho: «Tú apacentarás a mi pueblo Israel, y tú serás quien gobierne a Israel» (2 Sam 5:2). En efecto, nuevamente se alude a las promesas divinas para explicar la carrera ascendente de David, que lo llevó de los campos de Belén al trono de Israel y Judá. De acuerdo con el texto bíblico, David hizo un pacto con los ancianos de Israel delante del Señor, que es una manera de afirmar y enfatizar la naturaleza solemne del acto.

La narración indica que David comenzó a reinar desde Hebrón a los treinta años, que reinó solo sobre Judá por siete años y seis meses, y, sobre Israel, reinó desde Jerusalén por treinta y tres años más (2 Sam 5:3-5).

> La comprensión de los cuarenta años de reinado de David (al igual que el período de Salomón) debe ser entendida de forma adecuada. Quizá la cifra es simbólica, pues el número cuarenta en la Biblia alude a una generación.

Además, la información que se incluye en las Escrituras de todo el reinado de David es muy poca, para haber gobernado y dirigido el país por cuatro décadas.

La unificación y el reconocimiento del reino

Una vez David fue ungido como rey de Israel, se presentó un problema administrativo muy serio: ¿cómo incentivar y propiciar la unificación de los reinos del norte y del sur?, ¿cómo organizar un gobierno efectivo y común con dos reinos independientes? Aunque, en efecto, David era el líder de ambos pueblos, la verdad es que, al principio, solo él era la figura que unía a las dos monarquías, y el gran desafío era desarrollar un proyecto político y administrativo común que uniera las diversas tribus en un programa de gobierno coordinado y un proyecto político efectivo.

Para responder a ese desafío, David decide identificar un lugar en donde establecer su trono que pudiera servir de centro de unión, colaboración e integración política. Y su decisión fue utilizar Jerusalén de plataforma administrativa para fomentar la unión de las tribus, que mostraban independencia de criterios en los procesos decisionales políticos, administrativos y militares.

Las virtudes que le brindaba a David la ciudad de Jerusalén eran varias: como era una ciudad autónoma jebusea, que no había sido conquistada por los israelitas en el período de Josué (Jos 15:63; Jue 1:21), ubicada entre los territorios de Israel y Judá, para ambas tribus constituía un territorio neutral. ¡Era un lugar ideal para establecer su centro de gobierno efectivo del reino unificado! Su ubicación les permitía, tanto a las tribus del norte como a las del sur, identificarse con la nueva sede del Gobierno.

La ciudad tenía, además, una serie importante de ventajas militares, pues al estar ubicada en una meseta en medio de las montañas de Judá, la misma geografía le servía de protección física y le brindaba seguridad (Sal 48:12-14): ¡estaba enclavada a setecientos sesenta metros sobre el mar Mediterráneo y a mil ciento cuarenta y cinco metros sobre el mar Muerto! En efecto, el lugar era ideal para establecer el sistema de gobierno efectivo, no solo desde la perspectiva política y administrativa, sino que servía bien para desarrollar un programa efectivo de seguridad nacional.

Una vez David decide conquistar la ciudad, comenzaron los preparativos militares. Los jebuseos, que eran de origen cananeo, decidieron desafiar abiertamente los planes de nuevo rey de Israel y Judá. Inclusive, le dijeron a David: «Tú no entrarás aquí, pues aún los ciegos y los cojos te echarán» (2 Sam 5:6), que era una forma figurada de indicarle a David que ellos tenían el poder militar necesario y el compromiso político del pueblo para resistir la invasión y evitar la conquista.

La estrategia de David fue extraordinaria: ordenó que el ataque a los jebuseos se llevara a efecto por el «canal» (2 Sam 5:8). La palabra hebrea traducida aquí como «canal», es *sinnor*, cuya significación no es totalmente comprendida. Es probable que David le haya pedido al comandante de su ejército, Joab, que llegara a la ciudad amurallada subiéndose por un «túnel» que comunicaba Jerusalén con la fuente de Gihón, que era una importante reserva de agua para la ciudad (1 R 1:33). Posiblemente, se deslizó por el canal de agua, o quizá lo obstruyó, para que el pueblo se rindiera. Otros estudiosos piensan que la palabra *sinnor*, alude más bien a un gancho atado a una cuerda, que le permitió a Joab penetrar la ciudad al escalar la muralla.

En cualquiera de los casos, los combatientes de David conquistaron la ciudad, y como respuesta al desafío previo de los jebuseos, la narración indica que ese es el origen del dicho: «Ni ciego ni cojo entrará en la casa» (2 Sam 5:8), que aumenta aún más las limitaciones de las personas con impedimentos, que ya, de acuerdo con la ley (Lv 21:18), no podían servir como sacerdotes.

La referencia a «los ciegos y los cojos» puede tener, además, otros propósitos militares. En primer lugar, puede aludir a las formas en que quedarán los combatientes que intenten penetrar en la ciudad. Quizá puede aludir también a que aun las personas con impedimentos físicos tendrán el poder de vencer a los ejércitos enemigos, que en este caso eran los combatientes de David.

Una vez la ciudad jebusea fue conquistada, David estableció allí sus cuarteles generales, instaló su fortaleza, edificó una muralla de protección y organizó la ciudad para que respondiera a sus nuevas aspiraciones políticas de centralización del gobierno. Además, como un gesto de gran significación nacional y política, llamó al lugar «Ciudad de David» (2 Sam 5:9), que era una forma de enfatizar que la nueva capital del gobierno le pertenecía personalmente, pues la conquistó con sus hombres, y porque serviría para llevar a efecto sus aspiraciones políticas nacionales. Y una vez comienza el proceso de consolidación del poder, la narración bíblica indica que el Dios de los ejércitos le acompañaba, que iba adelantando su causa y aumentando su poder.

Según los pasajes escriturales, el redactor de todos estos textos afirma, de forma continua y reiterada, la llegada providencial de David al reino del norte y del sur, y lo presentaba como parte de la manifestación de la voluntad divina para el pueblo. El Señor no solo lo acompañaba, sino que hacía que su poder se extendiera, en el ámbito nacional, y en las esferas internacionales. ¡Esa es la explicación teológica del ascenso de David al poder! ¡Dios estaba con David!

De singular importancia en el relato de la conquista de Jerusalén, además, es el apelativo divino que se utiliza en el pasaje: se alude directamente al «Dios de los ejércitos», que es una forma de afirmar el poder militar que se necesitaba para mantener el gobierno. Esa es una manera solapada de revelar que el proyecto de vida de David, que consistía en unificar el reino y gobernar desde Jerusalén, requería la violencia, el poder y la infraestructura militar para desarrollarse y mantenerse. ¡El componente militar era necesario para sostener el proyecto político de David!

Se pone en evidencia clara de esta manera, que el redactor está consciente de que David era una persona eminentemente violenta, y que no se sentía incómodo al usar sus contingentes militares para lograr sus metas políticas y llevar a efecto su programa unificador.

En efecto, además de las explicaciones teológicas en torno a cómo llegó David al poder, hay comprensiones militares y personales que explican esos difíciles procesos de transición política y administrativa. ¡David no se detenía ante nada para lograr sus objetivos!

Hiram, el rey de Tiro, fue el primer monarca internacional, de acuerdo con las narraciones de la Biblia, en reconocer el gobierno de David (2 Sam 5:11-12). Y para propiciar las buenas relaciones y manifestar su deseo de paz y buena voluntad, envió a Jerusalén a sus embajadores, con regalos: madera de cedro, carpinteros y canteros para la edificación de los muros de Jerusalén. Era una forma pública de apoyar el proyecto de centralización del poder político en la ciudad, pues esos regalos tenían la intención de brindar más seguridad al reino y su capital. Además, el gesto del rey de Tiro pone de manifiesto que las influencias de David no estaban confinadas a las regiones filisteas y cananeas, sino que llegaban hasta el norte de la Galilea.

Junto al apoyo internacional, el redactor bíblico se preocupa por indicar que David tomó nuevas concubinas con las que tuvo varios hijos en Jerusalén. Y entre los hijos que le nacieron en la nueva capital del reino, están los siguientes: Samúa, Sohab, Natán, Salomón, Ibhar, Elisúa, Nefeg, Jafía, Elisama, Eliada y Elifelet (2 Sam 5:13-16). El nacimiento de estos hijos revela la obediencia de David al Señor y simboliza la bendición divina. Con este cuadro familiar, el testimonio bíblico afirma que David cumple el gran mandamiento del libro de Génesis de crecer y multiplicarse (véase, p. ej., Gn 1:28; 5:1-2; 17:16, 20), a lo que Dios responde con una familia grande, que era signo de aprobación del Señor.

Cuando los filisteos se percataron de que David había sido ungido como rey de Israel, y vieron las implicaciones políticas, económicas y militares de sus primeras decisiones, se preocuparon y decidieron atacarle. Y como en el primer intento (2 Sam 5:17-21) no pudieron prevalecer, organizaron una segunda campaña militar (2 Sam 5:2225). Los dos esfuerzos por detener el crecimiento e influencias de David fueron infructuosos.

Los ejércitos de Filistea llegaron al valle de Refaim, que estaba peligrosamente cerca de la ciudad de Jerusalén. En la primera batalla, David los venció en Baal-perazim, que significa «señor de los pasos abiertos», que quizá era una manera de destacar el triunfo militar que le impidió a los filisteos moverse con agilidad, y quedaron con las piernas tendidas, o con los pies abiertos. En la segunda guerra, el triunfo lo determinó una emboscada agresiva y firme al campamento de los filisteos.

En ambas victorias, la narración bíblica destaca el deseo de David de consultar al Señor antes de comenzar las batallas. El relato afirma que David consultó a Dios en las dos ocasiones para descubrir la voluntad divina y desarrollar sus programas militares con sentido de seguridad y esperanza. En la primera ocasión, el Señor le dijo que le entregaría a los filisteos; y en la segunda, le orientó en torno a la estrategia bélica. Esos comentarios teológicos e interpretaciones espirituales del relato continúan la tradición y el propósito de la obra: Dios guía a David, y lo va llevando, de forma paulatina pero continua, al poder, no solo nacional, sino regional e internacional.

> La derrota de los filisteos fue significativa, pues hasta dejaron sus ídolos en medio del campo de batalla. Los ejércitos de Israel, posteriormente, los quemaron, lo que era una señal de triunfo.

Llevar a la guerra a sus dioses era, en la Antigüedad, una costumbre bastante extendida. Era una forma de solicitar el favor de esas divinidades en el conflicto bélico. Inclusive, Israel llevó el Arca del Pacto, símbolo de la presencia y las acciones de Dios, al campo de batalla en una de las guerras contra los filisteos (1 Sam 4:1b–7:1).

El Arca del Pacto llega a Jerusalén

Una vez es proclamado rey sobre Israel en Hebrón, y después de seleccionar Jerusalén como su capital, David decide llevar el Arca del Pacto o la Alianza a su centro de gobierno (2 Sam 6:1-23). Luego de recibir el reconocimiento internacional, disfrutar que su familia aumentaba y celebrar que había triunfado sobre los ejércitos de los filisteos, el recién coronado monarca de las tribus del norte y del sur toma una decisión religiosa que tenía grandes implicaciones políticas: trasladar el Arca del Pacto del lugar donde estaba ubicada, en la casa de Abinadab, a la ciudad de Jerusalén.

Para llevar a efecto esa importante labor de traslado, David reunió, según la narración bíblica, «a treinta mil hombres» (2 Sam 6:1), que aluden no al ejército regular del pueblo, sino posiblemente a personas escogidas de las diferentes comunidades. A esa cantidad, que en sí es significativa, también se le unió «todo el pueblo». Era un gran contingente humano el que movilizó David para buscar el Arca del Pacto, pues esa acción era motivo de festejos y contentamientos. Las cifras que se incluyen en estas narraciones, más que números exactos, son signos del poder del pueblo de Israel.

El relato indica que el rey David y «toda la casa de Israel» danzaban de júbilo, y se les unía una orquesta con instrumentos de madera de haya, arpas, salterios, panderos, flautas y címbalos (2 Sam 6:5). En efecto, la imagen del evento es que se trataba de una experiencia de celebración multitudinaria, una fiesta de pueblo, un evento de toda la comunidad. El pueblo todo se había unido al rey en la transferencia del símbolo de la presencia divina. ¡La procesión era una manera de afirmar públicamente que el Señor hacía su entrada oficial en la ciudad que había seleccionado David para hacerla capital del reino!

La decisión de David era de fundamental importancia estratégica, pues el Arca del Pacto era, en efecto, un signo visible de unidad entre las tribus, y llevarla a Jerusalén era una forma adicional de incentivar la integración de las tribus del norte y del sur. La decisión era, en primera instancia, religiosa, pero estaba muy bien pensada para beneficiar el programa y proyecto político del rey, que consistía en establecer un gobierno unido y efectivo para todas las tribus. Y para lograr esa finalidad, el traslado del Arca era una prioridad, pues facilitaba ese necesario proceso de unificación e integración.

El pueblo pensaba en el Arca del Pacto como el símbolo visible de la presencia invisible de Dios, en la cual estaban los querubines. Representaba, en efecto, el trono divino, y recordaba que Dios había guiado a los israelitas a través del desierto hasta llegar a la Tierra Prometida (Nm 10:35-36; Jos 3:1-17). ¡Era un símbolo poderoso de identidad, triunfo y esperanza!

Una vez las tribus se asentaron en Canaán, el Arca fue trasladada a Silo (1 Sam 3:3; 4:4), y permaneció allí hasta que fue capturada por los ejércitos filisteos, para posteriormente ser devuelta (1 Sam 5:1; 6:1–7:1). En medio de los campamentos filisteos, el Arca se convirtió en fuente de conflicto y tensión, mientras que en Israel era signo de bienestar, salud, poder y paz. El Arca era esencialmente un objeto sagrado, mayormente relacionado con las tribus de Efraín y Benjamín, ante el cual se invocaba el nombre del Dios de los ejércitos.

Un incidente demoró la llegada del Arca a Jerusalén, según las narraciones escriturales. Como el terreno por el cual se movían los carros que trasladaban el Arca era irregular, el carro se movía, y al llegar a la era o el terreno de Nacón, cuando parecía que el símbolo de la presencia divina se iba a caer al suelo, un tal Uza extendió la mano y tocó el Arca, posiblemente para impedir que cayera. Y ante tal acto de «temeridad», Dios hirió a Uza, y murió.

Este episodio extraño hay que comprenderlo a la luz de la legislación israelita. De acuerdo con la Ley, los objetos que se utilizaban para el culto al Señor debían ser tratados con suma delicadeza y dignidad (Nm 4:7-20). Si no eran tratados de esa forma, en vez de ser canales de bendición, los instrumentos sagrados podían generar desgracias inesperadas, como la que se narra en este capítulo de la Biblia (2 Sam 6:6-7). Lo que presupone el texto bíblico es que tocar el Arca del Pacto estaba terminantemente prohibido para personas que no estuvieran designadas y debidamente preparadas para llevar a efecto tal actividad. ¡Un objeto sagrado debía ser manejado con la pulcritud debida!

Ante tal acto divino, David no solo se entristeció mucho sino que se preocupó sobremanera. Se preguntaba internamente el monarca: «¿Cómo ha de entrar en mi casa el Arca del Señor?» (2 Sam 6:9). Y fundamentado en esas inquietudes, envió el Arca del Pacto a la casa del geteo Obed-edom por tres meses.

La presencia del Arca del Pacto, que simbolizaba bienestar y gracia en el hogar de Obed-edom, trajo bendición no solo a él, sino a toda su casa. Y al escuchar David en Jerusalén que el Arca había bendecido a la familia que la hospedaba, con alegría hizo los arreglos pertinentes para trasladarla finalmente a Jerusalén, como había sido su propósito original.

Al comenzar la peregrinación a la ciudad de David, el rey comenzó los sacrificios y las ofrendas al Señor. ¡El traslado del Arca era motivo de celebración nacional! David se regocijaba, y demostraba su alegría con danzas, en medio del júbilo y el sonar de las trompetas. Mical, su esposa, al mirar por una de las ventanas del palacio, vio al rey bailando feliz y saltando de alegría, y lo «despreció en su corazón» (2 Sam 6:16), que es una forma de indicar que se avergonzó con el comportamiento del monarca.

La narración bíblica parece indicar que, mientras David danzaba, quedaron al descubierto sus partes más íntimas delante de las criadas y el pueblo. Esas acciones hicieron que Mical se sintiera humillada. Se pone de relieve de esta forma las diferencias de personalidad entre el rey y su esposa, y las comprensiones diversas que tenían de la presencia del Arca en Jerusalén.

La respuesta de David ante las acusaciones y los reproches de Mical fue firme y decidida: respondió que bailaba ante el Señor, que lo había elegido como príncipe del pueblo en substitución de su padre Saúl (2 Sam 6:21). Y añadió que estaba dispuesto a humillarse aún más, si fuera necesario. Y el pasaje bíblico añade que Mical no tuvo hijos con David, que quizá es una manera de indicar que ese incidente afectó adversamente y de forma permanente esas relaciones matrimoniales.

El pacto de Dios con David

Finalmente, el Arca del Pacto llegó a Jerusalén y, según el testimonio de las Escrituras, Dios le dio a David paz con las naciones enemigas que le rodeaban. En efecto, el reino disfrutaba de seguridad, bonanza interna y buenas relaciones internacionales. La narración bíblica de esta forma pone de manifiesto el ambiente que rodeaba a David cuando decide comenzar su nuevo gran proyecto: construirle una casa a Dios, edificar un templo que sirviera de albergue al Arca del Señor (2 Sam 7:1-29; 1 Cro 17:1-27). El fundamento básico para tan importante decisión, según el pasaje bíblico, era que ya David habitaba en una casa de cedro lujosa, pero el Arca estaba en una morada temporal. Se destacan de esta forma la buena voluntad y los deseos nobles que tenía David de honrar a Dios mediante esta construcción.

En este texto bíblico, el uso de la palabra hebrea traducida por «casa» es de gran significación teológica. En algunas ocasiones, el término alude al palacio donde David vivía (2 Sam 7:1-2); en otras instancias, hace referencia al Templo que pensaba construir (vv. 5-7, 13); y aun en otros momentos, representa la dinastía o la descendencia davídica (vv. 11, 16, 19, 25-27, 29).

En efecto, esa es la palabra clave para comprender adecuadamente el oráculo de Natán. David le quiere construir una «casa» (o templo) al Señor, pero el Señor le promete una «casa» (o dinastía) a David. Se pone en evidencia de esta forma la respuesta divina a la iniciativa humana.

De acuerdo con muchos intérpretes de la Biblia, este oráculo del profeta Natán a David representa uno de los pasajes más importantes y fundamentales en todas las Sagradas Escrituras.

Se incluye en esta profecía la promesa a David que ha servido de base para el desarrollo de la teología mesiánica, que tanta importancia y relevancia tiene en la afirmación de la esperanza y el futuro para las comunidades judías y cristianas.

Ese mensaje de futuro y seguridad fue determinante en momentos de crisis nacional o en medio de catástrofes, como en el período del exilio en Babilonia, cuando el deportado pueblo de Israel, a través de sus escritores y pensadores, reinterpretó estas palabras y exploró el tema de la esperanza mesiánica para el pueblo. Además, en el Nuevo Testamento se afirma que la profecía de Natán recibió su fiel cumplimiento en la vida y misión de Jesús de Nazaret (Lc 4:16-21).

El análisis sobrio y sosegado del oráculo de Natán identifica dos temas básicos: el primero presenta a David y su dinastía (2 Sam 7:811, 16); y el segundo, a Salomón y el Templo de Jerusalén. El propósito fundamental del mensaje es indicarle a David que, aunque la intención de construir una casa al Señor es buena, no será él quien lleve a efecto esa importante empresa. Le corresponderá a uno de sus hijos, que posteriormente se confirma que será Salomón.

Otros detalles de la narración son dignos de mencionar. En este pasaje se presenta por primera vez al profeta Natán (2 Sam 7:2), que posteriormente desempeña un papel protagónico en la corte de David (2 Sam 12:1-25), particularmente en las complejas dinámicas de sucesión del reino (1 R 1:8-45). La referencia a la casa de cedro de David destaca los lujos y la estabilidad del reino, pues ese tipo de madera era sólida y resistente (2 Sam 5:11; 1 R 5:10). Y David consultó a Dios a través del profeta, no como en ocasiones anteriores mediante el efod, Urim y Tumim (2 Sam 2:1).

La consulta de David al profeta Natán tuvo dos momentos. La primera reacción del profeta a la pregunta del monarca en torno a la construcción de un templo, fue positiva: «Anda, y haz todo lo que está en tu corazón, porque el Señor está contigo» (2 Sam 7:3). En efecto, la idea era buena, y el profeta la aprobó.

Sin embargo, esa misma noche, de acuerdo con el pasaje bíblico, el profeta recibió una nueva revelación divina en la que se pone de manifiesto el famoso oráculo de Natán en torno a la dinastía de David. Y el fundamento de esa respuesta de Dios a Natán estuvo en una importante afirmación teológica:

> El Señor no necesita morar en casas hechas por los hombres, pues desde que sacó a los hijos e hijas de Israel de Egipto ha peregrinado en tiendas que le servían de santuario. La respuesta divina alude a la historia de la liberación de los israelitas de la casa del faraón; y también recuerda el peregrinar de David, que Dios lo llevó de unos inicios humildes —del redil de ovejas en Belén— hasta ponerlo como «príncipe» sobre el trono del pueblo de Israel.

El mensaje u oráculo de Natán incluye también otros temas de importancia teológica. Dios le recuerda a David que lo ha acompañado a través de su carrera, que lo ha protegido de sus enemigos, que le ha dado un gran nombre y que lo fijará en el trono. Y en ese contexto de afirmación divina, Natán declara que le establecerá a David una dinastía, y que las relaciones con su familia y descendientes serán como de padre a hijo.

La respuesta de David a ese mensaje del profeta fue de humildad y reconocimiento (2 Sam 7:17-29). En primer lugar, David afirma la grandeza divina y la pequeñez humana, y exclama: «Por cuanto tú te has engrandecido, Señor Dios; por cuanto no hay como tú, ni hay Dios fuera de ti, conforme a lo que hemos oído con nuestros oídos» (2 Sam 7:22). Y para finalizar su respuesta, le pide a Dios que confirme y haga realidad el mensaje, para que la comunidad pueda exclamar: «El Señor de los ejércitos es el Dios de Israel» (2 Sam 7:26). Le suplica que establezca el reino perpetuo en Israel con su casa o dinastía.

Con la profecía de Natán se cierra una sección de suma importancia en la vida de David. Ese mensaje era la culminación de una serie de iniciativas divinas que habían comenzado cuando Samuel llegó a la casa de su padre, Isaí, para ungir al próximo rey de Israel, aun cuando Saúl gobernaba en Israel. De acuerdo con las narraciones bíblicas, que tienen una muy clara y definida intención teológica, David fue seleccionado por Dios para llevarlo del campo de los pastores a la monarquía y al trono. Lo movió de Belén a Jerusalén, que era una manera de poner de manifiesto la naturaleza del viaje que emprendió David: de unos inicios modestos, hasta tener un nombre distinguido.

> De vital importancia, al estudiar estos pasajes, es comprender que se escribieron desde la perspectiva oficial de la monarquía. El propósito no es presentar una historia desapasionada y científica de los sucesos que se relacionan con los orígenes y el desarrollo de David como figura histórica del Israel antiguo. Estas narraciones se escriben desde la perspectiva oficial del reino para afirmar y destacar que Dios estaba detrás de los diversos episodios de la vida de David.

Además, quienes escriben estos relatos, deseaban presentarle al pueblo que David se comportó de forma adecuada ante las desgracias que le sobrevinieron a Saúl y su familia. Querían decir claramente que David era inocente de intentar tomarle el trono que le pertenecía a Saúl. Es por esta razón que de forma sistemática e insistente se incluyen en las narraciones bíblicas afirmaciones teológicas que destacan la humildad, honestidad y justicia de David.

Del David bíblico al histórico

De acuerdo con las narraciones de la Biblia, el pueblo de Israel le pidió al profeta Samuel que les ungiera un rey, con el propósito expreso y definido de ser igual que el resto de los pueblos y las naciones (1 Sam 8:19-20). Y ese singular deseo, que se transformó en un proceso histórico, es el que se pone de relieve cuando se leen con cuidado y entre líneas los relatos bíblicos.

Según los antropólogos, el desarrollo de las monarquías incluye, por los menos, tres etapas básicas de importancia histórica, política y sociológica. Y estas etapas, que se producen de forma paulatina en la historia, y a través de los años, se pueden discernir en las narraciones bíblicas.

En primer lugar, los pueblos se desarrollan y comienzan a organizarse en grupos para responder a desafíos y problemas en común (p. ej., la época bíblica de los jueces). Es una forma de organización política y militar transitoria y flexible en la cual las tribus y los grupos se unían y organizaban para responder a algún problema o desafío en común.

Luego, esas mismas tribus, que quizá eran pequeñas naciones, deciden unirse de manera permanente alrededor del liderato de algún jefe tribal con fuerza militar (p. ej., el período de Saúl). En esta etapa, la unión de los grupos es más estable y permanente. Y finalmente, se establece la monarquía bajo el mandato de alguna figura carismática que ejerce gran poder militar, organiza la nación alrededor de su persona, y finalmente establece una dinastía (p. ej., la organización de Judá e Israel bajo el liderato de David).

Si seguimos esta sencilla comprensión sociológica del desarrollo político de las monarquías, el primer rey verdadero del pueblo de Israel debe haber sido David, que logró unir las tribus bajo su liderato y propició la institución de la dinastía nacional. Tanto Samuel como Saúl prepararon el camino hasta llegar a la institución monárquica en Israel, como en el resto del Oriente Medio de la época; sin embargo, fue David, según las Escrituras, el primer líder político nacional que organizó las estructuras políticas y administrativas de forma tal que superaran el desafío que le brindaba la muerte del monarca y la perpetuación del poder nacional en una familia.

El análisis del contenido de los relatos en los libros de Samuel revela que los asuntos expuestos no se dirimen o exponen en forma cronológica, sino de manera temática. Por esa razón, por ejemplo, la lista de hijos de David se presenta en una narración (2 Sam 5:13-16), no se identifican los nombres de sus posibles herederos a medida en que nacen. Las guerras contra los filisteos no se relatan de forma continua (2 Sam 5:17-25), ni en el contexto de otros conflictos bélicos (2 Sam 8:1-14). Inclusive, las victorias sobre algunos filisteos en específico, que deben haberse llevado a efecto en medio de las guerras, se incorporan en secciones separadas del libro (2 Sam 21:15-22). Esta peculiaridad estilística requiere que el lector esté atento al contenido de los relatos para poder identificarlos en el contexto general de la vida y obra de David.

Posiblemente, el proceso que movió a David a convertirse en el primer rey en propiedad de Israel, y que le llevó a ser recordado como el monarca ideal en la memoria colectiva de la comunidad, fue el siguiente: en primer lugar, venció a los filisteos, que aunque eran sus antiguos aliados, al notar que David intentaba unir las tribus del norte con las del sur, vieron en su proyecto político y militar una real amenaza existencial.

En segundo lugar, la decisión de seleccionar un centro político y administrativo independiente del hogar familiar fue de fundamental importancia histórica en el proceso de consolidación del poder, crecimiento nacional y reconocimiento internacional (2 Sam 5:6-10). Inclusive, a la usanza de otros monarcas de la región en la Antigüedad, llamó a la ciudad conquistada «Ciudad de David» (2 Sam 5:9), que era una forma de enfatizar que se había tomado una decisión consciente de sus implicaciones políticas y administrativas. Esa importante decisión fue seguida por la transferencia del Arca del Pacto a Jerusalén (2 Sam 6:1-23).

Además, David eliminó a todos los posibles herederos de la casa de Saúl (2 Sam 21:1-14), y al que quedaba, Meribaal, lo dejó viviendo permanentemente en su palacio, en una especie de «arresto domiciliario» sutil (2 Sam 9:13). Respecto a su trato con la casa de Saúl, David es llamado asesino en dos ocasiones (2 Sam 16:7-8).

Unidas a esas decisiones, que ponen en evidencia un David histórico que está en concordancia con la imagen de los monarcas de la época en el Oriente Medio, el famoso rey de Israel hizo lo siguiente:

- estableció en la capital, Jerusalén, un gobierno central, que se constituyó en un pueblo;
- construyó un palacio en la tradición de otros monarcas de la época (2 Sam 5:11);
- se hizo de un harem con esposas y concubinas (p. ej., 2 Sam 15:16; 16:21-22; 20:3), y sus matrimonios estaban generalmente motivados por consideraciones políticas;
- tenía un grupo íntimo de administradores con el cual llevaba a efecto diariamente las tareas políticas y de Estado (2 Sam 8:16-18; 20:23-26);
- organizó un ejército poderoso, fundamentado en el grupo de amigos que le acompañó en el desierto (2 Sam 24:9);
- implantó un sistema de impuestos y trabajo forzado (2 Sam 20:24);
- implementó un sistema legal que incentivaba la implantación de la justicia (2 Sam 12:1-6; 14:4-11);
- y propició una especie de reforma agraria para favorecer a la gente que le era leal (2 Sam 9:7).

En efecto, el David histórico era un político astuto, un administrador férreo, un militar decidido, un hombre violento, un combatiente inmisericorde...

> La presentación bíblica de David, por estas razones, debe ser analizada con detenimiento, pues las narraciones ponen claramente de manifiesto el deseo de los redactores bíblicos de afirmar su espiritualidad y piedad, su nobleza ética y moral, su dignidad familiar y profesional, y sus valores personales y nacionales.

En nuestra valoración de David no solo usaremos esas narraciones que destacan sus virtudes y triunfos, sino las que ponen en evidencia sus dificultades, problemas y pecados.

El propósito central de los pasajes bíblicos en torno a David, de acuerdo con el testimonio de las Sagradas Escrituras, es hacer una lectura teológica de nuestro personaje. Y para discernir y descubrir el David histórico, hay que leer entre líneas esas narraciones que incluyen grandes interpretaciones teológicas del rey más importante de la historia del pueblo de Israel.

Quienes escriben estos relatos lo hacen desde la perspectiva de la ideología oficial del reino. No son historiadores independientes que intentan articular alguna historia de forma desapasionada, sino personas que escribían para apoyar las actividades del rey y que redactaban para destacar sus virtudes.

Capítulo cinco
Y el Señor le dio la victoria

Así ganó David fama.
Cuando regresaba de derrotar a los sirios,
destrozó a dieciocho mil edomitas en el valle de la sal.
Además, puso guarnición en Edom;
por todo Edom puso guarnición,
y todos los edomitas quedaron sometidos a David.
Y el Señor dio la victoria a David
por donde quiera que fue.

2 Samuel 8:13-14

David extiende su poder y sus dominios

La consolidación del poder de David como monarca de los reinos de Judá e Israel fue un proceso lento que debe haber tomado años. Las narraciones bíblicas no indican la extensión del período, pero presentan el proceso en, por lo menos, tres etapas de importancia. La primera se relaciona con una serie de triunfos y conquistas militares al comienzo de su monarquía, que preparó el camino para la implantación de una administración estable y definida (2 Sam 5:11-25). Son triunfos que ponen una vez más de manifiesto su capacidad política y militar, que, a su vez, son evaluados desde la perspectiva teológica como productos de la intervención divina.

> Luego que se hicieron realidad esas victorias iniciales, los pasajes escriturales ponen de relieve la narración del oráculo de Natán, que marca un extraordinario hito histórico, no solo en las monarquías de David y Salomón, sino en la vida del pueblo de Israel de forma permanente (2 Sam 7). Esta profecía era una forma de afirmar el trono de David de forma perpetua; era una manera de manifestar un claro y decidido apoyo divino al monarca; una forma pública e inequívoca de recibir la aprobación del Señor.

Posteriormente, el reino de David se hace cada día más estable y permanente con una segunda serie de triunfos militares y reconocimientos internacionales (2 Sam 8:1-18). En esta ocasión, los triunfos del monarca hacen que las fronteras de su dominio, y particularmente de sus influencias, aumenten de forma considerable. En efecto, de acuerdo con las narraciones de la Biblia, David, que desde su niñez estaba ungido por Dios, llegó al poder de los reinos de Judá e Israel y organizó un proyecto político cuyas fronteras sobrepasaron las aspiraciones y los sueños del rey Saúl, y también de sus predecesores. Fue David quien transformó la vida de dos estados casi independientes y no muy grandes ni desarrollados en una institución política y nacional bien organizada que le ayudó considerablemente a expandir sus fronteras, que las Sagradas Escrituras insinúan que se convirtió en un pequeño «imperio». Quizá no de la magnitud y extensión de los antiguos imperios de Mesopotamia y Egipto, pero en un estado estable, independiente e influyente que, según los relatos bíblicos, llegaba desde el norte de la península del Sinaí, en la frontera sur, hasta cerca de las orillas del río Éufrates, por el lindero norte; desde el mar Mediterráneo, al oeste, hasta Transjordania, en el este.

> Según el texto bíblico, la expansión del reino fue continua, considerable y firme. Las narraciones del libro de Samuel, que representan la ideología oficial del Estado, afirman que David fue un conquistador y vencedor que por la gracia divina llevó al pueblo de Israel a convertirse en una especie de potencia en el marco histórico internacional del siglo x a. C.

Luego que David venció a los ejércitos filisteos, que debe ser una alusión a las narraciones de la guerra anterior (2 Sam 5:17-25; 1 Cro 14:8-17), según el texto bíblico, tomó Meteg-ama. Esta expresión y referencia hebrea es de difícil comprensión y traducción, pues no podemos saber con seguridad si se trata de un lugar que previamente no nos era conocido, en donde los filisteos tenían hegemonía, o si se trata, más bien, de algún tipo de trofeo de guerra, pues *meteg* se relaciona con caballos, y *ama* es un conducto de agua. Quizá se trata de un objeto preciado para los filisteos que David tomó como botín de guerra. En cualquiera de los casos, el triunfo de los ejércitos de Israel fue definitivo y contundente.

El primer grupo de naciones vencidas, de acuerdo con las narraciones de la Biblia, es Filistea, pues constituían los enemigos tradicionales de Israel. David logró reducir a los filisteos a una pequeña franja de territorio a orillas del mar Mediterráneo. Desde esa época, los filisteos no representan un gran desafío militar y político para Israel en el resto de la historia nacional. Fueron confinados a ese sector geográfico, donde se mantuvieron por siglos.

El segundo país vencido, y a quien les hizo pagar tributos, según el relato de la Biblia, fue Moab (2 Sam 8:2), cuya relación histórica con Israel era tradicionalmente tensa y en ocasiones de confrontación (Nm 22–24; Jue 11:17-18). Respecto a este país, no podemos pasar por alto, sin embargo, que David era descendiente de una mujer moabita (Rt 4:13-22), y que, en sus crisis con Saúl, fue el rey de Moab quien les brindó asilo y albergue al papá y la mamá de David (1 Sam 22:3-5). Quizá la actitud tan cruel de David contra este pueblo se fundamenta en que, una vez llegó al reino y comenzaron los procesos de consolidación de los poderes políticos, administrativos y militares, los moabitas interpretaron esas decisiones y políticas como una amenaza existencial. Y esas preocupaciones militares los llevaron a un nuevo enfrentamiento bélico.

En torno a la práctica de acostar a los prisioneros de guerra en el suelo para «medirlos» con una cuerda, no hay más constancia literaria en las Escrituras ni otras referencias históricas disponibles. Es posible que se trate de una especie de suerte en la que parte de los combatientes vencidos eran ejecutados, mientras otros los utilizaban de esclavos.

La comprensión precisa de los gestos militares sobrepasa nuestras comprensiones contemporáneas.

Soba es el próximo pueblo vencido por David, que era un significativo reino arameo ubicado al noreste de Israel y al norte de Damasco (2 Sam 10:6-8). En el siglo X a. C., constituía la monarquía dominante más importante de Mesopotamia. David los derrotó, cuando el rey Hadad-ezer trataba de recuperar sus territorios alrededor del río Éufrates.

Posiblemente, esa falta de seguridad local y nacional fue uno de los factores de importancia para que los ejércitos de Israel los derrotaran de forma tan decisiva: «David capturó mil setecientos hombres de a caballo» (o como dice la LXX, Qumrán y el libro de las Crónicas, «mil carros de guerra y setecientos hombres»), y veinte mil hombres de a pie, que aluden a los dos tipos de combatientes; además, mutiló a los caballos, pero dejó los suficientes como para cien carros de batalla.

La crueldad adicional contra los caballos quizá se debe a que tradicionalmente los ejércitos de Israel, por pelear en las montañas, no utilizaban los caballos en sus guerras; sin embargo, que dejaran algunos equinos sin mutilar puede ser una indicación de que comenzaban a utilizar la caballería en sus campañas militares.

De acuerdo con la narración, en medio de la batalla contra los ejércitos de Soba, desde Damasco, los sirios enviaron contingentes militares en contra de los israelitas para apoyar a Hadad-ezer (2 Sam 8:6-7).

Sin embargo, el triunfo de David contra los ejércitos sirios fue aún mayor, pues no solo hirió a veintidós mil hombres, sino que dejó permanentemente una guarnición militar israelita en la ciudad de Damasco. De esa forma, quedaron los sirios pagando tributos al pueblo de Israel. Estas victorias, según el narrador de las Escrituras, son producto de la gracia de Dios, que le daba a David el triunfo en dondequiera que iba; además, era una forma de destacar el aprecio divino al rey, una manera de enfatizar que Dios lo guiaba en esas victorias.

Como botín de guerra, David se llevó a Jerusalén los escudos de oro (algunos estudiosos piensan que se trataba más bien del lugar donde se guardaban las flechas) que traían los ejércitos derrotados de Soba; y, además, tomó de las ciudades y comunidades sirias (p. ej., de Beta y Berotai) gran cantidad de bronce. En efecto, fue una victoria significativa y fundamental la de David, pues le permitió extender su poder e influencias, le propició más apoyo económico a través de los tributos y le representó un buen botín de guerra.

Al conocer de los triunfos continuos de David, Toi, el rey de Hamat, envió a Joram, su hijo, para que llegara ante el combatiente rey de Israel con regalos: le llevó utensilios de plata, oro y bronce (2 Sam 8:9-12). Que el rey enviara a su hijo ante David revela la importancia de la operación y lo fundamental del mensaje de paz con Israel. ¡Toi se sentía muy seriamente amenazado y desafiado por los ejércitos de Soba!

Hamat estaba al noroeste del reino de Soba, en la actual Siria, y era un estado hitita. Y la referencia de los regalos que Toi le envía a David pone de manifiesto que no quería confrontación alguna con los ejércitos de Israel: los regalos o las ofrendas de paz que enviaba el rey de Hamat eran una especie de adelanto económico, o una muestra de que estaban dispuestos a pagar tributos a David.

Luego de sus triunfos en el norte, cuando regresaba a Jerusalén, el texto bíblico añade que David también derrotó a dieciocho mil edomitas, y puso una guarnición militar en Edom (de acuerdo a las lecturas en la LXX, la Peshitta y el libro de las Crónicas). De esta forma, David aseguró las tierras que estaban ubicadas al este de sus fronteras. Cada victoria de David le brindaba al reino un sentido de seguridad militar y hegemonía económica.

David dedicó todos los botines de guerra al Señor, según la narración bíblica. En ese contexto narrativo, el pasaje hace un recuento de los pueblos vencidos por sus ejércitos, entre los que se encuentran los siguientes: sirios, moabitas, amonitas, filisteos, amalecitas, y sobaítas. Esos triunfos le ganaron fama internacional a David, y el texto escritural reafirma, una vez más, que esas victorias eran producto de la iniciativa divina (2 Sam 8:13-14).

La sección final de la narración de los triunfos de David, y la extensión de sus influencias políticas, militares y económicas, concluye con una lista significativa de los oficiales encargados de administrar su Gobierno (2 Sam 8:15-18; 20:23-26; 1 Cro 18:14-17). Los nombres de estos funcionarios de Estado son importantes, junto a las responsabilidades que tenían, porque revelan, a juicio de los autores del relato, que las personas que constituían el Gabinete del rey formaban parte del círculo íntimo de la burocracia de la monarquía y representaban a las personas que se encargaban de mantener la estabilidad en el reino de David.

Para comenzar esta sección, la narración bíblica hace una declaración de gran importancia histórica, jurídica y teológica: David reinó sobre todo Israel, y lo hacía con justicia y rectitud. Una de las responsabilidades de los monarcas en la Antigüedad era implantar la justicia, que debían establecer con rectitud e integridad. Y de acuerdo con la apreciación del texto escritural, David cumplía a cabalidad esa responsabilidad, que era a su vez una encomienda divina, pues en esa época se pensaba que el monarca representaba a la divinidad.

El comandante del ejército israelita era Joab, sobrino de David, que se había distinguido por sus ejecutorias militares y actos heroicos: era un general valiente, rudo y, en ocasiones, brutal (véase, p. ej., 1 Sam 26:6-8; 2 Sam 2:13; 3:27; 8:16; 12:27; 18:10-15; 20:10). Josafat, hijo de Ahilud, era el cronista (1 R 4:3, 17). La palabra hebrea traducida en este pasaje como «cronista» (*maskir*), trasmite la idea de alguien que recuerda o que mantiene las memorias del Gobierno, que ciertamente es mucho más que algún ayudante general o amanuense; quizá era un tipo de secretario de Estado responsable de las crónicas reales oficiales.

En la importante esfera religiosa, David tenía a Sadoc, hijo de Ahitob, y también a Ahimelec, hijo de Abiatar: eran los sacerdotes encargados no solo de las cuestiones litúrgicas y cúlticas, sino de interceder ante Dios por el rey y transmitirle al monarca la voluntad divina. De singular importancia es Sadoc, descendiente de Eleazar, hijo de Aarón, que permaneció fiel a David a través de los años, y que, con el tiempo, ungió a Salomón como sucesor de David y rey de Israel (1 R 1:8, 45; 2:35; 4:4).

Seraías era el «escriba», que en este caso, posiblemente, se trataba del oficial del reino encargado de las traducciones de documentos oficiales. Esta persona también podía tener responsabilidades de asesoría diplomática; quizá era una especie de secretario de asuntos internacionales encargado de llevar a efecto la política oficial de las relaciones del reino con el resto de las naciones.

La lista prosigue con Banaá, hijo de Joiada, que, según el relato bíblico, era el jefe de los cereteos y peleteos, que era el grupo élite en la milicia de David. Aunque estos dos grupos comenzaron como mercenarios cuando el rey huía de Saúl mientras vivía en Siglac (1 Sam 27–31), se convirtieron paulatinamente en su más fiel guardia personal. Constituían el sector armado más cercano al monarca, pues, al no provenir de ninguna de las tradicionales tribus de Israel o de Judá, no le representaban a David peligro alguno de traición interna. Además, eran personas que lo habían acompañado por años y le habían demostrado lealtad. Ambos grupos estaban históricamente relacionados con los llamados «pueblos del mar», que a principios del siglo XI a. C., habían llegado provenientes de las proximidades del mar Egeo, entre los que se encuentran el resto de los filisteos (1 Sam 30:14).

El último grupo identificado en la Administración central de David son sus hijos, que servían como «príncipes» (en las versiones Reina-Valera), «ministros» (en la NVI), o sencillamente «sacerdotes», de acuerdo con el texto hebreo. Las responsabilidades oficiales, como príncipes o ministros, de los hijos de David entre los sacerdotes ubican a sus familiares en el centro mismo de las actividades religiosas del pueblo. Esa presencia familiar podía ser un elemento disuasivo en el caso de rebeliones internas que buscaran apoyo, como era costumbre en la Antigüedad, en los sectores sacerdotales del pueblo.

La lectura general de la lista de oficiales del rey revela la astucia política y la sabiduría administrativa de David: tenía personas de confianza al mando del Ejército, la Administración, la diplomacia, la seguridad personal y la religión. Y controlar esos sectores gubernamentales era determinante para la estabilidad del reino y la consolidación del poder.

David y la descendencia de Saúl

De acuerdo con el orden que se pone en evidencia en las narraciones bíblicas, luego que David llevó a efecto una serie de campañas militares intensas que le ganaron el poder político nacional y el reconocimiento militar internacional, decide identificar y eliminar algunos posibles focos de tensión interna. Y comienza haciendo una evaluación crítica de la casa de Saúl (2 Sam 9:1-13).

La investigación inicia con una pregunta aparentemente positiva y gentil: «¿Ha quedado alguno de la casa de Saúl a quien yo pueda favorecer por amor a Jonatán?». El objetivo real era saber si todavía quedaban herederos del antiguo rey de Israel que pudieran reclamar el trono. La pregunta estaba íntimamente relacionada con la seguridad del Estado: ¿existe la posibilidad de algún potencial golpe de Estado? Detrás de la pregunta, que a primera instancia se entiende como magnánima y grata, se escondía una muy seria preocupación de seguridad nacional y personal.

El equipo investigador de David llamó a Siba, un siervo de la casa de Saúl, para que respondiera a las preguntas del monarca. Y cuando llega ante David, se le hace nuevamente la pregunta, en esta ocasión articulada de forma más teológica (2 Sam 9:3): «¿No ha quedado nadie de la casa de Saúl, para que yo le favorezca con la misericordia de Dios?». A lo que Siba responde que solo ha quedado un hijo de Jonatán, pero que es «lisiado de los dos pies», que era una manera física de indicar que el joven no representaba ninguna amenaza al trono de David.

En torno a este hijo de Jonatán, la narración bíblica indica que en medio de una huida, cuando solo tenía cinco años, se cayó de las manos de la nodriza y quedó permanentemente paralítico (2 Sam 4:4). Su nombre verdadero era Merib-baal (que quiere decir, «mi abogado es Baal»; 1 Cro 8:34), o quizá Meri-baal (que significa, «mi señor es Baal»), pero que en los relatos bíblicos, para evitar aludir a la divinidad cananea, que era tenazmente despreciada por los israelitas, le pusieron Mefi-boset, que significa «sembrador de vergüenza». En cualquiera de las posibilidades, el nombre pone de relieve claro la percepción adversa que tenían de él los redactores de las Escrituras.

Ese hijo de Jonatán, que era, según el relato bíblico, el único heredero del trono de Saúl, vivía en Lodebar, con la familia de Maquir, hijo de Amiel, que le brindaba albergue y le servía de apoyo diario, tanto personal como familiar. Lodebar, que estaba ubicada en Transjordania, en la región que ocupaba tradicionalmente la tribu de Manasés, era un lugar de refugio para Mefi-boset. Estaba relativamente cerca de Gilead, en donde habitaban las fuerzas fieles a Saúl, que quizá le servían de protección y seguridad.

La orden de David debe de haber preocupado a todos: al siervo de Saúl, a la familia de Maquir y al mismo Mefi-boset. Pensaban que quizá el rey tenía la intención de eliminarlo, pues el resto de la familia de Saúl había sido asesinada, o sus miembros habían muerto en circunstancias extrañas. Sin embargo, Mefi-boset llegó ante David y se presentó como su siervo: «Se postró sobre su rostro e hizo una reverencia» (2 Sam 9:6), que en su particular caso de impedimento físico debió de haber requerido un esfuerzo extraordinario.

David, posiblemente, al notar la preocupación de todos, le indica que no debe temer, pues sus intenciones son buenas. Quería, de acuerdo con el relato escritural, manifestarle misericordia para honrar a su padre Jonatán. De esa forma, recordaba el pacto hecho con Jonatán y honraba su fidelidad, según el testimonio bíblico. Y la orden de David fue firme y directa: mandó que le devolvieran las antiguas tierras de Saúl, ordenó que Siba y su familia se encargaran de cultivar las tierras y almacenar su frutos, y, finalmente, le indicó a Mefi-boset que se quedaría en Jerusalén, viviendo con David y comiendo de la mesa del rey (2 Sam 9:7-11).

La actitud del rey sorprendió a todos, incluyendo a Mefi-boset, que se humilla aún más ante David y se autoproclama «perro muerto» (2 Sam 9:8), que es una forma extrema de humildad y humillación. Las tierras de Saúl debieron ser bastante amplias, pues servían para sostener a una familia numerosa como la de Siba: ¡quince hijos y veinte siervos! Y desde ese momento, el hijo de Jonatán vivió en el palacio de David, y era tratado como otra persona más de la familia real. El texto bíblico también indica en este contexto que Mefi-boset tenía un hijo que se llamaba Micaía (1 Cro 8:34-38).

La lectura cuidadosa del relato revela que, con ese gesto de magnanimidad, David tenía en una especie de arresto domiciliario al posible heredero del trono de Saúl. En efecto, era una movida política muy astuta y premeditada. Es decir, tenía vigilado al heredero de Saúl las veinticuatro horas en su palacio.

Además, el énfasis en torno a la condición de lisiado del hijo de Jonatán contrasta directamente con las dinámicas relacionadas con David. El representante de la casa de Saúl llegó a Jerusalén con un serio problema de movilidad y parálisis para humillarse ante el rey, mientras David había llegado a su capital con júbilo y danzas, y también con una serie importante de victorias militares y políticas.

La guerra contra los amonitas

La narración de la guerra contra los amonitas que se incluye en esta sección (2 Sam 10–12) forma parte de las conquistas de David al este y norte de los territorios de Israel y Judá, de las cuales ya se han hecho los relatos pertinentes (2 Sam 8). En esta ocasión, sin embargo, se incluyen algunos detalles de la estrategia militar utilizada para presentar un marco histórico y bélico amplio, que sirve de contexto general al importante episodio de David y Betsabé (2 Sam 11).

La atención de los relatos bíblicos, desde este capítulo en adelante, se mueve de los problemas que representaban los conflictos internacionales y las dinámicas administrativas del reino a una esfera más personal y familiar del rey. En efecto, los temas expuestos en esta sección del libro de Samuel se transforman de los desafíos que tenía el Gobierno de Israel en el entorno político internacional a las dinámicas personales más íntimas de David, que incluían las relaciones intrafamiliares.

Una vez murió el rey de Amón, Nahás, con el cual David tenía buenas relaciones, llegó al trono su hijo Hanún. Y para mantener las buenas relaciones con el nuevo monarca, de acuerdo con el testimonio bíblico, David envía a un grupo de embajadores para que consolaran a Hanún por el deceso de su padre (2 Sam 10:1-19). La narración indica claramente que el rey de Israel deseaba mostrarle al nuevo monarca amonita la misericordia que su padre había tenido con él, en una posible referencia a la enemistad de Nahás con Saúl, que había sido conveniente para los propósitos administrativos, políticos y militares de David (1 Sam 11).

Sin embargo, cuando los siervos de Hanún se percataron de que la delegación de Israel estaba en territorio amonita, los príncipes del reino interpretaron la visita de los emisarios de David de forma adversa y con sospecha. Pensaron, y le dijeron al rey, que el propósito verdadero de la delegación de David era para «reconocer la ciudad, inspeccionarla y destruirla» (2 Sam 10:3).

En efecto, aunque el deseo de David era loable, según la narración bíblica, la respuesta de los amonitas fue de suspicacia, hostilidad y preocupación. Entendieron la llegada de los embajadores de David como espías al servicio de Israel, no como una delegación de paz que intentaba construir y propiciar las buenas relaciones entre países vecinos.

Hanún tomó muy en serio la preocupación de los príncipes del pueblo, y decidió enviarle un mensaje claro de rechazo y escarmiento a David. Según el pasaje, los amonitas tomaron a los embajadores de David y les raparon la mitad de la barba, les cortaron los vestidos por la mitad, hasta las nalgas, y los despidieron. Era una forma física de indicarle a David que no era bienvenido a Amón, y que sus aparentes gestos de paz y condolencias no eran aceptados.

Afeitar las barbas a los embajadores israelitas era una forma de burla e insulto a David y a sus emisarios; y hacerlo por la mitad, es decir, de forma deformada, era una afrenta mayor. El acto de cortar los vestidos para exponer las nalgas de los representantes de David solo aumentaba la deshonra y la desgracia. Las acciones del rey Hanún equivalían a una declaración de guerra oficial contra Israel.

Para ayudarles a superar la crisis y el trauma, David ordenó a sus embajadores que se quedaran en la ciudad de Jericó hasta que les crecieran las barbas. Jericó, enclavada al oeste del río Jordán, era la primera ciudad israelita al cruzar desde Amón a Jerusalén. El lugar le permitía a los emisarios de David superar la deshonra en un lugar seguro.

Las acciones de Hanún propiciaron que se organizara un ejército internacional para responder a las posibles reacciones de David. De acuerdo con el texto castellano del pasaje, se reclutaron los siguientes combatientes sirios: veinte mil mercenarios de las comunidades de Bet-rehob y Soba, mil hombres del rey Maaca y doce mil combatientes de Is-tob. En efecto, se trataba de un gran ejército que se disponía para la guerra contra Israel.

La narración bíblica describe con alguna efectividad cómo se organizaron los ejércitos para la batalla: los amonitas se pusieron listos para el combate en la puerta de la ciudad, y los combatientes de Soba, Rehob, Is-tob y Maaca hicieron lo propio en el campo. Es decir, se organizaron los contingentes para atacar por el frente y por la retaguardia.

El general de los ejércitos de Israel era Joab, que, junto a su hermano Abisai, respondió a los desafíos de los sirios. Antes de comenzar los combates, se encomendaron al Señor, dividieron y reorganizaron sus tropas y se apoyaron el uno al otro: «Ten fortaleza, esforcémonos por nuestro pueblo y por las ciudades de nuestro Dios. Que el Señor haga lo que bien le parezca» (2 Sam 10:12).

La victoria de los israelitas fue completa. Los sirios huyeron, y los amonitas, al ver las acciones de sus compañeros de armas, también desertaron buscando refugio. Y ante este triunfo decisivo, Joab se regresó a Jerusalén.

Una vez los sirios llegaron a sus ciudades y contaron lo que había sucedido, los ejércitos decidieron volver a reunirse. En esta ocasión, les dirigió Hadad-ezer, que era el jefe de los mercenarios que luchaban contra David y sus ejércitos, y que mandó llamar a las tropas que luchaban al otro lado del río Éufrates. Comandados por el general Sobac, el ejército sirio de Hadad-ezer llegó a Helam. Y los ejércitos israelitas llegaron al mismo lugar para el combate.

Una vez más, la victoria de los israelitas fue abrumadora: «David mató a la gente de setecientos carros, y cuarenta mil hombres de a caballo» (2 Sam 10:18); además, mató al general Sobac. Cuando los reyes que se unieron a Hadad-ezer para luchar contra Israel vieron lo que había sucedido, hicieron las paces y les quedaron sometidos. De acuerdo con el testimonio bíblico, los triunfos de los israelitas eran continuos y crecientes, que era una manera del narrador de decir que David contaba con el apoyo divino.

Un detalle adicional se incluye, posteriormente, en torno a la captura de la ciudad de Rabá (2 Sam 12:26-31; 1 Cro 20:1-3). Antes de tomar definitivamente la ciudad, Joab mandó buscar a David para que fuera directamente el rey quien entrara en la ciudad y la tomara. En efecto, cuando el rey de Israel entró triunfalmente en la ciudad, le pusieron la corona del rey, sacó un buen botín de guerra y sometió al pueblo a trabajos forzosos.

De forma reiterada, los relatos de las victorias militares de David revelan el deseo claro y definido de afirmar su reino, y también de destacar que Dios le estaba ayudando. Esa interpretación teológica de los relatos nos impide identificar con precisión los detalles de los conflictos y las peculiaridades de las guerras. La finalidad de estas narraciones es eminentemente teológica: los triunfos continuos de David forman parte de la voluntad de Dios para el pueblo de Israel.

Capítulo seis
Hizo lo malo ante los ojos del Señor

Entonces Natán dijo a David:
—Tú eres ese hombre.
Así ha dicho el Señor, Dios de Israel:
«Yo te ungí como rey de Israel
y te libré de las manos de Saúl...
¿Por qué, pues, has tenido en poco la palabra del Señor,
y hecho lo malo delante de sus ojos?».

2 Samuel 12:7-9

David y Betsabé

El episodio de las relaciones y dinámicas entre David, Betsabé y Urías (2 Sam 11:1–12:25) es de gran importancia temática y ética en la obra por sus implicaciones inmediatas en las esferas morales, nacionales, espirituales y teológicas.

En efecto, estas narraciones marcan un hito fundamental en los relatos referentes a David. Antes de este incidente, los pasajes bíblicos destacan los triunfos de David y subrayan que esa carrera ascendente, tanto en la política y la milicia como en la Administración, era producto de la bendición divina y de las misericordias de Dios. De estos capítulos en adelante, sin embargo, según el orden canónico, se ponen de manifiesto los pecados del monarca y las consecuencias directas de sus acciones fallidas. Y una vez más, esas acciones del rey se evalúan a la luz de la revelación de Dios.

Las narraciones del incidente se presentan con sobriedad y concisión. El escritor se limita a exponer los hechos, sin evaluar con profundidad los antecedentes del problema ni exponer las implicaciones ulteriores de los actos del rey. Únicamente al final del relato se pone en evidencia que David había hecho algo impropio y desagradable ante los ojos del Señor (2 Sam 11:27).

El contexto histórico del relato, de acuerdo con los textos canónicos, es un año después del triunfo de David sobre los amonitas y los sirios (2 Sam 10). La expresión «en el tiempo que salen los reyes a la guerra» (2 Sam 11:10) no debe entenderse literalmente como que las guerras se hacían solo en un determinado momento del año; en este caso, es solo una referencia a que era el período cuando David había enviado a Joab, general de confianza del rey, para hacer guerra a la alianza de los amonitas y los sirios, y sitiaron Rabá, la capital del reino de Amón.

Ese detalle histórico es de suma importancia, pues le permite al narrador introducir el asunto fundamental del relato:

¡El rey David no fue a la batalla, se quedó en Jerusalén! Esta referencia en torno al monarca puede ser un indicador de varios asuntos: quizá revele que el reino había llegado a un nivel de desarrollo político y administrativo que requería la presencia continua del rey en el palacio, no en los campos de batalla. Otra posibilidad, quizá, es que los años habían caído sobre David, y sus guerreros se preocupaban de que fuera a morir en la guerra (véase, p. ej., 2 Sam 21:15-17).

En cualquiera de los casos, el relato se preocupa por afirmar que David estaba en Jerusalén mientras se libraba esa guerra, pues de esta forma se prepara el escenario para el crucial encuentro entre David y la bella Betsabé, esposa de uno de sus combatientes.

La primera escena nos lleva directamente a la crisis. En una ocasión, luego de dormir su siesta, David se paseaba por el tejado de su palacio, que se utilizaba en la Antigüedad para disfrutar la brisa fresca de la tarde, cuando vio a una mujer que se bañaba en su casa. El pasaje no explica cómo el rey pudo mirar desde su propiedad hasta la casa de Betsabé y ver que estaba bañándose. Esos detalles físicos no son importantes para el relato que prepara el marco de referencia del incidente. La narración añade, para añadir intriga a la narración, que la mujer era «muy hermosa» (2 Sam 11:2).

Acto seguido, la autoridad real se impuso: David preguntó quién era la mujer. Y sus criados le dieron la información pertinente: se llama Betsabé, es hija de Eliam y esposa de Urías, el heteo (2 Sam 11:3). Entonces, envió a buscar a la mujer y la tomó, durmiendo con ella. Y la mujer, luego de los actos, se purificó y regresó deshonrada a su casa.

Los detalles que se desprenden de la lectura cuidadosa del relato, son reveladores. Es posible que ese Eliam fuera el hijo de Ahitofel (2 Sam 23:34), quien servía como consejero real, primeramente de David y luego de Absalón (2 Sam 16:23). Ese Eliam, además, pertenecía al ejército de David, al igual que Urías. La referencia a que Urías era heteo alude a que su familia provenía de los territorios de las regiones antiguas de Siria y Palestina (Jos 1:4), pero que se había quedado en Israel. Y el nombre Urías es hebreo, y además, muy significativo, pues afirma que el «Señor es mi luz».

Esos detalles familiares ponen en evidencia la gravedad del acto:

David tomó a una mujer que provenía de una familia que le era fiel, tanto por su ascendencia paternal, como por su realidad matrimonial. David deshonró no solo a una mujer, sino que mostró deslealtad a sus guerreros, apoyadores y amigos.

Las acciones de David revelan un componente de su carácter que no se manifiesta con claridad en las narraciones previas, pero que se nota al leer con minuciosidad los pasajes bíblicos que hablan en torno a su personalidad.

La narración no alude a los sentimientos o las reacciones de Betsabé ante los avances impropios del rey (2 Sam 11:2-4). De la lectura del relato se desconoce si la esposa de Urías fue víctima o cómplice, aunque no podemos ignorar el hecho de que los reyes podían disponer de las mujeres a su antojo en la Antigüedad. Esa pasividad, sin embargo, contrasta con la valentía, el dinamismo y la agresividad que Betsabé mostró posteriormente, al preparar el camino para que su hijo Salomón llegara al trono de Israel en los procesos y las dinámicas relacionadas con la sucesión de David (1 R 1:11-31).

Luego de ese encuentro extramatrimonial (o mejor, la violación), cuando el esposo de Betsabé estaba aún en la guerra, la mujer se percató de que estaba embarazada, y le envió esas noticias a David. El presupuesto del relato es que Urías estaba en el campo de batalla por algún tiempo y no podía ser el padre de la criatura. Y ante la condición de Betsabé, que no podía esconderse por mucho tiempo, David le indicó a Joab, que estaba en medio de la guerra, que le enviara a Urías.

Una vez Urías llega a Jerusalén, las preguntas del rey fueron generales y sin implicaciones militares de importancia. Le preguntó por la salud del general y del pueblo (en alusión a los combatientes), y por la guerra en general. Posteriormente, le dio un regalo de la mesa real y envió al soldado a que llegara a su casa y «se lavara los pies» (2 Sam 11:5-8), que es un eufemismo hebreo para indicarle que tuviera relaciones sexuales con su esposa. De esa forma, tanto el embarazo de Betsabé como el adulterio o violación se encubrían con la llegada de Urías a su hogar desde el campo de batalla.

Sin embargo, David no contó con un factor de gran importancia moral y ética: la honestidad e integridad de Urías, que decidió mantener y afirmar las regulaciones de la pureza ritual, que eran requisito para combatir en las guerras del Señor (véase, p. ej., Ex 19:15; Lv 15:18; Dt 23:9-14; 1 Sam 21:4-5).

Quizá el esposo pensaba que David estaba probando su compromiso religioso, y respondió de esa forma a la invitación del monarca. Es también posible —no lo dice la narración— que ya Urías se hubiera enterado de las relaciones impropias del rey con su esposa. De cualquier forma, Urías durmió frente al palacio de David, junto a los soldados que le acompañaban, y no entró en su casa.

La respuesta de Urías a la invitación del rey se fundamenta en las tradiciones del Arca del Pacto. Este relato incluye la última referencia canónica de que el Arca haya estado en el campo de batalla. Mientras el Arca estuviera en tiendas, junto a los soldados, en alusión a que estaba en el campo de batalla, Urías pensaba que no debía dormir en su casa ni tener relaciones sexuales con su esposa.

De esa forma la narración destaca la gran moralidad de Urías, y a la vez hiere la ética de David, que cada vez que desea «arreglar» su problema del adulterio o violación se enfrenta a un hombre de gran integridad.

Y para reiterar sus valores, Urías le indica al rey: «¡Por vida tuya y por vida de tu alma, nunca haré tal cosa!».

Una vez David se dio cuenta de que Urías no iba a entrar en su casa, tomó otra decisión más drástica y nefasta: ¡asesinarlo! Y para llevar a efecto el complot, le envió una carta al general Joab, a manos del propio Urías, para que ubicaran al esposo de Betsabé en algún lugar peligroso del combate y le dejaran morir a manos de los enemigos. La ironía de la narración es que quien lleva la sentencia de muerte es el hombre de integridad, y quien la ordena es quien debe proteger los derechos y la vida de sus súbditos en el reino, particularmente de las personas que le son fieles. Este contraste ético es de gran importancia moral y teológica para el desarrollo de los acontecimientos, particularmente para la intervención posterior que hace el profeta Natán (2 Sam 12).

Joab siguió las instrucciones de David al pie de la letra, y envió a un grupo de soldados a combatir muy cerca de los muros de la ciudad, incluyendo a Urías. Y en medio de esos conflictos, murió Urías, de acuerdo con las intenciones e instrucciones del rey y según el complot que había ideado y que había ordenado a Joab.

El informe de la guerra en el cual se indica que Urías había muerto incluye algunos detalles interesantes de las estrategias militares de la época (2 Sam 11:18-25). Por razones históricas, los soldados no debían acercarse mucho a los muros de las ciudades que sitiaban, pues se hacían vulnerables a los ataques enemigos. El caso que se pone de ejemplo, de lo inadecuado de esa táctica de guerra, es el de Abimelec, que murió cuando una mujer le tiró desde el muro un pedazo de una rueda de molino (2 Sam 11:21; Jue 9:53). En esta ocasión, la narración insinúa, por lo menos, dos problemas básicos: en primer lugar, haberse acercado a los muros, lo que hacía vulnerable a las tropas; además, que el soldado hubiera muerto a manos de una mujer era una desgracia mayor.

Una vez David se enteró de que Urías había perecido en batalla, pensó que sus problemas se habían resuelto. Y le dice al mensajero que le llevó la noticia de las bajas de guerra que no se preocupe, que ese es el costo de este tipo de conflicto armado; además, le animó.

Betsabé, por su parte, hizo luto por su esposo, que debe de haber sido como un mes. Pasado el luto, David la llamó al palacio y la hizo su mujer. De esa manera resolvió el problema del adulterio o la violación. Y, como fruto de esas relaciones entre David y Betsabé, nació un hijo.

La oración final de este relato es muy reveladora. El escritor bíblico ha puesto de manifiesto algunos detalles éticos de las conductas del rey, además de afirmar que el complot del monarca no podía tener ninguna justificación moral. Ante esas circunstancias, el pasaje bíblico indica que David había actuado de forma impropia, que lo que había hecho era «desagradable ante los ojos de Dios». Se pone en clara evidencia, una vez más, la interpretación teológica que hacen las narraciones de las actividades de David. Sin embargo, en esta ocasión, la lectura del redactor es abiertamente negativa en contra del rey.

Ese mismo estilo de evaluación teológica de los sucesos se repite en varias ocasiones en el resto de las narraciones en torno a David (2 Sam 12:24; 17:14). Es una manera de confrontar al lector u oyente de los relatos con el rechazo divino de este tipo de actos impropios, pecaminosos y antiéticos del rey. Estas reseñas teológicas críticas revelan que la narración, en momentos, manifiesta cierta independencia de criterio en referencia a David y su monarquía.

Natán amonesta a David

La palabra final de la narración del incidente de David con Betsabé y Urías es de rechazo a las acciones del rey (2 Sam 11:27), y el próximo capítulo comienza con una declaración teológica: el Señor envió a su profeta Natán ante David (2 Sam 12:1). Y con esa misma afirmación divina, corta y clara, se prepara el ambiente para presentar la amonestación profética al rey (2 Sam 12:1-25).

De acuerdo con la narración, que evidencia una vez más las virtudes literarias y estilísticas del autor, Natán comienza su tarea profética de forma directa y sin preámbulos: le contó al rey una parábola, ante la cual el rey, sin sentirse aludido, pronunció la sentencia condenatoria. Es la historia de dos hombres: uno rico, que tenía numerosas ovejas y vacas, y otro pobre, que solo tenía una oveja que había criado como si fuera parte de su familia. Se revela de esta forma el contraste, se prepara el ambiente para la transgresión, se delimitan los extremos del incidente para que se manifieste con claridad la injusticia cometida.

El mensaje de Natán prosigue, e indica que el hombre rico, al recibir la visita de un viajero, demostró la hospitalidad característica de la región, pero en vez de matar una oveja propia, de las cuales tenía bastantes, decidió tomar la única oveja del hombre pobre. En ese momento del relato, David, inmerso intensamente en la narración, se encendió en ira, y declaró con firmeza la sentencia contra el hombre rico e injusto: «¡Vive el Señor, que es digno de muerte el que hizo tal cosa! Debe pagar cuatro veces el valor de la cordera, por haber hecho semejante cosa y no mostrar misericordia» (2 Sam 12:6).

La metodología educativa de Natán fue efectiva y magistral. Logró que el rey se involucrara personalmente en el relato, a tal grado que pensó que se trataba de un caso verídico, no de una ilustración. La referencia a «pagar cuatro veces» el valor de la oveja alude al precio que debía restituir una persona que robaba una oveja (Ex 22:1). Y la expresión «vive el Señor» es una forma de afirmación, una declaración de seguridad.

Y en ese singular contexto sicológico y teológico, Natán responde con gran autoridad a la declaración real: «¡David, tú eres ese hombre!» (2 Sam 12:7). En efecto, la parábola cumplió su objetivo literario: puso en evidencia el pecado del rey. El mensaje del profeta logró su finalidad educativa, reveló el complot de David para encubrir con un asesinato su pecado del adulterio o violación.

Natán prosigue su mensaje condenatorio a David, y hace un recuento histórico de las bendiciones que había recibido del Señor. Dios le ungió como rey, lo libró de las manos de Saúl, le entregó el reino y el harem que poseía Saúl, lo hizo monarca de Israel y Judá, y añade el profeta que Dios estaba dispuesto a bendecirle aún más. Natán entonces pregunta, de forma retórica: «¿Por qué has tenido en poco la palabra del Señor, y hecho lo malo delante de sus ojos?» (2 Sam 12:9). E inclusive, identifica el pecado de David: ¡asesinó a Urías con el objetivo de quedarse con su esposa!

Una vez finalizó el profeta con la descripción de las bendiciones que David había recibido de parte de Dios, prosigue con la declaración del juicio divino. Natán utilizó para introducir su oráculo la frase de comunicación profética tradicional: «Así ha dicho el Señor» (2 Sam 12:11).

El juicio divino tendría tres partes principales: no se apartará la espada de su casa; habrá caos, anarquía y rebelión en su familia; y sus mujeres serán entregadas al prójimo, que se acostará con ellas a plena luz del día. Aunque el pecado de David fue en secreto, Dios lo hará público, ante todo Israel, y a pleno sol.

La contestación de David no se hizo esperar: reconoció que había pecado ante el Señor. Y la respuesta de Natán tampoco se dilató. Dios le perdonó, pero como el pecado de David hizo que los enemigos del Señor blasfemaran, el niño enfermó y murió. Aunque David rogó, ayunó y se humilló para que el Señor sanara a su hijo, la gravedad era mortal, y finalmente el niño falleció. Y luego de saber que el niño había muerto, se levantó de la tierra, se bañó, se perfumó y se cambió de ropas, y entonces adoró al Señor. Y posteriormente, comió.

Cuando sus criados le preguntaron por su actitud de ayuno mientras el niño estaba enfermo, y de comida luego de la muerte, David respondió que, mientras su hijo vivía, había posibilidad de que se manifestara la misericordia de Dios; una vez muerto, el niño no podía venir a David, sino que el rey iría a él, que es una manera figurada de indicar que en el tránsito hacia el mundo de los muertos no hay regreso, es de una sola dirección.

David consoló a Betsabé y se acostó con ella; posteriormente, ella quedó embarazada y dio a luz a Salomón. Según el libro de las Crónicas, ese nombre se relaciona con la palabra hebrea *shalom*, que significa «paz» (1 Cro 22:9); sin embargo, posiblemente ese nombre se deriva de una raíz hebrea que significa «remplazar» o «restaurar». Ese detalle lingüístico puede ser una indicación de que Salomón remplazaría a su hermano fallecido. Y como el Señor amó a Salomón, de acuerdo con los relatos escriturales, el profeta Natán le indica que, por voluntad divina, el nombre debería ser Jedidías, que significa, «amado del Señor» (2 Sam 12:25).

Violación de Tamar

Las narraciones en torno a las desgracias de David continúan; sin embargo, en esta ocasión afectan adversamente las dinámicas familiares y las relaciones entre hermanos.

El libro de Samuel incluye en esta sección una serie de episodios que ponen en evidencia clara la disfuncionalidad de la familia del rey, pues en sus acciones manifiestan corrupción, incesto, violencia doméstica, traiciones y asesinatos (2 Sam 13:1–19:43).

Comienzan estos relatos con la violación de una hija de David, Tamar (2 Sam 13:1-22), y culminan con la muerte de dos de sus hijos: Amnón (2 Sam 13:23-39) y Absalón (2 Sam 18:1-33).

Desde una perspectiva teológica, estos episodios nefastos y violentos en la vida de David y su familia son el cumplimiento de la profecía de Natán, a raíz del adulterio o violación de Betsabé y el asesinato de Urías. De acuerdo con el oráculo del profeta, la espada acompañaría a la familia del rey (2 Sam 12:10), la anarquía se manifestaría en su hogar y sus mujeres serían violadas (2 Sam 12:11).

Estas narraciones tienen el propósito de indicar que el mensaje de Natán se hizo realidad al pie de la letra. En efecto, de acuerdo con los pasajes bíblicos, los pecados de David tuvieron consecuencias adversas en los foros personales y familiares.

¡Se cumplió la profecía de Natán!

Según el orden canónico, después del relato de David, Betsabé y Urías se brindan algunos detalles de las dinámicas internas de la familia real. La narración indica que David tenía un hijo y una hija con Maaca, la hija del rey de Gesur (2 Sam 3:3): Absalón y Tamar. También tenía el rey un hijo con Ahinoam (2 Sam 3:2), que era su primogénito Amnón. Y esa información provee el contexto inmediato para la manifestación de una serie nefasta, funesta y aciaga de dinámicas familiares que desembocan en un incesto y dos crímenes.

El relato de la violación de Tamar manifiesta algunas similitudes temáticas y lingüísticas con la narración de otro incidente de naturaleza sexual: la violación de Dina (Gn 34). Se revelan de esta forma las formas impropias en que se trataba a las mujeres en esa época de cultura patriarcal. Ambas violaciones generan dinámicas de violencia adicionales que culminan en fratricidios desdichados. La mujer, que en ese tipo de sociedad era entendida en relación con algún varón —por ejemplo, esposo, padre o hijo— es un personaje pasivo en estos relatos; se limita a ser recipiente del prejuicio, la violencia y el crimen.

El pasaje, en efecto, está muy bien pensado y escrito. Algunas expresiones de Tamar ante su violador, inclusive, hacen eco de las palabras del efraimita que intentó evitar la violación en serie de su esposa (véase Jue 19:23 y 2 Sam 13:12): «No cometas tal infamia». No son fortuitas estas alusiones e inferencias, pues preparan el ambiente para el desenlace final de las narraciones.

Amnón se enamoró perdidamente de su hermana Tamar, a tal grado que la angustia le llevó a la cama: ¡comenzó a perder peso! ¡Físicamente enfermó! Uno de sus amigos, Jonadab, que también era su primo, al notar la depresión del príncipe, indagó en torno al origen de la crisis. Es en ese momento del relato que Amnón revela las causas reales de su indisposición: ¡se había enamorado de su hermana!

El pasaje bíblico en este momento no pasa juicio sobre la legalidad ni moralidad de sus deseos incestuosos. El relato indica únicamente que Tamar, por ser una princesa virgen, estaba bien custodiada en el palacio, y que le sería muy difícil a Amnón allegarse a ella. Y esa es la razón para idear una patraña que le permitiera cumplir con sus deseos morbosos y antinaturales.

> Quien diseña el complot infortunado para facilitar la violación y el crimen es Jonadab, descrito en el pasaje como muy «astuto» (2 Sam 13:3). Amnón accede a los planes de engaño de su amigo y confidente. La astucia, en estos relatos de la crisis familiar de David, es una característica personal de importancia capital (2 Sam 14:2; 20:16).

Se relaciona con la capacidad de persuadir a alguien para propiciar los eventos que le brindan significación a estos pasajes escriturales. Es la gente astuta la que hace que los acontecimientos se lleven a efecto, según el testimonio escritural.

El plan era convencer al rey para que enviara a Tamar a las recámaras del príncipe Amnón para cocinarle y atenderle, y para facilitar su sanidad. Ese sería el entorno inmediato de la agresión, el contexto general de la violación, el marco de referencia del crimen. El objetivo del plan era ubicar a Tamar en una posición de desventaja física y precariedad emocional.

Y en efecto, el rey accedió a la petición de su hijo enfermo, y envió a su hija a atenderlo.

> De singular importancia es recordar que la crisis de David comenzó cuando, al quedarse el rey en el palacio, vio la belleza de Betsabé y adulteró con ella, la violó (2 Sam 11:2-4). En esta ocasión, era el mismo rey el que enviaba a una de sus hijas al cuarto donde posteriormente sería violada.

La narración de esta forma pone de manifiesto la ironía que rodeaba a David.

Una vez Tamar llegó al cuarto de Amnón, que fingía estaba enfermo, comienzan las dinámicas que desembocaron en la crisis de la violación. El príncipe le pide a su hermana que le cocine «dos hojuelas», y que las prepare con sus propias manos. El texto hebreo se refiere de esta forma a un tipo singular de comida, que puede aludir a que tenía forma de «corazón», o quizá a que debía «fortalecer el corazón», o «levantar el ánimo», a quien la comía. Sin embargo, no se puede ignorar que en Cantar de los Cantares, este mismo verbo se asocia a la excitación sexual.

Amnón no perdió el tiempo para satisfacer sus deseos carnales. Le ordenó a todos los que les acompañaban salir del cuarto. Cuando se encontró solo con Tamar, «la sujetó» (2 Sam 13:11), que denota y revela la acción violenta, y le dijo: «Ven, hermana mía, acuéstate conmigo». La narración, de esta manera, pone de manifiesto la intención criminal y el reconocimiento de que se trataba de un acto incestuoso, impropio, indigno. El texto bíblico es claro en afirmar que Amnón sabía muy bien lo que estaba haciendo, y que también estaba muy consciente de las implicaciones éticas de sus actos.

Las respuestas de Tamar son reveladoras: ¡era una mujer decidida a defender su honor! En primer lugar, le indica a Amnón que no tome por la fuerza su cuerpo, es decir, que no la viole y deshonre, que no cometa tal infamia, que no ejecute ese crimen, pues en Israel no se debe actuar de esa forma. Quizá el texto presupone que en otras culturas o en pueblos vecinos ese tipo de relación sexual intrafamiliar e incestuosa era permitida; sin embargo, no lo era en Israel.

Tamar continúa su firme rechazo a los avances inmorales de su hermano, añadiendo dos argumentos sustanciales: en primer lugar, que ella no tendría a dónde ir, pues la deshonra sería magna; además, afirma la mujer que Amnón sería visto en la comunidad como un criminal perverso. ¡Apeló de esta forma a los sentimientos personales de su hermano, y también a su ego! Inclusive, le indica que, si él hablaba con David, el rey no se negaría a entregársela. Posiblemente, ese fue su último argumento desesperado, pues la Ley de Moisés prohibía terminantemente ese tipo incestuoso de matrimonios (Lv 18:9, 11; Dt 27:22).

Sin embargo, la fuerza y la irracionalidad, la lujuria y la sinrazón, la violencia y la concupiscencia pudieron más que la honestidad y la prudencia, que la virtud y la decencia, que la razón y el pudor: ¡Amnón tuvo relaciones sexuales con su hermana!

De acuerdo con el relato, una vez terminó la fechoría con su propia hermana, el príncipe la rechazó, pues el odio posterior fue mayor que el amor que le tenía. Cuando culminó su crimen, Amnón despidió a Tamar deshonrada, herida y violada, y le dijo directamente: «Levántate y vete» (2 Sam 13:15), que era una manera inmisericorde y agresiva de aumentar su desdicha, de magnificar su dolor, de incrementar su desespero. Inclusive, instruyó a sus criados a que la echaran de su alcoba y cerraran la puerta tras ella. La humillación fue total, física, emocional, pública y personal.

Tamar, al verse humillada delante del personal del palacio, salió desorientada, herida y despavorida: rasgó sus vestidos, que eran de «diversos colores», a la usanza de las princesas vírgenes, se puso las manos en la cabeza y se echó cenizas, y salió gritando, gestos que simbolizan el dolor y la vergüenza, la humillación y la deshonra, la desesperanza y la impotencia.

En efecto, la crisis de perder su honra había provocado en Tamar un estado de desesperanza tal que la llevó a la desorientación momentánea.

La referencia a los «diversos colores» de sus túnicas o traje, puede ser una alusión velada a la crisis de José, cuando fue vendido por sus hermanos (Gn 37:1-36): ¡tanto José como Tamar sufrieron injusticias a manos de sus propios hermanos!

Las noticias recorrieron el palacio y el país. Absalón le dijo a Tamar que guardara silencio y no se angustiara su corazón, pues quien había cometido el crimen era su hermano. Las implicaciones éticas y emocionales de estos consejos son impropias, crueles e insensibles. Ante la crisis de pérdida magna de Tamar, las palabras de Absalón parecen desafortunadas y encubridoras: ¡se preocupaba más por el victimario que por la víctima! ¡El prestigio familiar era más importante que la honra de una mujer! ¡El silencio cómplice y cobarde tenía precedencia a la denuncia valiente y profética!

La reacción del rey, al enterarse del crimen, fue de mucho enojo, pero, según los manuscritos hebreos que son la base de la traducción ReinaValera, no hizo nada. Sin embargo, el texto de la versión griega de la Septuaginta, junto a los manuscritos de Qumrán, indican que David: «No reprendió a su hijo Amnón porque, como era su hijo mayor, lo quería mucho» (2 Sam 13:21, LXX, QSam). Se revela de esta forma la debilidad de David en torno a las actitudes de su familia, y también se pone de relieve la posición que tradicionalmente tenían los hijos primogénitos en la Antigüedad.

Posteriormente, en torno a Absalón, el relato indica que, aunque no le dijo nada a Amnón en ese momento, lo aborrecía y odiaba por haber violado a su hermana (2 Sam 13:22). Y este comentario es el que prepara el ambiente y escenario para el próximo drama de crisis familiar de David.

Venganza de Absalón

Pasaron dos años, de acuerdo con el texto bíblico, antes de que Absalón retomara el asunto de Amnón (2 Sam 13:23-39). Fue un buen tiempo para pensar bien lo que iba a hacer para vengar el honor de su hermana. Y la oportunidad ideal se presentó cuando Absalón tenía a los esquiladores trabajando en la región de Efraín, en la ciudad de Baal-hazor.

La tarea de esquilar las ovejas en el antiguo Israel, se acompañaba con fiestas y celebraciones (1 Sam 24:2-8). Era una gran ocasión para festejar, beber, alegrarse. Absalón organizó esa gran fiesta, digna de reyes, e invitó al rey, primeramente, y también a sus hijos, que eran sus hermanos. Y entre esos hermanos estaba Amnón. La narración se preocupa por indicar que David estaba involucrado inconscientemente en el complot para asesinar a su propio hijo. De esta forma los relatos bíblicos continúan el tema de las consecuencias de los pecados de David.

Como había desarrollado costumbres sedentarias, o quizá por la edad y sus responsabilidades reales y administrativas, David rechazó la invitación de Absalón, pero, ante su insistencia, le permitió al resto de sus hijos asistir al gran banquete.

El objetivo expuesto del evento era celebrar en familia la alegría de Absalón al trasquilar sus ovejas, que significaba un momento de prosperidad económica y triunfo profesional. Sin embargo, la finalidad implícita era otra: vengar la violación de Tamar.

Antes de llegar la familia real, Absalón había preparado muy bien sus planes malévolos, había organizado el complot. Le había dicho a sus criados que cuando Amnón estuviera «alegre por el vino» (2 Sam 13:28), y Absalón les diera la orden, lo mataran sin misericordia, clemencia ni remordimientos. Inclusive, según el pasaje escritural, Absalón les dio una palabra de apoyo y seguridad a sus sirvientes: «Esforzaos, pues, y sed valientes» (2 Sam 13:29). Y, en efecto, el plan se llevó a cabo: cuando Amnón bebía y celebraba, Absalón dio la orden fatídica, y sus sirvientes asesinaron sin piedad ni compasión al violador de Tamar.

El informe de lo sucedido llegó a David distorsionado. Le indicaron que todos sus hijos habían muerto en la celebración, y su respuesta, junto a la de sus criados, fue de luto y angustia: ¡se rasgaron sus vestidos y se echaron en tierra! En efecto, la noticia debió haber abatido al monarca. Esos mismos gestos de dolor y pena se ponen de manifiesto en la muerte del primer hijo de David con Betsabé (2 Sam 12:16), y en la violación de Tamar (2 Sam 13:19).

Sin embargo, al poco tiempo llegaron las aclaraciones pertinentes: solo Amnón había sido asesinado por mandato de Absalón. Y el motivo expreso del homicidio fue vengar la violación de su hermana. El propio sobrino de David, Jonadab, le comunicó oficialmente al rey que el resto de sus hijos estaban sanos y salvos, pues habían tomado las mulas reales y habían escapado a tiempo. En esa época, las mulas eran la cabalgadura propia de reyes y príncipes (2 Sam 18:9; 1 R 1:33, 38, 44; Zac 9:9).

Las noticias de Jonadab se confirmaron cuando el atalaya de la ciudad logró divisar a los lejos que los hijos de David regresaban a la ciudad. Y cuando finalmente llegaron al palacio y le contaron a David lo que había sucedido, tanto el rey como sus criados e hijos lloraron amargamente la muerte de Amnón, y también lamentaron la actitud y huida de Absalón.

Absalón buscó refugio en el reino de su abuelo materno, el monarca de Gesur, Talmai, el hijo de Amiud (2 Sam 3:3), fuera de los territorios controlados por David. Allá estuvo por tres años, pero David deseaba verlo. Y esa afirmación del deseo de David de ver nuevamente a su hijo Absalón prepara el ambiente para el próximo episodio de la saga de David.

Absalón regresa a Jerusalén

Las narraciones que prosiguen (2 Sam 14–20) tienen como protagonista a Absalón, que representa una figura conflictiva en la casa de David. Comienzan y culminan con la participación de alguna «mujer sabia», que intenta salvar a un individuo (2 Sam 14), o al pueblo (2 Sam 20), y en ambos relatos el futuro de Israel está en juego. Sin saberlo, al permitir que

Absalón regresara a Jerusalén, David puso en peligro su reino. De acuerdo con estos pasajes bíblicos, es importante notar que la crisis de David con Betsabé (2 Sam 11) tuvo repercusiones adversas en su familia (p. ej., Tamar, Amnón y Absalón) y en el reino.

Como el rey David estaba seriamente preocupado por su hijo Absalón, y deseaba verlo, Joab, el jefe de su milicia, ideó un plan para que regresara del destierro. Mandó traer una «mujer astuta» (2 Sam 14:2) del pueblo de Tecoa, que está ubicado muy cerca de Belén y Jerusalén, para llevar a efecto un plan que permitiera el retorno de Absalón.

Una vez más, la astucia y la sagacidad juegan papeles de importancia en estas narraciones bíblicas (2 Sam 13:3; 20:16). Es posible que Joab se percatara del potencial de rebelión que tenía Absalón; quizá pensó que era mejor tenerle cerca y supervisado que conspirando en la distancia.

El plan ideado por Joab era el siguiente: pedirle a la mujer que se allegara ante el rey, fingiendo que estaba de luto por bastante tiempo, y le contara una historia. El propósito era que en el relato, el rey, en sus funciones jurídicas, se viera identificado con el caso y propiciara el regreso de Absalón al reino. El estilo de Joab es similar al que mostró Natán cuando confrontó al rey con su pecado con Betsabé. La finalidad es que la mujer le presentara al rey un caso legal ficticio que representara la situación de la familia real. De esa manera, esperaba Joab que el rey entendiera la necesidad de permitir que su hijo volviera a Jerusalén. Ni Joab ni David se percataban, de acuerdo con el pasaje bíblico, de que con esas decisiones y acciones ponían en peligro la estabilidad y el futuro del reino.

El cuento que debía llegar a David era sencillo: una mujer viuda tenía dos hijos que, en medio de un conflicto familiar, pelearon. Como resultado de ese antagonismo, uno de los hijos mató al otro, y toda la familia pedía la vida del hijo asesino para finalmente hacer justicia. El reclamo de la mujer al rey era que de esa forma ella se quedaba viuda, sin sus dos hijos, sin futuro y sin esperanza. Al matar al único hijo que le quedaba, su familia ya no tendría descendencia, ni nombre y ni porvenir.

El rey se solidarizó con el reclamo de aquella mujer, sin percatarse de que se trataba de un plan ideado por Joab. Inclusive, le indicó que se fuera tranquila a su casa, que nadie le iba a hacer daño ni a ella ni a su hijo. Ante las palabras de seguridad de David, entonces la mujer devela el corazón del plan verdadero: ¡confronta al rey con su actitud hacia Absalón!

> La sabia mujer le dice al rey con claridad que esos resentimientos familiares le hacen daño al pueblo de Dios (2 Sam 14:13), que es quizá una alusión solapada a que Absalón podía ser el heredero del trono. En un tono filosófico, le dijo al rey que «todos de cierto morimos y somos como agua derramada en tierra que no puede volver a recogerse» (2 Sam 14:14); y añadió que «ni Dios quita la vida, sino que provee medios para que el desterrado no siga alejado de él», en referencia a que, posiblemente, Absalón no moriría hasta reconciliarse con David.

La palabra final de la mujer al rey describe al monarca como un «ángel de Dios para discernir entre lo bueno y lo malo» (2 Sam 14:17).

David entonces se percató de que alguien estaba detrás de la visita de la mujer, y del cuento y los esfuerzos de reconciliación familiar, e identificó directamente a Joab. Entonces, el rey mandó buscar a su general, y le dijo: «Vete y haz volver al joven Absalón» (2 Sam 14:21). En efecto, se había cumplido el propósito de Joab al tratar de hacer que David recibiera nuevamente a su hijo en el palacio.

Joab cumplió a cabalidad las órdenes del rey, y trajo a Absalón de Gesur hasta la ciudad de Jerusalén. Sin embargo, cuando llegó al palacio, David no quiso recibir a su hijo, y lo envió a que fuera a su casa sin ver el rostro del monarca. Ni Joab ni el rey respondían en ese período los reclamos de atención del joven. Pasaron dos años adicionales, hasta que finalmente el rey accedió a recibirlo e incorporarlo en la corte real. Un beso de David fue el signo visible de que había perdonado a Absalón (2 Sam 14:33).

En la narración, se incluyen algunos datos generales de Absalón que nos permiten tener una percepción más clara de su personalidad. Se indica que era muy hermoso, expresión que alude no solo a su aspecto físico, sino a su disposición y potencial real; además, se revela que tuvo tres hijos y una hija, que se llamaba Tamar, como su tía, y era de hermoso semblante. El pasaje añade, además, que no tenía ningún defecto físico, «desde la planta de su pie hasta la coronilla», y que tenía el pelo largo, pues se lo cortaba solo una vez al año (2 Sam 14:26).

Estos detalles en torno a Absalón quizá revelan una personalidad un poco narcisista, y la imagen del cabello alude posiblemente a Sansón y prepara el camino para las narraciones de su muerte (2 Sam 18:9-15). En efecto, estos comentarios sobre Absalón crean el ambiente necesario para poner de manifiesto sus planes verdaderos: darle un golpe de Estado a su propio padre para quedarse con el reino.

Absalón se subleva contra David

Una vez Absalón se incorporó a la vida del reino en Jerusalén, comenzó a llevar a efecto su plan para derrocar a David. Se hizo con carros y caballos de guerra y organizó un pequeño grupo de hombres que le siguieran. La narración presenta un Absalón arrogante, firme y decidido (2 Sam 14:26; 16:22), pero sin las virtudes administrativas, la imaginación organizativa ni la sagacidad política de David.

En su plan para ganarse al pueblo, Absalón deseaba responder adecuadamente a sus reclamos de justicia del pueblo. Con ese motivo, el joven príncipe llegaba temprano en la mañana a las puertas de la ciudad para atender a las personas que acudían al rey a presentar sus dificultades jurídicas y sus casos de negocios. Una vez les preguntaba su origen, les indicaba que si él fuera el «juez en el país» (2 Sam 15:4), les haría justicia.

En este contexto específico, el empleo de la palabra «juez» evoca, posiblemente, la época de los antiguos caudillos del pueblo, que salvaron a las tribus de peligros inminentes.

El objetivo de Absalón era «ganarse el corazón» del pueblo, específicamente deseaba llegar a los que pertenecían a las tribus del norte, Israel. Explotaba de esa manera las tradicionales diferencias y dificultades entre las tribus del norte y las del sur.

De forma paulatina, de acuerdo con las narraciones bíblicas, la gente que llegaba al palacio se unía al movimiento de Absalón. Los detalles de las genuflexiones son significativos: «Cuando alguno se acercaba para postrarse ante él, le tendía la mano, lo abrazaba y lo besaba» (2 Sam 15:5). En efecto, Absalón llevaba a efecto una campaña intensa de relaciones públicas y proselitismo con el propósito claro y definido de llegar al poder.

La figura de David en estos pasajes se presenta pasiva y retraída. La impresión del lector es que el rey estaba confinado en el palacio, quizá atendiendo las cuestiones administrativas diarias del reino, sin percatarse de lo que sucedía en el reino y en su familia.

De acuerdo con las versiones antiguas de este pasaje, luego de cuatro años de campaña política nacional, y de posiblemente organizar un sistema alterno de gobierno, Absalón le pide a David que le permita ir a Hebrón para pagar unos votos que había hecho ante el Señor cuando estaba desterrado en la ciudad siria de Gesur. Y David le permitió ir.

La narración bíblica no da muestras de que David estuviera enterado de las intenciones verdaderas del príncipe. Llegar a Hebrón era de gran significación política —pues en esa ciudad David había sido ungido como rey—, primeramente para las tribus del sur, Judá, y luego para las del norte y todo Israel. Además, Hebrón era un signo importante de poder político, pues, por estar relacionado con los patriarcas y las matriarcas de pueblo de Israel, tenía un gran valor histórico.

Absalón organizó muy bien su llegada a Hebrón: ¡deseaba entrar como rey! Con ese objetivo, anunció por todo el reino del norte, Israel, que cuando se escucharan las trompetas, exclamaran: «¡Absalón reina en Hebrón!» (2 Sam 15:10). El sonar del *shofar* no solo era importante en los combates (Jue 3:27; 1 Sam 13:3), sino que formaba parte de las ceremonias de entronización de los reyes (1 R 1:34; 2 Sam 9:13; Sal 47:5).

En efecto, la conspiración de Absalón contra David se fortalecía de manera continua. Estaba acompañado de doscientos hombres de Jerusalén, que llegaron con él a Hebrón sin conocer sus verdaderas intenciones políticas de derrocar el Gobierno de David. Hizo sus sacrificios al Señor, como símbolo de la aprobación divina de sus planes, y mandó a buscar a Ahitofel, uno de los consejeros más importantes de David (2 Sam 16:23; 23:34). Esas decisiones eran formas públicas de propiciar la transición del poder, tanto a niveles religiosos, como políticos y militares.

Cuando le llevaron a David las noticias de lo que había hecho Absalón, el rey reconoce que no tenía capacidad para responder efectivamente a los avances de su hijo y decide abandonar la ciudad de Jerusalén. La expresión «todo Israel se va tras Absalón» (2 Sam 15:13), pone de relieve que la conspiración de Absalón y las tribus del norte había triunfado, pues le había mermado la base y el poder popular de David.

La narración bíblica se preocupa por indicar, además, que David huyó de prisa ante los reclamos de Absalón y el desarrollo de sus planes de convertirse en monarca de todo Israel y Judá, y reinar desde Jerusalén (2 Sam 15:14). De singular importancia es recordar que el adulterio de David es el punto histórico en que se cambia el futuro y la suerte del rey. El mensaje profético de Natán, que en su casa no faltaría la espada ni reinaría la anarquía (2 Sam 12:10-12), se hacía realidad nuevamente. Las consecuencias de sus acciones se ponían de manifiesto: ¡su propio hijo le hacía un golpe de Estado!

La escena de la huida de David de la ciudad de Jerusalén, que él mismo había conquistado y le había puesto su nombre, es muy triste. El veterano monarca no quería que las tropas de Absalón llegaran, arrasaran la ciudad «a filo de espada» y causaran una desgracia mayor. Los siervos fieles de David seguían obedientemente sus instrucciones. Y entonces, salió David de la ciudad con toda su familia, con el pueblo que le seguía y con su guardia personal de cereteos y peleteos, que nunca le abandonó: ¡era un grupo considerable! Quedaron en la ciudad diez concubinas del harem de David, con el propósito de guardar la casa. Inclusive, le acompañó un extranjero, Itai, y toda su familia, que decidió seguir a David al destierro (2 Sam 15:19-22).

El éxodo fue doloroso. La gente lloraba a gritos mientras salían de la ciudad y pasaban por el torrente de Cedrón, entre Jerusalén y el monte de los Olivos, para ir al camino que llevaba al desierto de Judá.

Era un cuadro conmovedor, y la narración bíblica se preocupa por destacar la importancia e intensidad del evento. David también lloraba, y tenía la cabeza cubierta y los pies descalzos, símbolos del dolor intenso que representaba la derrota y el destierro.

El pueblo llevaba, inclusive, el Arca del Pacto, que representaba la misma presencia de Dios, que viajaba junto al sacerdote Sadoc y todos los levitas. Sin embargo, David les ordenó regresarla a Jerusalén, pues pensaba que por la gracia divina podría regresar algún día y verla en su Tabernáculo. Además, le dijo a Sadoc, que también era vidente, que regresara en paz a la ciudad, pero que sus dos hijos, Ahimaas y Jonatán, podían quedarse con la caravana.

De forma paulatina se conocían las noticias y los detalles del golpe de Estado. Finalmente, le llegó a David la información precisa: uno de sus aliados y consejeros, Ahitofel, se había unido al grupo golpista, y le había traicionado. La respuesta de David, sin embargo, es significativa, pues prepara la trama de la narración para el desenlace final. David oró al Señor: «¡Entorpece ahora, oh Señor, el consejo de Ahitofel!» (2 Sam 15:31).

Luego de la oración, llegó Husai, el arquita, amigo de David, para unirse a la caravana real de desterrados. Sin embargo, el rey se lo impidió, y le ordenó que regresara a Jerusalén y se uniera al grupo de Absalón. David necesitaba su apoyo como espía, junto a los sacerdotes Sadoc y Abiatar, que le eran leales, para contrarrestar los planes de Ahitofel (2 Sam 15:33-37).

Para apoyarles en el viaje, llegó Siba, el criado de Mefi-boset, el hijo de Jonatán. Le trajo a David y al grupo un par de asnos ensillados con doscientos panes, cien racimos de pasas, cien panes de higos secos y un cuero de vino (2 Sam 16:1). Era una forma de agradecerle a David la misericordia que le había demostrado a él y su familia, y también a la casa de Saúl. Es también muy importante notar que Siba quería disipar toda duda en torno a su lealtad a David, aunque estaba relacionado con la familia de Saúl.

Sin embargo, no todos los que les veían salir al exilio se entristecían. Un tal Simei hijo de Gera, de la casa de Saúl, al llegar a Bahurim, que era una población relacionada con la tribu de Benjamín (2 Sam 3:16; 17:18), al noreste del monte de los Olivos, comenzó a maldecirles y tirarle piedras al grupo. En sus maldiciones, acusaba a David de «sanguinario y perverso» (2 Sam 16:7), y de haber usurpado el trono de Saúl. Posiblemente, aludía a las formas en que David llegó al poder, enajenando a Saúl, y a que había puesto a merced de los gabaonitas la vida de los hijos varones de Saúl para que los ejecutaran (2 Sam 21:110).

Cuando uno de los hombres de David pide permiso para matarlo, el rey lo detuvo y, según el relato bíblico, aceptó las maldiciones como provenientes del Señor, pues entendía que era una desgracia mayor que su propio hijo le hubiera traicionado (2 Sam 16:10-12). Y Simei continuó maldiciendo al grupo y esparciendo tierra a su alrededor, en señal de disgusto.

Absalón llega a Jerusalén

> Con la salida de David de Jerusalén, se creó un vacío político y administrativo en la ciudad que fue llenado por Absalón. En efecto, el golpe de Estado del joven Absalón había triunfado, y se materializaban las condiciones para llegar al poder real: el príncipe entró triunfante a la ciudad capital del reino, junto a sus hombres y consejero.

Las consecuencias del pecado de David con Betsabé se hacían cada vez más graves y complejas, pues no solo afectaban las dinámicas familiares internas, sino que herían mortalmente el reino.

Tan pronto Absalón tomó posesión de la ciudad, llegó Husai, el amigo de David, para ponerse a la disposición del nuevo monarca. Luego de un diálogo en el cual se ponen en duda las verdaderas motivaciones de Husai, el rey acepta sus servicios como consejero real.

La primera recomendación política de Ahitofel a Absalón fue que se allegara a todas las concubinas de David, pues era una manera pública de reclamar el poder y afirmar que ahora había un nuevo monarca en Jerusalén e Israel (2 Sam 16:20-23). Con ese gesto, tanto provocativo como significativo, no solo hacía una declaración pública de rebeldía en contra de David y su Administración, sino que entusiasmaba a sus seguidores, le «fortalecía las manos a todos los que estaban con él» (2 Sam 16:21). ¡Era una declaración de triunfo!

Absalón siguió los consejos de Ahitofel, como si provinieran de Dios directamente, y se acostó en público con las concubinas de David (2 Sam 16:22-23). ¡Era una manera pública y declarada de usurpación del poder real! Ya no había dudas: Absalón era el rey de Israel.

Ahitofel, entonces, le dio a Absalón nuevos consejos; en esta ocasión, sin embargo, eran de naturaleza militar. Preparó de esta forma una estrategia orientada a matar únicamente a David. El objetivo era eliminar las posibilidades de retorno del rey, que era conocido por sus habilidades militares y astucia política. El plan era tomar esa misma noche doce mil hombres para perseguir y sorprender a David mientras descansaba del viaje, y atemorizar al pueblo. De esa forma se eliminaba a David y se preservaba la vida del pueblo que podía regresar a Jerusalén en paz (2 Sam 17:1-3).

El consejo de Ahitofel pareció muy bien a Absalón, que corroboró las recomendaciones con todos los ancianos de Israel. Aunque al principio, la idea del consejero real les pareció bien, decidieron buscar una segunda opinión para corroborar la decisión. Y en esta ocasión pidieron consejo a Husai, el arquita, que era amigo de David y su espía.

La respuesta de Husai fue contraria a la de Ahitofel. Le indicó directamente a Absalón, con gran elocuencia, que la estrategia de Ahitofel no era buena, porque subestimaba las capacidades políticas y la experiencia militar de David. Entre los argumentos que Husai esgrimió, se encuentran los siguientes: David y sus hombres son personas valientes y experimentadas en batallas, que estaban preparadas para el combate «como una osa cuando le han quitado sus cachorros», y que seguramente ya estaban escondidos en alguna cueva u otro lugar esperando al grupo de Absalón (2 Sam 17:8-14).

El experimentado Husai conocía muy bien las estrategias militares de David, y también interpretó correctamente las posibles reacciones del grupo de Absalón ante los avances de David. De esa forma Husai impidió que los ejércitos de Absalón salieran a perseguir rápidamente al rey, permitiéndole a David un tiempo adicional para organizarse y responder efectivamente a las amenazas y los ataques del joven usurpador.

Una vez Absalón y los ancianos de Israel escucharon los consejos de Husai, entendieron que sus recomendaciones eran mejores y más sabias que las de Ahitofel, que tenían más posibilidades de éxito. Decidieron de esta forma, sin saberlo, seguir con la asesoría del amigo y colaborador de David.

La interpretación que hace la narración bíblica del rechazo a los consejos de Ahitofel es que el Señor mismo los había frustrado para traer la ruina sobre Absalón. Es decir, para el relato, la fuerza que guiaba las decisiones históricas en el reino era la divina.

El consejo de Husai era que Absalón reuniera a todos sus posibles combatientes, desde Dan hasta Berseba, y los congregara para atacar con fuerza al grupo de David. Aconsejó, además, que el mismo Absalón guiara el grupo, que es descrito en términos legendarios «numeroso como la arena que está a la orilla del mar», en alusión a las promesas hechas a los patriarcas (Gn 22:17-18), o en referencia a las batallas victoriosas de los jueces de Israel (Jue 7:12; 1 Sam 13:5). El objetivo de Husai era convencer a Absalón para que él y todas sus fuerzas militares se congregaran en un solo lugar para facilitarle a David un posible triunfo total.

Una vez Absalón aceptó su consejo, Husai mandó aviso a David, a través de los sacerdotes Sadoc y Abiatar, referente a la estrategia militar aprobada. Además, le recomendó que no se quedara esa noche con su grupo en los llanos del desierto, sino que prosiguiera a Transjordania, donde estaban más seguros.

Jonatán y Ahimaas fueron los responsables de avisarle a David de los planes de Absalón, pero al ser vistos por un joven, que le llevó rápidamente la noticia al príncipe golpista, se escondieron en la casa de un hombre en Bahurim, que en su patio tenía un pozo. En medio de esas dinámicas, fue nuevamente una mujer sabia y astuta la que les salvó la vida a los mensajeros, y también al rey (2 Sam 17:17-20), escondiéndolos del ejército de Absalón. Esa mujer fue responsable, según el texto bíblico, de la posterior vuelta a Jerusalén del rey David.

Al ver Ahitofel que Absalón no había seguido su consejo, se fue a su casa, la puso en orden, y se ahorcó (2 Sam 17:23). Notó el consejero real que la estrategia de Husai, como le permitía a David reorganizar sus fuerzas, estaba abocada al fracaso: ¡el suicidio le evitó la vergüenza pública de enfrentar a su antiguo jefe contra el cual había cometido un crimen de alta traición!

Termina de esta forma impropia y desgraciada la vida de un buen consejero y colaborador de David, que le traicionó al no poder discernir el poder que tenía el rey, aunque sus enemigos fueran muchos y fuertes. De singular importancia es el hecho de que este es el único suicidio que se registra en el Antiguo Testamento, aparte de los casos de soldados que no querían morir a manos de los combatientes enemigos (1 Sam 31:4-5; 1 R 16:18; *cf.* Mt 27:3-10).

Muerte de Absalón

Absalón y sus tropas, siguiendo los consejos de Husai, pasaron el río Jordán y se prepararon para la guerra contra los soldados de David. Por su parte, David y sus ejércitos llegaron a la ciudad de Mahanaim para hacer los preparativos finales antes del conflicto. Esa ciudad le había dado albergue previamente a Is-boset, el hijo de Saúl (2 Sam 2:8).

Mientras los combatientes de David se preparaban para los enfrentamientos, de las ciudades de Rabá, Lodebar y Rogelim, de Transjordania, llegaron delegaciones (p. ej., Sobi, Maquir y Barzilai) con apoyo y comidas. Esos eran lugares donde David todavía tenía influencia y poder. Y les llevaron camas, tazas, vasijas, trigo, cebada, harina, grano tostado, habas, lentejas, garbanzos tostados, miel, manteca, ovejas y quesos de vaca, pues decían que el pueblo estaba «hambriento, cansado y sediento del desierto» (2 Sam 17:29). En efecto, la colaboración llegó a la hora oportuna, no solo desde la perspectiva física sino desde el ángulo emocional.

La estrategia de Absalón, fundamentada en las recomendaciones de Husai, era atacar con fuerza a los enemigos hasta destruirlos. La prioridad era, sin embargo, matar a David. Y para lograr sus metas, nombró a un nuevo general de las fuerzas armadas, Amasa, que era primo de Joab, que había permanecido leal a David (2 Sam 18:14; 19:5-7).

La respuesta de David fue mejor preparada, y mucho más sobria y efectiva. Dividió sus ejércitos en tres batallones, al mando de Joab (su fiel colaborador), Abisai (hermano de Joab), e Itaí, el geteo. Aunque David quería ir con ellos a la batalla, el pueblo se lo impidió, para no exponer al rey a los deseos de Absalón (2 Sam 18:2-4). Pero antes de salir al combate, David dio públicamente una orden a sus ejércitos que escuchó todo el pueblo: «Tratad benignamente, por amor a mí, al joven Absalón» (2 Sam 18:5).

La batalla se libró en el llamado «bosque de Efraín», en Transjordania, cerca de la ciudad de Mahanaim (2 Sam 17:24), probablemente, en la región densa que está al sur del río Jaboc (Gn 32:22). La victoria de los ejércitos de David fue abrumadora, y la matanza, extensa, como de veinte mil hombres (2 Sam 18:7). Los combatientes de Absalón no estaban preparados para luchar en los bosques, pero el experimentado grupo de David estaba acostumbrado a ese tipo de ambiente de guerra.

En medio de la batalla, al fragor del combate, Absalón, que estaba en un mulo, se encontró con los soldados de David. Y en su huida, el mulo se metió entre unas ramas espesas del bosque, y la cabeza de Absalón, posiblemente el pelo, se le enredó entre las ramas; el mulo continuó su camino, y el joven príncipe quedó colgando de la cabeza, suspendido en el aire, sin capacidad de defenderse. Sin embargo, nadie lo mató al recordar las palabras expresas del rey en torno a su hijo (2 Sam 18:5).

Cuando le llevaron la noticia a Joab, el general llegó a donde estaba colgado Absalón y le enterró sin piedad tres dardos en el corazón. Luego, diez jóvenes soldados llegaron al lugar y lo remataron (2 Sam 18:14-17).

> Entonces Joab tocó la trompeta, anunciando el fin de la batalla, y echaron el cuerpo inerte de Absalón en un hoyo en el bosque, que era la forma de enterrar en la Antigüedad a las personas consideradas malditas (Jos 7:26; 8:29; 10:27). Terminó así la vida de uno de los hijos de David, que se sublevó contra su padre y se proclamó rey en Jerusalén de todo Israel y Judá.

Un detalle adicional incluye el texto bíblico en torno a Absalón que pone de manifiesto su personalidad. En vida había decidido erigirse una columna conmemorativa para que se recordara su nombre, ya que no tenía hijos, pues posiblemente habían muerto (2 Sam 14:27). La ubicó en el valle de los reyes, al este de Jerusalén, muy cerca del monte de los Olivos (Gn 14:17). Esa es la forma que la narración bíblica pone de manifiesto la arrogancia de Absalón.

Joab preparó muy bien el proceso para llevarle la noticia de la muerte de Absalón al rey David. No tuvieron prisa en anunciar su deceso en batalla. Envió en primer lugar a un etíope, que corrió a Jerusalén a dar la fatídica noticia. Uno de los hijos del sacerdote Sadoc, Ahimaas, también se dispuso a ir a Jerusalén a llevar el informe. Ambos salieron de los cuarteles de Joab, pero Ahimaas avanzó y llegó primero. La noticia del deceso, sin embargo, la dio el etíope, y David se turbó y lloró, y exclamaba de forma reiterada: «¡Hijo mío, Absalón, hijo mío, Absalón! ¡Quién me diera haber muerto yo en tu lugar, Absalón, hijo mío, hijo mío!» (2 Sam 18:33).

De esta forma se cierra un capítulo importante en la vida del rey David. La traición de su hijo es el resultado expreso de sus actos pecaminosos con Betsabé y de sus acciones impropias personales, familiares, históricas y contra Urías, de acuerdo con la profecía de Natán. Las narraciones bíblicas ponen de manifiesto de esta forma, que la pecaminosidad humana tiene repercusiones teológicas, históricas, físicas y espirituales…

Capítulo siete
El Señor es mi roca, mi fortaleza y mi libertador

*Dirigió David al Señor
las palabras de este cántico
el día que el Señor lo libró de manos de Saúl
y de todos sus enemigos. Dijo:
«El Señor es mi roca, mi fortaleza y mi libertador;
mi Dios, fortaleza mía, en él confiaré;
mi escudo y el fuerte de mi salvación,
mi alto refugio, mi salvador.
De violencia me libraste.
Invocaré al Señor, quien es digno de ser alabado,
y seré salvo de mis enemigos».*

2 Samuel 22:1-4

David vuelve a Jerusalén

La muerte de Absalón llevó a David a una depresión profunda. Varios factores sociales y emocionales pueden haber incidido en su reacción. Absalón era el hijo mayor que le quedaba a David, que lo ponía directamente en el proceso de sucesión al trono. Además, con su muerte se había desobedecido una orden expresa del monarca: ¡que el ejército tuviera hacia él misericordia! También todo el ambiente de la rebelión y su salida de Jerusalén, con la crisis de pérdida que esos eventos representaban, pusieron a David en una situación de fragilidad emocional. En efecto, la narración bíblica se preocupa por indicar que el rey estaba muy afligido por la muerte de su hijo, y no salía de sus manifestaciones de luto, ni superaba las muestras de dolor (2 Sam 19:1-4).

De singular importancia en las narraciones escriturales es notar las reacciones de David ante la muerte de las personas que le rodean, particularmente ante el deceso de la gente que ama.

Por ejemplo, ante la muerte de Saúl y Jonatán, frente al asesinato de Amnón y en torno al deceso del recién nacido de Betsabé, el rey revela su luto, contrición y hasta cierta creatividad poética en los salmos que entona, según el testimonio bíblico. En ese caso, sin embargo, el elocuente David solo puede emitir un profundo gemido del alma, con el nombre del hijo muerto: es una expresión honda del corazón que tiene la finalidad de poner de manifiesto la gravedad de su dolor.

Antes de proseguir el análisis sosegado de los textos, es menester recordar que David está en esos momentos desterrado en Transjordania, y que la ciudad de Jerusalén estaba sola: Absalón, que era el rey *de facto*, se fue a buscar y tratar de matar a David, y pereció en el combate. De esa forma se manifestaba en la capital del reino un muy serio vacío de poder, que requería la intervención sabia de un buen hombre de Estado. Sin embargo, David, por su debilidad emocional, y también por la distancia, luego de la muerte de Absalón, no podía hacer nada. No se tomaban las decisiones precisas para regresar triunfantes a Jerusalén, ni se felicitaba a los combatientes victoriosos, ni se respondía a los reclamos del pueblo, ni se brindaba orientación nacional…

Y es en ese complejo contexto de confusión que el general Joab enfrenta a David con su crisis (2 Sam 19:5-7): lo confronta con la gravedad de la situación y con el potencial peligro ulterior. La narración es compleja, pues se trata de un subalterno reclamando que un superior tome decisiones; es difícil de comprender, pues el análisis del contenido de la conversación revela que se trata de un muy serio reproche al rey.

El argumento de Joab tiene mucha lógica: con su depresión e inacción, David le decía implícitamente al ejército que no estaba satisfecho con la victoria, pues hubiese preferido que Absalón triunfara y que derrotara a los combatientes de David. Esas acciones del rey eran vistas como una vergüenza y afrenta por quienes salvaron la vida al monarca y a sus mujeres. El análisis crítico de Joab es significativo y desafiante: ¡David amaba a quienes le aborrecían y aborrecía a quienes le amaban!

En efecto, la acusación de Joab era muy seria, firme y decidida. A David no le preocupaban, afirmaba el general, sus príncipes y siervos, sino la muerte de Absalón, que en última instancia era un traidor. Y añadió, para culminar sus argumentos, que juraba por Dios que, si David no hacía algo de inmediato para afirmar a sus combatientes fieles, iban a desertar, y que esa reacción del grupo sería la peor de todas las calamidades que el rey hubiera podido tener desde su juventud.

El comentario en todo el pueblo de Israel, que había regresado a sus comunidades, era que, aunque David les había librado de las asechanzas, los conflictos y las guerras contra los filisteos, había huido del país por temor a Absalón.

La observación pública era que el rey había huido y que Absalón estaba muerto, es decir que no tenían líder nacional, que era un pueblo sin jefe de Estado, que era una nación sin Gobierno, que era una comunidad sin sentido de dirección. Jerusalén estaba en un estado de crisis política y administrativa que requería la intervención firme de alguien con el prestigio, la autoridad y el poder de David, que los reorganizara, guiara y atendiera.

David, entonces, ante las palabras confrontadoras de Joab, y frente a los desafíos políticos de la monarquía, decide regresar, finalmente, a la ciudad de Jerusalén a tomar nuevamente posesión del Gobierno (2 Sam 19:8b-13). Además, como un gesto de reconciliación nacional, nombró a

Amasa, que había estado con Absalón en la revuelta, como general, desechando a Joab, que había asesinado a Absalón y había desobedecido explícita y públicamente sus órdenes (2 Sam 19:13). Y ante esas decisiones políticas del monarca, tanto los ancianos de Israel (véase, sin embargo, en 2 Sam 19:43, donde se alude a «la mitad del pueblo») como los de Judá decidieron pedirle que regresara a Jerusalén como rey (2 Sam 19:14). La narración bíblica se preocupa por indicar que la decisión de los ancianos de Judá fue unánime (2 Sam 19:14), pero la lectura cuidadosa de los textos indica que todavía se manifestaban las diferencias tribales tradicionales entre los grupos del norte, Israel, y los del sur, Judá.

Y en ese marco general de deseos de regreso y preocupaciones administrativas, David y el grupo que le acompañó al destierro emprendieron el viaje de regreso hacia la capital del reino. El rey llegó hasta el río Jordán, y el pueblo de Judá le esperó en la antigua ciudad de Gilgal para hacerle cruzar el río y proceder a Jerusalén.

Que estuvieran en Gilgal es revelador, pues el nombre de la ciudad significa «círculo de piedras», en alusión a las posibles ceremonias religiosas que se llevaban a efecto en el lugar. Su ubicación precisa se desconoce, aunque debió de haber estado cerca del río Jordán, al noreste de Jericó. Era una ciudad donde se mantuvieron vivas las tradiciones de la conquista de Canaán (Jos 9:6; 10:6-7, 9, 15, 43; 14:9), aunque con el tiempo fue duramente criticada por los profetas por sus prácticas idolátricas (Os 4:15; 9:15; 12:12; Am 4:4; 5:5). La ciudad evocaba las tradiciones de la conquista, que era una forma de reafirmar el regreso del rey.

Una vez todo estuvo listo para el retorno del rey, comienzan a llegar las personas que le habían despreciado o traicionado. El primero en aparecer ante el monarca para pedir públicamente perdón (2 Sam 19:19-20) fue Simei, hijo de Gera, de la tribu de Benjamín: aliado a las antiguas fuerzas de Saúl, había pronunciado una serie de maldiciones contra el rey, e inclusive, arrojado piedras a David y su caravana cuando salían de Jerusalén (2 Sam 16:5-10).

Maldecir a alguna persona en la Antigüedad no era un acto superficial, producto de un coraje momentáneo, resultado de un instante de ira, sino expresiones externas, gestos y palabras, que ponían claramente de manifiesto las intenciones internas adversas de quienes las proferían.

De prisa llegó ante el monarca Simei. Se presentó acompañado de mil hombres de la tribu de Benjamín, y junto a Siba, el siervo de la casa de Saúl a quien David había dejado a cargo de los bienes de Mefi-boset (2 Sam 9:1-13). La referencia a «toda la casa de José» alude a las tribus del norte que llegaban a rendirle homenaje y reconocimiento al rey que regresaba del exilio (2 Sam 19:20). Y ante la posibilidad de que los mataran, el rey manifestó su misericordia y perdonó la vida de sus adversarios (2 Sam 19:21-23). El gesto magnánimo de David no solo demuestra sobriedad y prudencia, sino sabiduría política, pues en ese entorno de celebración, debía mantener unidas a las tribus del norte y del sur.

Mefi-boset también llegó ante David para implorar misericordia, con signos de humillación: ¡no se había afeitado ni lavado los pies! (2 Sam 19:24-30). Justificó su estadía en Jerusalén, indicando que, como era lisiado, su criado le había engañado al no prepararle el asno para la huida; y, además, halagó a David diciendo que era como un «ángel de Dios». David finalmente le perdonó, pero dividió sus tierras con Siba, en una especie de castigo benigno. Sin embargo, Mefi-boset no aceptó esa decisión real y le pidió al rey que le diera todas sus posesiones a Siba, en un gesto difícil de entender, aunque la verdad era que su futuro estaba garantizado en el palacio de David en Jerusalén.

Se presentó ante el rey el anciano Barzilai, que había apoyado a David en su huida con alimentos (2 Sam 17:27-29). David, en agradecimiento, le indica que puede seguir con la caravana triunfal a Jerusalén, y que una vez estuvieran en la capital él mismo se haría cargo de su sustento. Sin embargo, Barzilai, que tenía ya ochenta años, le pidió quedarse en su ciudad para morir y ser enterrado con sus padres, pero le envió a su siervo Quimam para que le acompañara.

El texto bíblico incluye una breve información sobre las tribus del norte que no podemos ignorar. Mientras todo el pueblo de Judá estaba al lado del rey, la narración indica que solo la mitad de Israel acompañaba a David (2 Sam 19:40). Esa breve pero significativa referencia histórica puede explicar el malestar que posteriormente manifestaron los líderes de Israel al indicar que los de Judá se habían apoderado de David y los habían subestimado en las celebraciones (2 Sam 19:43).

Ese detalle sociológico de las relaciones entre las tribus también puede ser un referente fundamental y necesario para entender la posterior sublevación de Seba, de la tribu norteña de Benjamín, que no estuvo satisfecho con el regreso de David al poder del reino unido (2 Sam 20:1-22). Además, ese comentario sencillo en el relato apunta hacia que las diferencias entre las tribus del norte, Israel, y las del sur, Judá, estaban todavía latentes en ambos grupos.

El problema de fondo era que los dos grupos se sentían con poder sobre David, y reclamaban rendirle honores de forma adecuada, según sus tradiciones.

> Ambos grupos deseaban reafirmar la autoridad de David y su regreso a Jerusalén. Sin embargo, de acuerdo con la narración escritural, «las palabras de los hombres de Judá fueron más violentas que las de los hombres de Israel» (2 Sam 19:43).

Es importante notar, al leer con cuidado estos textos bíblicos, que al concluir los relatos que exploran los temas de la rebelión de Absalón se incorpora un revelador detalle que introduce la incertidumbre en torno a las relaciones futuras de las tribus. De esta manera indirecta, las narraciones indican que las consecuencias del pecado de David con Betsabé no habían terminado.

Sublevación de Seba

El relato de la sublevación de Seba, que pertenecía a las tribus del norte, y la acogida que recibieron sus esfuerzos para separar a Israel de la monarquía de David ponen en evidencia clara que la unidad entre las tribus no se había materializado con profundidad (2 Sam 20:1-22).

> En efecto, de forma sistemática las narraciones bíblicas afirman, en algunas ocasiones de manera sutil y en otras abiertamente, que la llamada «monarquía unida», que posteriormente a la muerte de Salomón se disolvió, era un ideal que no vio su total realización en el pueblo. Aunque en la época de David y Salomón las tribus permanecieron juntas, mantuvieron sus identidades y tradiciones.

La forma en que el texto bíblico presenta a Seba, hijo de Bicri, de la tribu de Benjamín, pone en evidencia clara la percepción que tenía del personaje: ¡era un hombre perverso! Y una persona con esas características fue la que llamó a Israel a revelarse contra David. Exclamaba: «No tenemos parte con David, ni heredad con el hijo de Isaí. ¡Cada uno a su tienda, Israel!» (2 Sam 20:1).

El clamor de Seba era, en efecto, un grito de guerra, un llamado a la rebelión, un reclamo de separación. Sin embargo, según las Sagradas Escrituras, provenía de una persona que no poseía las credenciales familiares ni los requerimientos morales para hacer llevar a cabo ese esfuerzo revolucionario, esa gestión separatista.

En la consigna de Seba, se revelan claramente, una vez más, las diferencias entre el norte y el sur, entre Israel y Judá. Era un antagonismo continuo, una hostilidad perenne, una animadversión sistemática. En esta ocasión, en época de David, el llamado de Seba era a la rebelión; sin embargo, con el tiempo, en el período específico de Salomón, el mismo clamor, estribillo y llamado logró la separación definitiva de las tradicionalmente llamadas «doce tribus» (1 R 12:16; 2 Cro 10:16).

La reacción de los hombres de Israel fue de apoyo al movimiento de insurrección: de acuerdo con el pasaje bíblico, abandonaron a David. Los de Judá, sin embargo, siguieron con el rey hasta Jerusalén. De la lectura del texto se desprende que este esfuerzo independentista de Seba se llevó a efecto antes de que el rey llegara a Jerusalén y tomara posesión del trono nuevamente. Todavía no se había estabilizado el Gobierno, cuando ya David estaba luchando con un brote nuevo de insatisfacción política. Nuevamente se manifiesta de esa forma que las relaciones entre los grupos del norte y los del sur, en el mejor de los casos, eran precarias y frágiles.

Ante ese nuevo orden de cosas, la primera decisión de David al llegar a Jerusalén fue organizar una expedición militar para terminar con la insurrección de Seba y su grupo. Y para llevar a efecto ese importante plan, el recién llegado rey nombró a Amasa, que aunque provenía del norte y había apoyado la rebelión de Absalón (2 Sam 17:25), David le había brindado su confianza y le daba ahora una oportunidad de restauración al demostrar su lealtad (2 Sam 20:4-5).

Como respuesta a los mandatos del rey, Amasa reclutó a los hombres de Judá. Sin embargo, como no regresó en el tiempo que se le había señalado, David nombró entonces a Abisai para que, en primer lugar, buscara a Amasa y detuviera el proyecto separatista de Seba. Ese movimiento de insurrección tenía el potencial político y militar, según el propio rey, de ser peor que la rebelión de Absalón (2 Sam 20:6).

Para llevar a efecto la encomienda militar de David, Abisai reclutó a todos los valientes de Judá, y particularmente a Joab y a los cereteos y peleteos, que constituían la guardia personal y de extrema confianza del rey. Y en efecto, cuando Joab se encontró con el general Amasa en Gabaón, no perdió el tiempo para matarlo inmisericordemente (2 Sam 20:9-10).

La muerte de Amasa simbolizaba la primera parte del triunfo de las fuerzas de David, y preparó el camino para la persecución intensa de Seba. Uno de los combatientes de Joab se quedó al lado del cuerpo ensangrentado de Amasa para reclamar el apoyo a Joab y David.

Seba continuó sus esfuerzos nacionales para recibir la colaboración general de Israel. Y, en sus viajes, se refugió en una ciudad fortificada llamada Abel-bet-maaca, que estaba ubicada en el extremo norte de Israel. Pero hasta ese lugar llegaron los combatientes de Joab y David. Una vez en la ciudad, y al percatarse de su seguridad, prepararon un terraplén para organizar su ofensiva, la sitiaron y comenzaron los preparativos para destruir sus muros.

En este momento del relato, la narración introduce nuevamente la importante, decisiva y salvadora contribución de una «mujer sabia». Esa mujer tenía poder de convocación: mandó a que llamaran al general Joab, que sin dilación se presentó ante ella. Era, además, astuta y sagaz, pues convenció al general de David, que ya era conocido por su falta de misericordia y agresividad, de que no destruyera la ciudad. Su argumento básico fue el siguiente: ¡ellos constituían una de las comunidades más pacíficas y leales de Israel!

La mujer del relato también poseía poder político y militar, pues le prometió a Joab la cabeza de Seba, la cual arrojó sin piedad ni temores sobre el muro de la ciudad para terminar con el sitio y salvar su comunidad (2 Sam 20:18-22). Y ante la sabiduría, el poder y la autoridad de aquella mujer, cuyo nombre no se incluye en la narración bíblica, Joab tocó la trompeta en señal de triunfo, y se regresó a la ciudad de Jerusalén con el rey.

Luego del triunfo contra los esfuerzos separatistas de Seba, y una vez Joab regresó a Jerusalén, David reorganizó su Gobierno (2 Sam 20:23-26). La nueva lista de oficiales gubernamentales es similar a la que previamente se había ofrecido (2 Sam 8:16-18), aunque los cambios revelan que, luego de las rebeliones de Absalón y Seba, se necesitaba una reorganización administrativa en el reino.

En esta ocasión, Joab quedó al mando de todo el ejército, mientras Benaía se encargó del importante grupo de cereteos y peleteos. Adoram o Adoniram (1 R 4:6; 5:14) fue nombrado jefe de los tributos, o secretario de hacienda. Josafat era el cronista oficial, cuyas responsabilidades eran mucho más que las de un amanuense; posiblemente, era un tipo de secretario de Estado. Seba era el escriba, que quizá tenía que ver con la diplomacia y las relaciones internacionales. Sadoc y Abiatar eran sacerdotes. E Ira, que también era sacerdote, cumplía algunas funciones religiosas directamente con David, quizá un tipo de capellanía real.

Venganza de los gabaonitas

Los próximos capítulos del libro, hasta finalizar la obra de Samuel (2 Sam 21:1–24:25), incluyen seis narraciones independientes que tienen la finalidad de tocar algunos temas de importancia que el redactor final desea destacar. Y una lectura atenta de estos pasajes revela que, tanto desde la perspectiva temática como desde el ángulo estructural, difieren del resto del libro.

En efecto, estos textos bíblicos están dispuestos en una forma de estructura concéntrica, en la que el primero (2 Sam 21:1-14) y el sexto (2 Sam 24:1-25) son narraciones, el segundo (2 Sam 21:15-22) y el quinto (2 Sam 23:8-39) incluyen listas de personas y el tercero (2 Sam 22:1-55) y el cuarto (2 Sam 23:1-7) son dos porciones poéticas. En este tipo de estructura de quiasmo, los pasajes centrales ponen de manifiesto los temas que los redactores de la obra intentan afirmar y destacar. Y en este caso, el centro estructural de la sección presenta las palabras finales de David, que revelan su profunda gratitud a Dios.

Antes de proseguir con el análisis, hay que notar que esta sección no sigue la cronología que se manifiesta en la sección anterior del libro (2 Sam 9:1–20:26). Son porciones que revelan asuntos que el redactor final del libro no quiere dejar fuera; son esencialmente temas que, por alguna razón teológica, el redactor final de la obra de Samuel no quiere ignorar u obviar.

El primero de esos pasajes presenta la venganza de los gabaonitas contra la casa de Saúl (2 Sam 21:1-14). Es una narración que explora el tema de las relaciones del rey Saúl con diversos sectores de su monarquía, particularmente, con las tribus que tradicionalmente no eran israelitas pero que estaban dentro de su territorio. De esta forma se pone punto final a un antagonismo que nace en la actitud impropia de Saúl referente a este grupo.

La primera declaración del relato es de gran significación. Se indica que hubo hambre en Israel durante el reinado de David por tres años. Las implicaciones de la calamidad son devastadoras. Desde la perspectiva histórica y social, hay que entender que en Palestina las hambrunas tienen cierta frecuencia, eminentemente por la falta de lluvias o por las tormentas que destruían las cosechas (véase, p. ej., Gn 12:10; 26:1; Rt 1:1-2; 1 R 17:1; Lc 15:14; Hch 11:28). En este caso las razones de la crisis son teológicas: ¡la narración afirma claramente que trata del juicio divino al pueblo! (2 Sam 21:1).

De acuerdo con el relato, la explicación de la hambruna es clara y directa: se relaciona con la actitud injusta y desleal de la casa de Saúl hacia los gabaonitas. Según los pasajes bíblicos, ellos estaban protegidos por el juramento que había hecho Josué en el período de la conquista de Canaán (Jos 9:3-27), aunque no formaban parte de las tradicionales tribus de Israel, sino que pertenecían a grupos amorreos.

Sin embargo, motivado quizá por el temor a que les traicionaran al aliarse con los filisteos, Saúl mató e hizo huir a diversos grupos de gabaonitas. Y esa agresión injusta del rey Saúl es el fundamento del juicio divino que trajo la hambruna a la región en la época de David.

Para superar la crisis, David llamó a los gabaonitas para inquirir cómo podía responder a sus reclamos de justicia y superar definitivamente la crisis. Los grupos perjudicados le respondieron al rey que no tenían quejas por asuntos económicos con la casa de Saúl, que el problema era uno de restitución histórica y de venganza. Como Saúl había tratado de exterminarlos, ellos pedían ahora siete de sus descendientes para «ahorcarlos delante del Señor» (2 Sam 21:6) en la tierra de Saúl.

Era una manera de limpiar el nombre de la tribu ante los descendientes de quien les había tratado de destruir. De acuerdo con el testimonio bíblico, se trataba de una especie de sacrificio humano ante Dios en presencia de toda la comunidad.

El texto bíblico presupone una sociedad de retribuciones, donde la ruptura de un pacto solemne requería sacrificios, inclusive, hasta ofrendas humanas. Era un mundo donde la justicia estaba relacionada con la venganza.

Una vez más se revela el verdadero carácter de David: sin titubear, les indicó a los gabaonitas que les entregaría a los descendientes de Saúl que ellos habían solicitado. No se nota en el texto bíblico ningún intento de reconciliación mediante el perdón o la manifestación de misericordia, que en las narraciones y los poemas relacionados con David son temas teológicos de importancia. Solo indicó, con la autoridad real, que respondería a sus reclamos, sin evaluar las consecuencias familiares y personales de la decisión.

De esa forma David hizo traer a los descendientes vivos de Saúl, con la excepción de Mefi-boset, a quien perdonó por el pacto que había hecho con su padre, Jonatán (1 Sam 20:15-17; 2 Sam 9:1-7). El rey entregó a manos de los gabaonitas a los dos hijos de Rizpa (Armoni y Mefi-boset, a quien no entregó finalmente), y a los cinco de Mical, que posiblemente se refiere a los de su hermana Merah (1 Sam 18:19), como aparece en algunos manuscritos antiguos. Mical, según las narraciones bíblicas, no tuvo hijos (2 Sam 6:23).

Una vez David entregó a los herederos de Saúl, los gabaonitas los sacrificaron. La forma de ejecución, de acuerdo con la traducción Reina-Valera, fue la horca, aunque pudo haber sido una forma antigua de empalamiento o crucifixión en la que mostrar los cadáveres era parte del proceso de ajusticiamiento. Murieron en los primeros días de la siega de la cebada, que era alrededor del mes de abril.

El tétrico relato pone de relieve la acción de una madre, Rizpa, ante la muerte de sus hijos. Cubrió los cuerpos con una manta negra, simbolizando el luto, y no permitió que las aves de rapiña llegaran a ellos y los hirieran. Según el texto bíblico, estuvo al lado de sus hijos muertos los meses de calor intenso del verano, hasta que llegaron las lluvias de otoño, que refrescó el ambiente y bajó la temperatura (2 Sam 21:10).

Cuando le informaron a David del gesto de esa madre, mandó a buscar los huesos de Saúl y Jonatán, junto a los de los hijos que habían sido ejecutados y sacrificados por los gabaonitas, y los enterró en las tierras de Benjamín, en el sepulcro del padre de Saúl, Cis. Una vez se llevaron a efecto las ejecuciones, los duelos y los entierros, el texto bíblico se preocupa por indicar, que «Dios fue propicio a la tierra» (2 Sam 21:14), implicando que la hambruna llegaba a su fin.

David y los gigantes filisteos

En esta sección del libro prosiguen las narraciones bíblicas que no están en secuencia histórica. Se alude, en los relatos, a las guerras contra los filisteos, que deben de haberse llevado a efecto al comienzo de la monarquía de David. Se hace referencia, por lo menos, a cuatro guerras (2 Sam 21:15-22). El estado del texto hebreo del pasaje, que no es el mejor, posiblemente se debe a la antigüedad de los documentos disponibles.

En la primera guerra, que presupone encuentros bélicos anteriores, se indica que como «David estaba cansado», quizá en alusión a la complejidad o duración de los diversos conflictos, un tal Isbi-benob, que se describe como descendiente de los gigantes filisteos, estaba próximo a matar al rey David. El tamaño de Isbi-benob se enfatiza al describir la lanza que utilizaba (se indica que pesaba «¡trescientos siclos de bronce!»); además, el texto añade que tenía una espada nueva.

El propósito de esta sección es afirmar que David estuvo a punto de perder la vida en una de las guerras contra los filisteos (2 Sam 21:16), y que por ese motivo de seguridad sus soldados le pidieron al rey que no volviera al campo de batalla con ellos. Fue Abisai, el hijo de Sarvia, el que finalmente mató a Isbi-benob, de acuerdo al texto bíblico, y evitó la muerte de David para que no se apagara «la lámpara de Israel», ¡lo que representa una forma poética de describir al rey David!

La narración bíblica prosigue con las referencias a una segunda guerra contra los filisteos, que se libró en la ciudad de Gob (véase 2 Sam 21:18-19; 1 Cro 20:4-8). En esta ocasión, fue Subecai, proveniente de Husat, el que mató a otro descendiente de los gigantes filisteos de nombre Saf. Y en otra tercera guerra contra Filistea, en la misma ciudad de Gob, relata el texto, fue un tal Elhanán, hijo de Jaare-oregim de Belén, el que mató al famoso gigante Goliat, el geteo.

Inclusive, el relato añade que hubo otra guerra adicional, la cuarta, contra los filisteos, en la cual combatió un hombre de gran estatura, que tenía ¡doce dedos en las manos y también en los pies!, y que descendía de los gigantes. Ese nuevo coloso fue vencido por Jonatán, el sobrino de David.

La finalidad temática que se desprende de la lectura de estos relatos es que todos esos gigantes cayeron vencidos por haber desafiado al Señor a través de la mano de David y sus combatientes.

El propósito teológico de los pasajes es destacar la importancia de David en el triunfo sobre los ejércitos filisteos, que parecían invencibles, porque tenían entre sus tropas un batallón de guerreros de gran estatura, descritos físicamente como gigantes. Sin embargo, ni aun los gigantes pudieron detener a los ejércitos de Israel, que estaban guiados y motivados por el rey David.

En estos relatos se revela una de las dificultades más famosas en las Sagradas Escrituras: ¿quién realmente mató a Goliat? ¿Acaso fue David, a una edad temprana, al llegar al campamento de Israel para llevar comida a sus hermanos (1 Sam 17:1-58)? O, como posteriormente indica este relato bíblico, quien ejecutó al famoso y legendario gigante fue Elhanán de Belén, en una de las batallas contra los filisteos, en la que, inclusive, el rey David no participó (2 Sam 21:19).

Los intentos para superar este desafío textual no han sido pocos, tanto en la antigüedad como en la erudición contemporánea. Para algunas personas, Goliat no era un nombre propio, sino un tipo de título en el ejército filisteo. Otros indican, en el mismo espíritu referente a los títulos y nombres, que «David» era también el título oficial del rey en Israel, pero que el nombre propio del joven que mató a Goliat era Elhanán de Belén. Sin embargo, la verdad es que ninguna de estas explicaciones parece muy convincente.

Quizá lo que se incluye en estas narraciones es el recuerdo antiguo de algún evento histórico, en el que un buen soldado israelita, posiblemente de nombre Elhanán, mató a un coloso filisteo de forma extraordinaria. Con el paso del tiempo, ese triunfo individual se le atribuyó al comandante en jefe del ejército de Israel, que era el rey David. No es de extrañar que, en la memoria colectiva de las comunidades, estas victorias militares se relacionen con la valentía de los generales, no solo con las ejecutorias de los soldados. Esta comprensión de las dinámicas de guerra se pone en evidencia clara en la afirmación final del relato: «Estos cuatro eran descendientes de los gigantes de Gat, los cuales cayeron por mano de David y por mano de sus siervos» (2 Sam 21:22).

Cántico de liberación de David

En el corazón mismo de las narraciones finales del libro de Samuel se encuentran dos secciones poéticas de gran importancia teológica. Revelan, posiblemente, la intención de la persona que redactó finalmente la obra, pues subrayan temas de gran significación espiritual para la comprensión adecuada de la vida y las ejecutorias del famoso rey de Israel, David.

En primer lugar, se incluye un importante poema, que también aparece en el Libro de los Salmos con el tema de la gratitud a Dios por las victorias sobre los enemigos (2 Sam 22:1-51; Sal 18:1-50). Se destaca de esta forma las intervenciones divinas a favor de una persona que vivió en medio de agresiones continuas y dificultades extraordinarias. Y el segundo poema, que se incorpora también en el centro mismo de esta disposición concéntrica o de quiasmo, explora el tema de las palabras finales de David (2 Sam 23:1-7), que son una especie de testamento espiritual del monarca.

La lectura paralela del poema que se incluye en Samuel (2 Sam 22:1-51) y el texto que se incorpora en el salterio (Sal 10:1-50), ponen de manifiesto varios cambios textuales. Las variantes en el texto mismo del poema no representan cambios sustanciales en el significado del pasaje. La lectura del pasaje bíblico, y el descubrimiento del lenguaje arcaico, revela que el texto es antiguo, y que tanto el libro de Samuel como el salterio incorporaron en sus narraciones y documentos un poema que ya gozaba de cierto reconocimiento en el pueblo.

En el título hebreo del cántico hay algunas variaciones que debemos mencionar. En la introducción al poema que se incluye en Samuel (2 Sam 22:1), se hace alusión a que David dirige este cántico a Dios el día que fue liberado de las manos de Saúl y de todos sus enemigos. En el salterio, a esas mismas referencias, se añade lo siguiente: el poema se dedica «al músico principal», y se relaciona directamente con David, que es descrito como siervo del Señor (véase preámbulo hebreo al salmo 18). De la lectura del salmo se desprende claramente su importancia mesiánica y su relación con la monarquía, pues el poema identifica expresamente a David como rey y ungido del Señor (2 Sam 22:51; Sal 18:50).

El salmo es un cántico de gratitud a Dios de parte del rey por las victorias que le ha dado en sus continuas batallas contra sus enemigos. En esa expresión profunda de acción de gracias, reconoce la importancia de la protección divina en esas intervenciones salvadoras de Dios.

El poema pone de manifiesto, con gran estilo retórico, los sentimientos de un adorador que ha vivido en medio de batallas continuas y peligros, pero que, al evaluar su vida, reconoce que la misericordia divina le ha sostenido y brindado las victorias que ha disfrutado.

Entre los temas teológicos que se exponen en el salmo están las referencias poéticas a Dios, que transmiten la solidez de las imágenes y revelan la intención teológica del cántico (2 Sam 22:1-4).

El fundamento básico del amor que manifiesta el salmista es su percepción de Dios: el Señor es fortaleza, roca, castillo, libertador, escudo, fuerza y refugio. El uso de estas imágenes tiene la finalidad de transmitir un sentido hondo de estabilidad, poder, seguridad, fuerza, durabilidad, firmeza y poderío.

Las referencias a Dios como roca son relativamente frecuentes en la Biblia (p. ej., Dt 32:4; Sal 28:1; 31:3; 144:1), y ponen de relieve una muy importante teología de solidez y permanencia.

Las imágenes del salmo inspiran seguridad al poeta, pues describen a un Dios que es capaz de librarle de sus enemigos, que son descritos figuradamente como «lazos de la muerte», «torrentes de la destrucción», «lazos del *seol*», «redes de muerte». En efecto, son adversarios extraordinarios, que tienen el potencial de la destrucción total, tienen el poder de matarlo. El salmista agradece a un Dios fuerte que le liberó de los ataques que estaban directamente dirigidos a acabar con su vida. La referencia a «los torrentes de destrucción» o «torrentes de Belial», simbolizan los peligros mortales (Sal 42:7; 124:5). Belial era visto en la Antigüedad como una divinidad maligna que, con el tiempo, se asoció en el judaísmo con Satanás (2 Co 6:15).

Desde su angustia existencial, y en medio de esos peligros de muerte, el salmista invocó al Señor, que escuchó su voz de clamor (2 Sam 22:5-16). La respuesta divina se manifestó en una teofanía extraordinaria, en la que la naturaleza toda se conmovió: ¡la tierra y los cimientos de los montes se estremecieron!

La indignación divina se puso de manifiesto, y se reveló el Señor de manera espectacular: voló y cabalgó sobre un querubín, que para los antiguos israelitas era un ser alado que sostenía el trono divino (Ez 10:1-22).

Y como resultado de las manifestaciones de la ira divina, descritas de forma simbólica como las fuerzas de la naturaleza, el salmista fue liberado de los enemigos que lo que deseaban era su desgracia.

El Señor premió las virtudes del salmista y recompensó su integridad (2 Sam 22:21-25). De acuerdo con el poema, Dios evaluó la vida del poeta y respondió a su necesidad para que se hiciera justicia y se manifestara la misericordia divina. Ese es un Dios perfecto en su camino, que prepara al salmista para enfrentar las adversidades y los conflictos de la vida.

Con esa autoridad, que únicamente puede provenir de su Dios, el salmista se dispone a perseguir a sus enemigos (2 Sam 22:38-46). De esta forma se cambia la dinámica del poema: ¡el salmista se transforma de perseguido en perseguidor! Ya no corre despavorido el poeta ante los ataques inmisericordes de los enemigos ni frente a las complejas calamidades de la vida, sino que ahora tiene control de lo que le sucede. Por el poder divino, sus enemigos han huido; en efecto, los venció de forma definitiva.

La sección final del salmo es de celebración, afirmación y triunfo (2 Sam 22:48-51). El salmista glorifica al Señor que le salvó de todos sus agravios y dificultades, y le permitió vencer a sus enemigos, derrotar a quienes se levantaron en su contra y triunfar sobre el hombre violento. Por esos gestos magnánimos de Dios, el salmista es agradecido y le canta al Señor.

Al final del poema es que se revelan explícitamente los nombres del rey, el ungido de Dios, y David y su descendencia. Lo que ya se presuponía, ahora se descubre con claridad: esta es una oración de gratitud por las victorias que el Señor le dio al rey, en este caso David, sobre sus diversos enemigos, incluyendo a Saúl.

Últimas palabras de David

Junto al salmo que afirma las victorias de David (2 Sam 22:1-51), y en el que se expone con gran virtud literaria la gratitud del rey ante Dios, se incluye otro poema de gran importancia teológica. En este caso, el texto se ha descrito como «las últimas palabras de David», que, en efecto, es una especie de testamento espiritual del monarca (2 Sam 23:1-7). La antigüedad del pasaje se revela en el idioma arcaico y en las imágenes que expone.

De acuerdo con la erudición contemporánea, se trata quizá de un texto muy antiguo que proviene de la época de David, y quizá del mismo rey. Y como en el orden canónico este pasaje no constituye «las palabras postreras de David», o su mensaje final al pueblo, su contenido, posiblemente, expone las expresiones finales de la vida del monarca, conocido por sus capacidades poéticas y musicales.

El análisis temático del poema descubre, por lo menos, cuatro secciones básicas.

En la primera (2 Sam 23:1), David se presenta como favorito del Señor, pues «fue levantado en alto» y «ungido del Dios de Jacob»; y por esas características se le identifica como «el dulce cantor de Israel», que es una forma figurada de poner de manifiesto sus virtudes literarias. En efecto, «el hijo de Isaí» era preferido por el Señor y apreciado por el pueblo.

La exaltación de la conducta y las ejecutorias del rey justo es el tema de la segunda sección del poema (2 Sam 23:2-4). El espíritu divino se revela a través del rey como si fuera un profeta (Hch 2:30), y la palabra del Señor está en la boca de David para hablarle al pueblo. Se ha manifestado al rey, que a la vez es poeta y profeta, el Dios que es roca, imagen que pone en evidencia el tema de la estabilidad, permanencia y fortaleza divina. Y el corazón del mensaje es la afirmación de la justicia.

Gobernar en el temor de Dios hace que el rey actúe con justicia... Y esa rectitud ética y jurídica hace que el monarca sea visto como «la luz del matinal», «como el resplandor del sol», «como una mañana sin nubes», «como la lluvia que hace brotar la hierba de la tierra». En efecto, el poema utiliza imágenes brillantes para enfatizar la honestidad y las virtudes morales del rey.

En la tercera sección del pasaje bíblico (2 Sam 23:5), el poema recuerda el pacto que Dios mismo estableció con David. La estabilidad de la dinastía, aunque no se ha manifestado de forma plena, se fundamenta en la estabilidad y permanencia de las promesas divinas, no en la fortaleza militar del pueblo o del rey.

La parte final del pasaje (2 Sam 23:6-7) anuncia el juicio divino a las personas malvadas, que son descritas como «espinos arrancados» que nadie quiere tocar con las manos, solo con las armas de hierro, pero que finalmente serán consumidos.

Los seres humanos que son leales y fieles a Dios son como las hierbas alimentadas por las lluvias mañaneras; y la gente malvada e infiel, sin embargo, es como las plantas con espinas, cuyo destino es el fuego.

El propósito teológico de este poema es destacar que David, como rey justo, recibirá la recompensa divina. Afirma el salmo, además, que el rey no solo era poeta, sino profeta, pues tenía la capacidad de hablar en el nombre del Señor, al estilo de los profetas clásicos, pues «el espíritu del Señor le hablaba al pueblo a través de él» (2 Sam 23:2). En efecto, el famoso «dulce cantor de Israel», como gobernaba fundamentado en el respeto divino o temor a Dios, es como el «resplandor del sol», que era una imagen importante que se asociaba a los monarcas, particularmente en Egipto.

Los valientes de David

La siguiente sección en el libro de Samuel presenta una lista importante de los combatientes más cercanos y fieles a David. No incluye a todos los líderes militares, solo a los grupos que se conocen tradicionalmente, como «los tres y los treinta» (2 Sam 23:8-39). Por las dificultades textuales que manifiesta el relato, y también por el lenguaje antiguo que incluye, este pasaje bíblico debe provenir, posiblemente, de la época de David. En algunos casos, se hace referencia a algunas de las hazañas heroicas de estos soldados, que justifican su inclusión en esta singular lista.

El pasaje proviene de una etapa temprana en la monarquía de David, pues presupone las luchas contra los filisteos. Inclusive, el contexto geográfico que sirve de marco al texto bíblico es la cueva de Adulam (2 Sam 23:13), que revela la época en que David era perseguido por Saúl. La narración se puede dividir en tres secciones básicas.

En la primera sección se incluye a los llamados tres: Joseb- baselet, que mató en una ocasión a ochocientos enemigos; Eleazar, que desafió a los ejércitos filisteos «hasta que se le cansó la mano»; y Sama, que defendió un terreno lleno de lentejas cuando el pueblo había huido. En efecto, eran combatientes destacados, fieles a David, que no le temían a las batallas ni se amilanaban ante los grandes desafíos.

La narración bíblica, para subrayar que eran guerreros valientes, intrépidos y aguerridos, indica que ante un deseo del rey —tomar del agua que provenía del pozo de Belén (2 Sam 23:13-17)— tres de ellos arriesgaron sus vidas para llevarle el agua a David al penetrar las líneas de combate y llegar a Belén, donde los filisteos tenían una importante guarnición militar. Una vez le llevaron el agua, el rey derramó el agua y la presentó en ofrenda al Señor como una ofrenda de gratitud, pues sus soldados habían arriesgado sus vidas por responder a uno de sus deseos.

Luego el texto menciona a dos combatientes adicionales, Abisai y Benaía, a los que debemos añadir, posiblemente, a Joab, en quien David había depositado toda su confianza. Abisai, el principal del grupo de los treinta, mató en una ocasión a trescientos hombres. Y Benaía mató a dos leones en Moab, a otro león en un foso cuando estaba nevando y a un egipcio de gran estatura: era el jefe de la guardia personal de David.

En la lista de los treinta se incluyen los siguientes valientes: Asael, Elhanán, Sama, Elica, Heles, Ira, Abiezer, Mebunai, Salmón, Maharai, Heleb, Itai, Benaía, Hidai, Abialbón, Azmavet, Eliada, Jonatán, Sama,

Ahíam, Elifelet, Eliam, Hezrai, Paarai, Igal, Bani, Selec, Naharai, Ira, Gareb y Urías. La suma de esta lista son treinta y uno, y para llegar al número treinta y siete que indica el pasaje (2 Sam 23:38), y los previos cinco, debemos añadir a Joab, cuyo nombre no está incluido en este grupo.

De singular importancia, al leer con cuidado esta lista, es que concluye con una referencia a Urías el heteo, a quien David mandó matar en el campo de batalla, luego de adulterar con Betsabé. Ese gran pecado de David se une a otro pecado de gran envergadura del rey. Censar al pueblo, en efecto, era una forma de manifestar desconfianza en Dios.

El censo de David

La sección final del libro de Samuel presenta el censo que David llevó a efecto en todo Israel y Judá (2 Sam 24:1-25; 1 Cro 21:1-27). Comienza el relato con una afirmación teológica, de la cual no se revela su origen preciso: «Volvió a encenderse la ira del Señor contra los israelitas» (2 Sam 24:1). Quizá el pasaje trata de unir el pecado de David contra Urías (2 Sam 23:39) con la organización del censo, que en última instancia, según el texto bíblico, estaba «incitado» o motivado por Dios. En el libro de las Crónicas, que presenta el relato desde otra perspectiva teológica, el censo fue inspiración de Satanás (1 Cro 21:1).

Una vez decidió censar al pueblo, David le ordenó a su hombre de confianza, Joab (que en esta ocasión se identifica como «general del ejército»), ejecutar su orden. Aunque al principio, el objetivo de censo no se revela de forma explícita, lo que estaba en la mente del rey era quizá evaluar y conocer la extensión y naturaleza de su poder militar.

Esa actitud del monarca fue vista por la narración bíblica como una falta explícita de confianza en el poder divino, que había acompañado al rey y al pueblo en las batallas que había llevado a efecto contra sus múltiples enemigos.

La respuesta de Joab a la petición del rey nuevamente demuestra sobriedad, prudencia y sabiduría (2 Sam 19:6-8). El pasaje escritural presupone un período de paz, pues los ejércitos tenían el tiempo para llevar a efecto el plan. Y Joab, al inquirir sobre los motivos del censo y sobre los propósitos del programa de empadronamiento nacional, desde Dan hasta Beerseba, invoca al Señor para que le multiplique a David sus deseos. En efecto, la autoridad real se impuso sobre las preguntas y preocupaciones del general y los capitanes del ejército.

Respecto a los censos, es importante entender que de acuerdo con la Ley de Moisés (Ex 31:12), cada israelita que era contado en un censo debía pagar la mitad de un *shekel* por su vida. Como muchos ciudadanos no podían pagar esta ofrenda, entendían que violaban la Ley. Además, en la Antigüedad, se pensaba que cuando alguien era contado se hacía vulnerable al ataque de las fuerzas del mal.

La narración bíblica indica que el censo se llevó a cabo de forma ordenada (2 Sam 24:5-7): comenzaron en el sur, desde Adner, al este del mar Muerto; prosiguieron hacia el norte hasta llegar a Dan, por Transjordania; del norte se movieron hacia el oeste, para llegar a las regiones de Tiro y Sidón, hasta descender nuevamente al sur y llegar a Beerseba, a través de los llanos palestinos que están al este del mar Mediterráneo. Fue un proceso ordenado...

Luego de nueve meses, Joab llegó ante David para presentar los resultados: en Israel había ochocientos mil «hombres fuertes que sacaban espada», y en Judá otros quinientos mil hombres (2 Sam 24:9). La referencia a «las espadas» en el relato pone claramente en evidencia el objetivo militar del programa. ¡David estaba muy interesado en evaluar el poder militar que poseía! Quizá este comentario revela que el rey se organizaba para una nueva campaña bélica, para la cual no había consultado al Señor.

David entonces se sintió mal por su decisión y sus acciones, y reconoce que ha pecado gravemente contra el Señor, y le pide que le quite esa transgresión por haber actuado de forma necia. Y como respuesta a esa oración del rey, el Señor se reveló a Gat, el vidente (1 Sam 22:5), que le presentó a David la posibilidad de escoger entre tres formas de juicio divino: siete años de hambruna sobre Israel y Judá, tres meses de persecución de parte de sus enemigos o tres días de peste en el reino (2 Sam 24:11-13).

La respuesta de David es reveladora y significativa: ¡es preferible ahora caer en las manos del Señor, porque sus misericordias son muchas, que caer en manos de los hombres! De esa manera el rey escogió el juicio divino que le sobrevendría. Y, en efecto, se manifestó la ira divina por el pecado del rey en el período anunciado, y murieron setenta mil hombres en todo Israel, desde Dan hasta Beerseba.

Fue una plaga mortal que azotó al pueblo de forma mortal. El ángel del Señor extendió su mano de forma fulminante, hasta que llegó a la ciudad de Jerusalén, donde el Señor se «arrepintió», y detuvo la mano destructora del enviado divino (2 Sam 24:16), al decirle: «Basta ya, detén tu mano».

El llamado «arrepentimiento de Dios» es un tema teológico de gran significación espiritual que se manifiesta en varias secciones de las Sagradas Escrituras (Ex 32:14; Jer 42:10; Jon 3:10). Esa actitud divina pone en evidencia una forma adicional de la misericordia del Señor, subraya otra manera de manifestar el amor divino que supera las dinámicas de los juicios y la ira de Dios.

Cuando Dios intervino para salvar la ciudad de Jerusalén, de acuerdo con la narración bíblica, el ángel estaba ubicado en el campo del jebuseo Arauna. David, al percatarse de que el ángel estaba dispuesto para continuar con su paso destructivo por la capital del reino, exclamó: «Yo pequé, yo hice lo malo; ¿qué hicieron estas ovejas? Te ruego que tu mano se vuelva contra mí y contra la casa de mi padre» (2 Sam 24:17).

Respecto a la respuesta de David, es menester mencionar dos aspectos que tienen implicaciones teológicas posteriores. La imagen del pueblo como «ovejas» es común en la literatura bíblica (p. ej., Jer 23:13; Ez 24:5; Zac 11:7,11). Y el lugar donde estaba el ángel en la era de Arauna es el sitio donde posteriormente Salomón construyó el Templo de Jerusalén (1 Cro 21:8–22:1; 2 Cro 3:1).

Ante el acto de humillación de David, el texto bíblico indica que el Señor le ordenó que levantara un altar en la era de Arauna. Y cuando el rey se disponía a llegar al lugar preciso y comprarlo, el dueño se lo ofreció de forma gratuita, a lo que David respondió: «No; la compraré por su precio; porque no ofreceré al Señor, mi Dios, holocaustos que no me cuesten nada» (2 Sam 24:24). De esta manera la narración enfatiza no solo la humildad y la justicia del monarca, sino su sentido de responsabilidad espiritual, al presentar una ofrenda a Dios que proviene de sus esfuerzos y trabajos.

La palabra final del relato es que David compró el campo de Arauna por cincuenta siclos de plata, y sacrificó holocaustos y ofrendas de paz. Ese acto del rey movió la misericordia divina, pues, según el pasaje bíblico, el Señor escuchó las súplicas de la tierra, y entonces cesó la plaga en Israel. Y con ese sentido de esperanza culmina el segundo libro de Samuel, que en sus narraciones destaca la vida y las actividades de David como rey de Israel.

Capítulo ocho
Durmió con sus padres y fue sepultado en su ciudad

*Cuando el rey David era viejo y avanzado en días,
lo cubrían de ropas, pero no se calentaba.
Le dijeron, por tanto, sus siervos:
«Busquen para mi señor, el rey,
una joven virgen que lo atienda y lo abrigue,
que duerma a su lado
y así mi señor, el rey, entrará en calor».*

1 Reyes 1:1-2

Adonías intenta usurpar el trono de David

Las narraciones finales de la vida del rey David se incluyen en el primer libro de Reyes. Y aunque el énfasis de esta obra en general es poner de relieve la monarquía de Salomón y sus logros, y también los del resto de los reyes de Judá e Israel, juegan un papel de importancia los relatos de la transición del poder de David a su sucesor e hijo.

> La intención principal es afirmar que Salomón llegó al poder por la gracia de Dios, la iniciativa de Betsabé y Natán, y la decisión de David. Los primeros pasajes del libro de los Reyes revelan una etapa bien avanzada de la vida del famoso rey, hasta que llegó la muerte, y el texto bíblico dice que finalmente «durmió» con sus padres (1 R 2:10).

El entorno histórico general de estas narraciones se pone en evidencia en la afirmación bíblica de que el rey David «era viejo y avanzado en días» (1 R 1:1). De esta manera, la sección temática inicial del libro de los Reyes prosigue los relatos que se incluyen en la obra de Samuel (2 Sam 9:1–20:26).

Esa singular construcción literaria, que es enfática y reiterativa, intenta destacar que ya David estaba entrado en años, y que, sobre todo, no podía valerse muy bien por sí mismo. De acuerdo con la cronología en las Escrituras (2 Sam 5:4), el rey debía tener ya cerca de setenta años. Y referente a esta simbólica cifra, es importante recordar la afirmación del salterio: «Los días de nuestra edad son setenta años. Si en los más robustos son ochenta años, con todo, su fortaleza es molestia y trabajo, porque pronto pasan y volamos» (Sal 90:10). La implicación del relato bíblico es indicar que, aunque entrado en años y débil, David había vivido una vida plena.

Estos comentarios escriturales referentes al debilitamiento extremo del rey ponen de relieve su incapacidad de gobernar: ¡ya no podía atender bien los asuntos de Estado! ¡Ni responder adecuadamente a los reclamos familiares! ¡No tenía virilidad, que era signo de buen estado de salud! Esa singular condición de fragilidad física y emocional, generó en el reino una muy seria preocupación en torno al proceso y las dinámicas de la sucesión real. Y esos contextos de transición e incertidumbre son fértiles para la intriga, las divisiones y la conspiración…

> Como los sirvientes de David lo vieron tan débil, quizá inspirados, organizados o instigados por Adonías, decidieron buscarle una joven virgen para que le atendiera, abrigara, durmiera a su lado y le ayudara a «entrar en calor» (1 R 1:2), que es una manera figurada de aludir a la intimidad sexual.

Los cortesanos deseaban saber si David en verdad era impotente, pues esa condición física era causa suficiente para buscar otro rey.

Con la finalidad de explorar y descubrir el poder sexual y la capacidad física de David, los sirvientes del rey trajeron al palacio a Abisag, una hermosa joven sunamita. La comunidad de Sunem formaba parte de la antigua tribu de Isacar (Jos 19:18), y estaba ubicada en la llanura de Jezreel, muy cerca del monte de Gilboa (1 Sam 28:4; 2 R 4:8), es decir, próxima a las tierras de Saúl. La corte estaba muy preocupada por ese detalle íntimo de la vida del rey David.

Referente a los servicios que le brindaba la sunamita al rey, la narración bíblica se preocupa por indicar que David nunca la «conoció», que equivale a decir que no tuvo relaciones sexuales con ella. Esa singular afirmación del texto, más que una declaración ética o moral, es el reconocimiento de su condición terminal, que prepara el camino para el desenlace de los acontecimientos que se relatan a continuación. David no se acostó con ella, pues ya no podía responder físicamente a los reclamos de una vida sexual normal, saludable y activa.

Una vez se confirma la impotencia sexual de David, comienzan los preparativos de sucesión. Una corte real no se puede sostener con efectividad, de acuerdo a las percepciones políticas, sociales, y emocionales de la época, con un monarca incapaz de tener una vida sexual saludable. Y en el caso de David, esas tradiciones cobran aún más importancia, pues una de las peculiaridades que se pusieron de manifiesto durante su monarquía eran precisamente sus actividades sexuales, como lo demuestra el incidente con Betsabé (2 Sam 11).

> El ambiente de impotencia física y debilidad personal del rey, junto a las dinámicas de incertidumbre política del reino, se convierten en el fundamento de las aspiraciones monárquicas de Adonías.

Como era hijo de David y Haguit, Adonías se consideraba con todo el derecho a suceder a su padre en el trono, pues era el mayor de los hijos varones que le quedaban al monarca. Y para que no hubiera duda alguna de sus verdaderas intenciones políticas, exclamó públicamente con firmeza, autoridad, rebeldía y seguridad: «Yo reinaré» (1 R 1:5).

Para llevar a efecto su plan político de llegar al trono, Adonías hizo lo siguiente: organizó un batallón de cincuenta personas para que le acompañaran con carros y caballos. Formó una especie de grupo de apoyo que le precedía adonde viajaba. Relacionado con las aspiraciones reales del príncipe, la narración bíblica indica que Adonías era un joven ejemplar; inclusive, se afirma que David nunca había tenido que reprenderle. Además, el texto de las Sagradas Escrituras dice que era de «muy hermoso parecer» (1 R 1:6), característica física que se pensaba era necesaria en los monarcas, y que le pone en la misma tradición de hermosura y elegancia de los reyes Saúl y David (1 Sam 9:2; 16:12). En torno a este detalle, es importante indicar que Absalón, que también intentó llegar al trono, fue descrito de la misma manera: ¡de hermoso parecer!

Adonías comenzó el proceso de diálogo y negociaciones con los líderes del reino para lograr el apoyo de los cortesanos importantes y conseguir sus aspiraciones de llegar al trono. Con esa finalidad política, logró el respaldo público de Joab, el importante general de David, que significativamente no se encuentra en la lista de los valientes de David, quizá por sus actitudes violentas y desobedientes (2 Sam 23:839). Además, contaba con la colaboración decidida del sacerdote Abiatar. ¡Con Adonías estaban sectores importantes y determinantes de las Fuerzas Armadas y la cúpula religiosa del país! ¡El joven príncipe ya se veía reinando!

La narración bíblica, sin embargo, también se preocupa por indicar que el sacerdote Sadoc, Benaía, el profeta Natán, Rei y «todos los grandes de David», en referencia a su grupo militar más cercano, no apoyaban las aspiraciones de Adonías. La corte se había dividido en la demostración de lealtades: algunos líderes importantes apoyaban a Adonías y otros hacían lo propio para afirmar a Salomón. Era un ambiente de división e incertidumbre, intrigas y maquinaciones, planes ocultos y aspiraciones públicas. ¡Las narraciones de estos sucesos están muy bien redactadas!

Para lograr su propósito, Adonías preparó un gran banquete, e invitó específicamente a sus partidarios y colaboradores, entre los que se encontraban sus hermanos, menos Salomón, y «todos los hombres de Judá», en referencia a un grupo importante de líderes del reino del sur. La celebración se llevó a efecto junto a la peña de Zohelet, cerca de la fuente de

Rogel, que era un lugar poco frecuentado a las afueras de Jerusalén. La ubicación distante de la capital, y en un sector remoto del reino, puede ser un buen indicador de que se trataba de un evento secreto; quizá era una reunión para ponerse de acuerdo en las formas de llevar a efecto los detalles finales de la transición del poder (1 R 1:9-10). ¡El banquete era el entorno ideal para organizar el complot!

El acto de matar las ovejas, los animales cebados y las vacas revela que se trataba también de un evento con implicaciones religiosas. Esos sacrificios y ceremonias cúlticas formaban parte de los ritos que se relacionaban con la entronización de los reyes en la Antigüedad.

Adonías estaba interesado en incorporar en su grupo de usurpadores y golpistas tanto a los sectores políticos y militares como a los religiosos.

Al percatarse su esposa, Betsabé, y Natán, el profeta, de lo que ocurría en el reino, y de que Adonías preparaba un complot para proclamarse rey, idearon un plan para que David se enterara de estos esfuerzos políticos y deseos usurpadores de Adonías. Deseaban que David finalmente se decidiera a nombrar y dejar en el trono a su hijo Salomón. La incapacidad política y la debilidad física de David eran las fuentes de la crisis administrativa del reino. Y esos brotes de insurrección se superan con decisiones firmes y claras que pongan en evidencia quién es la autoridad en el palacio.

Tanto Betsabé como Natán ejecutaron el plan, y le contaron al rey lo que sucedía con Adonías (1 R 1:17-27): le dijeron claramente cómo se preparaba para proclamarse rey sin el consentimiento de David, inclusive, sin que el rey se diera cuenta. De singular importancia histórica, temática y teológica es notar que, en los relatos anteriores, Betsabé es un personaje pasivo, sobrio, tímido y de muy pocas palabras (2 Sam 11); en esta ocasión, sin embargo, es una mujer firme, decidida, visionaria, políticamente astuta, con sentido de dirección (1 R 2:11).

Se trataba de una situación política complicada y una dinámica familiar difícil, según los relatos bíblicos. Adonías era el mayor de los hijos vivos de David, y contaba con el respaldo decidido de un sector militar y religioso importante del reino. Pero Salomón no se quedaba atrás, pues también tenía el apoyo de varios militares distinguidos y la bendición de algunos sacerdotes de importancia. Además, Salomón contaba con la ayuda firme y sabia de una madre decidida y la bendición pública de un gran profeta: Natán. La división en el palacio era clara, y el conflicto en el reino, irreversible.

David proclama rey a Salomón

Una vez el rey se entera del complot de Adonías, llamó a Betsabé para reiterarle ante Dios la promesa y el juramento que le había hecho en torno a que Salomón le sucedería (1 R 1:28-30). No hay más noticias en la Biblia sobre esta promesa de David a Betsabé. El texto bíblico presupone ese compromiso real, que posiblemente debió haber sido en privado. En esta ocasión, esa promesa íntima se hacía pública. El impotente, débil y desmejorado rey reafirmaba su palabra y voluntad ante Betsabé, y procede a traducir sus promesas en acciones políticas concretas.

Con esa finalidad, David llamó al sacerdote Sadoc, al profeta Natán y a Benaía, y les ordenó hacer los preparativos pertinentes para coronar, finalmente, como monarca al hijo de Betsabé: los envió a llevar a Salomón en su mula real a Gihón, en una especie de parada de afirmación pública, para ungirlo públicamente como rey de Israel y Judá. David ya estaba en cama cuando impartió esas directrices (1 R 1:47), pero tenía la suficiente autoridad e infraestructura de apoyo en el palacio y el reino para que se obedecieran sus órdenes.

La unción se lleva a efecto en un lugar público, en contraposición al banquete de Adonías. La fuente de Gihón brota desde la base misma de la colina donde estaba ubicada la sección más antigua de la ciudad de Jerusalén, donde habían habitado tradicionalmente los jebuseos (2 Sam 5:67). ¡Era una sección bien habitada de la ciudad!

Las ceremonias de unción se realizaban vertiendo aceite consagrado sobre la cabeza del escogido. La palabra hebrea «ungido» se traduce al griego como «Mesías», y de esta forma el histórico rey ungido de Israel se convertía en una figura «mesiánica». Esa ceremonia establecía un vínculo especial entre Dios y el rey (1 Sam 16:13; Sal 89:20-21), pues le brindaba al nuevo monarca la sabiduría necesaria y el poder requerido para ejercer las funciones reales con justicia y equidad. El aceite provenía del Tabernáculo, que era el lugar especial donde estaba el Arca del Pacto, símbolo indiscutible de la presencia de Dios, antes de la construcción del Templo.

Luego que ungieran a Salomón, los enviados del rey debían tocar la trompeta para anunciar la coronación del nuevo monarca, y gritar: «¡Viva el rey Salomón!» (1 R 1:34). Cuando la ceremonia de entronización hubiese finalizado, debían llevar oficialmente a Salomón al trono de David para comenzar su reinado. Entre las personas que envió David a oficializar y apoyar la ceremonia real estaba el grupo de los cereteos y los peleteos (1 R 1:38), que constituía su guardia personal y que siempre le demostraron fidelidad al rey David. La presencia de ese sector militar del reino pone en evidencia las tensiones que había en la monarquía y la familia. No se puede ignorar, de acuerdo con el relato bíblico, que con Adonías estaba el general Joab, que era un militar inteligente, imprevisible, independiente, violento e inmisericorde.

Benaía respondió a las órdenes del rey con una bendición: «Amén. Así lo diga el Señor, Dios de mi señor el rey. De la manera que el Señor ha estado con mi señor, el rey, así esté con Salomón, y haga mayor su trono que el trono de mi señor, el rey David» (1 R 1:36-37). Esa es la forma como el relato incorpora un elemento teológico de importancia: la bendición divina que ayudó a David en un reinado se implora ahora para su hijo Salomón.

El sacerdote Sadoc fue quien finalmente ungió a Salomón. Tomó el cuerno de aceite del Tabernáculo y llevó a efecto la ceremonia de consagración real y entronización. La respuesta del pueblo fue de celebración y alegría. Gritaban a viva voz: «Viva el rey Salomón».

Y cantaban con flautas y manifestaban tanta alegría, «que parecía que la tierra se hundía bajo sus gritos» (1 R 1:40). La hipérbole pone de manifiesto claro el regocijo de las multitudes, la alegría del pueblo, la celebración de la comunidad, el júbilo de la corte.

La felicidad y el alborozo del pueblo en Jerusalén hicieron que las noticias en torno a la coronación de Salomón llegaran rápidamente a Zohelet, donde Adonías y su grupo de convidados y comensales, dialogaban y celebraban (1 R 1:9). Jonatán, el hijo del sacerdote Abiatar (2 Sam 15:36; 17:17-22), fue quien les dio las noticias de lo que había sucedido en Jerusalén. Explicó cómo el rey había dado las órdenes pertinentes para entronizar a Salomón y relató la forma en que Sadoc, Natán, Benaía y los ceretos y los peletos habían cumplido con efectividad la encomienda real. Inclusive, añadió Jonatán, que David adoró a Dios desde su cama, y dijo: «Bendito sea el Señor, Dios de Israel, que ha dado hoy quien se siente en mi trono, y lo vean mis ojos» (1 R 1:48).

Ante esas noticias, que destruían de forma permanente y peligrosa las aspiraciones monárquicas de Adonías, la fiesta se detuvo, y los convidados se estremecieron de preocupación y consternación. Cada cual se fue del lugar de reunión por su camino (1 R 1:49). Entendían que sus vidas estaban en peligro por haber respaldado para el trono de David a la persona equivocada. Comprendieron de esta forma que habían cometido un muy grave error.

Adonías, atemorizado, salió huyendo del lugar y se refugió en «los cuernos del altar» (1 R 1:50-53), que era un lugar que le brindaba a las personas fugitivas y perseguidas seguridad (Ex 27:1; 21:12-14). ¡Tenía miedo de que Salomón lo matara! Sin embargo, el nuevo monarca le perdonó la vida en esta ocasión, pues dijo que si era un hombre de bien, no debería morir (1 R 1:52). Y Salomón le ordenó que se fuera a su casa a salvo.

Instrucciones finales de David a Salomón

La sección siguiente presenta los consejos que David le da a Salomón para ayudarle en el inicio de su reinado. Estas recomendaciones se pueden dividir en dos partes fundamentales: en primer lugar, le exhorta a cumplir con la Ley divina y ser fiel a la revelación del Señor (1 R 2:2-4). Y además, incluye una serie de instrucciones prácticas de cómo debía tratar a algunos amigos y enemigos de David.

Estas palabras tienen gran significación teológica y temática en la narración bíblica, pues se ubican en el contexto de la muerte de David (1 R 2:1): ¡son los últimos deseos del monarca! Y ese ángulo biológico y emocional, que se relaciona con el final de la vida de una persona distinguida, le añade a los consejos del rey una dimensión solemne, especial y reveladora.

La primera afirmación de David, que recuerda el lenguaje utilizado en el libro de Deuteronomio, es de seguridad, esperanza y fortaleza: «Esfuérzate y sé hombre» (1 R 2:2). Y fundamentado en esa exhortación (véase, también, Dt 31:23; Jos 1:6, 9, 18), afirma la responsabilidad real de guardar los preceptos del Señor y el compromiso de andar en sus caminos, observar sus estatutos, obedecer sus mandamientos, seguir sus decretos y afirmar sus testimonios. ¡Era un llamado a reinar fundamentado en la justicia y la rectitud! Las diversas formas y expresiones para referirse a la Ley evocan el idioma del salterio (Sal 19:7-9).

El secreto de la prosperidad, según el texto bíblico, es seguir la Ley de Moisés. Y en ese contexto teológico y educativo, David alude a una de las más importantes oraciones y plegarias del Deuteronomio: «Si tus hijos guardan mi camino andando delante de mí con verdad, de todo su corazón y de toda su alma, jamás te faltará un descendiente en el trono de Israel» (1 R 2:4; Dt 6:5).

Las palabras de David se ubicaban de esta manera en el ámbito de la revelación divina a Moisés. Era una forma de aumentar la autoridad de sus consejos, pues ya sus palabras no solo eran las de un padre a un hijo, o las de un monarca veterano a su sucesor, sino que provenían con la autoridad divina y la afirmación de Moisés.

Junto a esas recomendaciones espirituales y éticas, David le brinda a Salomón algunas ideas en torno a cómo tratar a algunas personas en la corte. El primero en la lista es Joab, uno de sus combatientes más famosos, a quien le recomienda elimine, «en su sabiduría» (1 R 2:6). El fundamento de ese juicio tan adverso y negativo era claro: había matado a dos buenos generales del ejército de Israel: Abner (2 Sam 3:27) y Amasa (2 Sam 20:10), y no debía descender en paz al seol. En estas recomendaciones, sin embargo, David no menciona el asesinato de Absalón, quizá porque se trataba, desde la perspectiva oficial, de un traidor, aunque, desde la óptica humana, era un hijo del rey.

La segunda recomendación se relaciona con Barzilai, el galaadita, para quien David pide misericordia. Basado en que apoyó y le brindó ayuda a David cuando huía de la revuelta de Absalón, ahora el veterano rey le pide a Salomón que lo reciba en su mesa, como pago al buen trato que previamente le había manifestado.

Respecto a Simei, hijo de Gera, de la tribu de Benjamín, que le maldijo cuando salió de Jerusalén, pero que luego se arrepintió cuando David regresaba del destierro, le dice que en esta ocasión no le tenga misericordia, «para que sus canas desciendan con sangre al seol» (1 R 2:9).

La muerte de David

La palabra final en torno a David es que «durmió con sus padres y fue sepultado en su ciudad» (1 R 2:10), que alude a la sección más antigua de Jerusalén que le había sido quitada a los jebuseos. Se indica también que su reinado fue de cuarenta años, siete en Hebrón y treinta y tres en Jerusalén. Respecto al número cuarenta, es importante recordar que, en las Escrituras, esa cifra tiene un gran simbolismo: alude a un período educativo completo, en el cual se cumplió la voluntad divina y el pueblo recibió la instrucción necesaria para disfrutar la bendición del Señor. Reinar por cuarenta años equivalía a decir que había tenido una monarquía plena.

La palabra final en torno a David es un buen signo de seguridad y esperanza: una vez Salomón comenzó a reinar en el trono de su padre, su monarquía fue muy estable (1 R 2:12), que es la fraseología bíblica de indicar que disfrutaba de la bendición de Dios.

Y la estabilidad del reino era una manera de indicar que la profecía de Natán se hacía realidad, que la dinastía de David gozaba del favor divino.

Capítulo nueve
Somos tuyos y estamos contigo

¡Somos tuyos, David!
¡Estamos contigo, hijo de Isaí!
¡Paz, paz para ti,
y paz para quienes te ayudan,
pues también tu Dios te ayuda!

1 Crónicas 12:18

David en los libros de Esdras-Nehemías

La Biblia incluye narraciones y referencias en torno al rey David en los libros de Samuel, Reyes, Esdras-Nehemías y Crónicas. En cada una de esas obras se destacan diversos aspectos de la vida de nuestro personaje, de acuerdo con el propósito específico de los autores y editores de los relatos y pasajes bíblicos. Para nuestro análisis, tanto lo que estos libros dicen y afirman, como lo que no dicen o suprimen en torno a David, es revelador e importante.

Los libros de Samuel y Reyes, aunque tuvieron su edición final en el período exílico, como parte de la historia y redacción deuteronomista, que se fundamenta en la teología del libro de Deuteronomio, incluyen fuentes literarias y orales que provienen de épocas previas, inclusive algunas de años cercanos al tiempo de David.

> Esas narraciones orales y escritas se editaron para crear estos libros históricos, y para afirmar, entre otros temas, la monarquía de David como parte del plan divino para el pueblo de Israel. En estas obras, David es un personaje de virtudes y defectos, que fue ungido por Dios para ser el «pastor» del pueblo de Israel, que es una manera figurada de referirse al rey.

Los libros de Esdras-Nehemías y las Crónicas, por su parte, presuponen un contexto histórico diferente. Luego de la cautividad babilónica, la institución de la monarquía había dejado de existir, y las realidades políticas, sociales, religiosas y espirituales del pueblo no eran iguales a las que se experimentaban antes de la caída de la ciudad de Jerusalén a manos de Nabucodonosor y de la deportación de sus ciudadanos prominentes a Babilonia.

> La comunidad de repatriados que regresó a reconstruir la ciudad, desde Babilonia, ya no formaba parte de un estado independiente en Judá, sino que estaban incorporados al gran imperio persa, que, aunque tradicionalmente eran benignos y tolerantes con los

pueblos conquistados, mantenían un fuerte control y poder sobre sus provincias, satrapías y comunidades dependientes.

Ese era un contexto histórico que propiciaba la reflexión teológica crítica, en torno a las diversas causas que habían generado la destrucción de la institución de la monarquía en Israel y Judá.

La época postexílica, que es el marco de referencia histórico y teológico de los libros de Esdras-Nehemías y las Crónicas, llamaba a la comunidad y a sus líderes a ponderar su presente de adversidad y los desafiaba a pensar en el futuro, que podía ser de esperanza. Los editores finales de estos libros, para responder a esos desafíos complejos y continuos, le presentaron al pueblo una reflexión teológica sobre su pasado que identificaba varios temas de importancia capital, entre los que se encuentran la fidelidad al Señor y a su Ley y la centralidad del culto en el Templo de Jerusalén. Y en ese entorno de reflexiones y restauraciones, estas obras presentan al rey David como el modelo ideal de líder que es fiel a los estatutos divinos, y también como el agente del Señor que le dio al culto en el Templo su identidad, organización y esplendor.

Los libros de Esdras y Nehemías, que en la Biblia hebrea forman una sola obra, comienzan literalmente donde concluyen las Crónicas (*cf.* Esd 1:2 y 2 Cro 36:23). Aunque tradicionalmente las Biblias en castellano ubican la obra cronista primero que Esdras-Nehemías, el canon hebreo generalmente reserva su espacio final para el libro de las Crónicas, que también constituían un solo libro en la Antigüedad. Las referencias al edicto de Ciro (2 Cro 36:23), que incentivan la esperanza de la comunidad de deportados, son las palabras finales de Crónicas a la comunidad de fe judía.

De importancia capital en Esdras-Nehemías, y también en las Crónicas, es el énfasis que se brinda a la adoración y las ofrendas en sus narraciones. Estas obras manifiestan, en efecto, cierta continuidad teológica, temática, literaria y cúltica, que se fundamenta en un contexto histórico común: la época postexílica. Aunque en la actualidad las personas estudiosas de estas obras indican que no necesariamente provienen del mismo autor, reconocen ciertamente que tienen elementos importantes en común, pues son documentos que le hablan a la misma comunidad.

La afirmación histórica y teológica inicial de Esdras-Nehemías se relaciona directamente con la decisión y el decreto del emperador persa,

Ciro, de permitir que los judíos (identificados ahora como israelitas, Esd 2:2; Neh 7:6-7), que habían sido deportados por Nabucodonosor a Babilonia, regresaran a Judá y comenzaran el proyecto de reconstrucción de Jerusalén y el Templo (véase, p. ej., Esd 1:1-4; 2 Cro 36:22-23). De esa manera indican estos libros que comenzó el período del retorno a Judá y Jerusalén, y la restauración del Templo.

Uno de los temas de más importancia en Esdras y Nehemías es la vida espiritual del pueblo. En relación a este fundamental tema, se indica con claridad en la obra que fue el rey David la persona que organizó la adoración en el Templo (Esd 3:10; 8:20; Neh 12:24, 36, 4546). De la lectura de estos libros se desprende que la comunidad de repatriados estaba comprometida a seguir las regulaciones de la Ley de Moisés, aunque no estaban necesariamente de acuerdo en cómo debían financiar las obras de reconstrucción y quiénes debían servir en el Templo.

Esos desafíos teológicos y administrativos, que se revelan en Esdras-Nehemías, son los que preparan el camino para el mensaje de los libros de Crónicas. El contexto histórico es alrededor de un siglo luego de la crisis exílica, cuando las dinámicas políticas y sociales en Persia propiciaron los esfuerzos de restauración nacional y la reconstrucción del Templo en Jerusalén.

Era una época de esperanza y desafío; era un período de sueños y complicaciones; era una era de expectativas y retos; eran tiempos de posibilidad de resurrección y de realidad de conflictos.

Y en medio de esa vorágine de problemas, conflictos y proyectos, se necesitaban modelos que pudieran ayudar al pueblo judío a proyectarse al futuro con fuerza y sentido de dirección. En ese sentido, la figura del rey David era ideal, pues representaba un líder del pasado con reconocimiento y aprecio. Los autores de las Crónicas vieron la posibilidad de usar el personaje y la voz de David para hablarle a la comunidad de repatriados y darles el mensaje de afirmación y seguridad, y de optimismo y entusiasmo que requerían los complejos tiempos postexílicos. David era el personaje, en este sentido, que transmitía la teología e ideología necesaria para el difícil proyecto de la restauración nacional.

David en las Crónicas

Para lograr esos objetivos, los libros de Crónicas utilizan varias fuentes antiguas en la redacción y articulación de su historia nacional. Por ejemplo, de los libros de Génesis, Éxodo, Números, Josué y Rut tomó el material temático necesario y recurrió a las fuentes literarias pertinentes para elaborar las genealogías que dan inicio a su obra (1 Cro 1–9). Esas listas ubican al pueblo de Israel en el mapa histórico mundial de las naciones. Además, de otras obras antiguas, de las cuales tenemos conocimiento únicamente por las alusiones y referencias en el libro de las Crónicas, los editores y redactores recibieron una influencia importante. Los títulos similares de estas obras, de acuerdo a las referencias en las Crónicas, pueden ser indicadores de que se trata de los mismos libros.

- Crónicas del profeta Natán: 1 Cro 29:29
- Crónicas del rey David: 1 Cro 27:24
- Crónicas del vidente Gad: 1 Cro 29:29
- Historia del libro de los reyes: 2 Cro 24:27
- Historia del profeta Iddo: 2 Cro 13:22
- Libro de las crónicas del vidente Samuel: 1 Cro 29:29
- Libro de los reyes de Judá e Israel: 2 Cro 16:11; 27:7
- Libro o actas de los reyes de Israel: 1 Cro 9:1; 2 Cro 20:34; 33:18
- Libro del profeta Semaías: 2 Cro 12:15
- Libros del profeta Natán: 2 Cro 9:29
- Profecía de Ahías: 2 Cro 9:29
- Profecía o libro del vidente Iddo: 2 Cro 9:29; 12:15
- Registro de familias: 2 Cro 12:15

Sin embargo, una lectura cuidadosa de toda esta literatura revela que los libros que más influenciaron la obra de las Crónicas son claramente los de Samuel y Reyes: le brindan al cronista la información básica de la monarquía unida y dividida, y le proveen las cronologías de los reyes de Israel y Judá. De Samuel y Reyes, en efecto, los editores de las Crónicas tomaron las narraciones que servían a sus propósitos teológicos. En ocasiones, las vertían de manera literal y directa, aunque también se reservaban el derecho, de acuerdo con sus objetivos temáticos y literarios, de revisarlas, modificarlas, reeditarlas o, sencillamente, obviarlas y eliminarlas.

En la sección que se dedica al rey David (1 Cro 10–29), por ejemplo, las Crónicas destacan las narraciones pertenecientes al Arca del Pacto, y enfatizan su importante traslado a Jerusalén. El Arca es el símbolo de la presencia divina, que para el autor cronista es un tema prioritario. La motivación principal de todas estas narraciones es afirmar que Dios mismo está manifestando su voluntad al pueblo.

Además, se subrayan los relatos que explican la organización del culto en el Templo y se afirman las funciones de los levitas. Esos temas relacionados con la liturgia y las actividades cultuales sirven muy bien para renovar la esperanza de la comunidad que regresaba del exilio en Babilonia. Luego de la destrucción del Templo, los temas de la restauración del culto y la renovación de la esperanza nacional eran una prioridad.

Las Crónicas también le brindan importancia al acopio de los materiales necesarios para la construcción posterior del Templo de Jerusalén (1 Cro 15:1–17:27). Y aunque quien construyó finalmente el Templo fue Salomón, el libro de las Crónicas se preocupa por presentar a David como el personaje principal que dio impulso ideológico a todos esos preparativos: fue el rey, en última instancia, quien delegó en su hijo esas importantes encomiendas teológicas, administrativas, políticas e históricas.

Como uno de los propósitos básicos de la obra de las Crónicas era restaurar el espíritu nacional y motivar al pueblo a construir el porvenir, se suprimen o revisan algunos episodios de la vida de David, que pueden afectar adversamente la imagen del gran líder de Israel, y se eliminan varios incidentes en los que el famoso rey no luce sus mejores galas. Por esa razón, no se incorporan en las narraciones de los libros de las Crónicas, entre otros temas, sus dificultades continuas con Saúl, su comportamiento impropio e inmoral con Betsabé y Urías ni sus conflictos familiares, particularmente la importante rebelión de Absalón que lo envió temporeramente al destierro.

El corazón del mensaje de las Crónicas es que la vida del pueblo de Israel estaba íntimamente relacionada a la fidelidad al Señor, que dependía y se manifestaba de forma concreta en la lealtad y observancia que mostraran a la Ley de Moisés, tanto en el orden personal e individual, como en el nacional y colectivo.

Esa fidelidad se pone en evidencia clara mediante la obediencia a la Ley: esa fue la fuerza emocional y espiritual que inspiró al rey David a incentivar la construcción del Templo. Además, ese mismo tema de la lealtad y fidelidad a Dios mediante el cumplimiento de los mandamientos divinos le movió a hacer los diseños necesarios y los planes adecuados para organizar la infraestructura física, cúltica y de personal para llevar a efecto un culto que agradara a Dios, según las estipulaciones divinas.

Paralelos temáticos

De singular importancia, en la comprensión teológica de las Crónicas es presentar y analizar los temas expuestos en estas obras de forma paralela con los libros de Samuel y Reyes. De esa manera se pueden identificar y distinguir añadiduras, omisiones y revisiones que ponen en evidencia las prioridades y las tendencias temáticas y teológicas de los autores de estos libros. La disposición paralela nos permite tener una visión panorámica inicial de algunos énfasis, que en las lecturas regulares e independientes no necesariamente surgen a la vista.

Las tablas que incluimos a continuación han sido elaboradas por diversos estudiosos y académicos, además de ser revisadas y actualizadas por nosotros. Desean poner de manifiesto ante los lectores de la Biblia las formas variadas en que los autores de las Escrituras subrayan diversos aspectos y episodios de la vida de David.

Tema	*Samuel / Reyes*	*Crónicas*
David ungido por Samuel	1 Sam 16	—
David derrota a Goliat	1 Sam 17	—
David y los hijos de Saúl	1 Sam 1820	—
David huye de Saúl	1 Sam 2124; 26	—
David y Abigail	1 Sam 25	—
David entre los filisteos	1 Sam 27; 2930	—
Saúl y la pitonisa de Endor	1 Sam 28	—
Muerte de Saúl	1 Sam 31	1 Cro 10
Tema	*Samuel / Reyes*	*Crónicas*
David y la casa de Saúl	2 Sam 14; 9; 21	—
David y sus hijos	2 Sam 3; 5	1 Cro 3

David llega al poder	2 Sam 5	1 Cro 11; 14
David trae el Arca del Pacto	2 Sam 6	1 Cro 13; 15
David y la adoración en el Templo	—	1 Cro 16
Promesa divina a David	2 Sam 7	1 Cro 17
Guerras de David	2 Sam 8; 10	1 Cro 18–20
David y Betsabé	2 Sam 11–12	—
Problemas con los hijos de David	2 Sam 13–18	—
Consolidación del poder	2 Sam 19–20	—
Poemas de David	2 Sam 22–23	—
Los valientes de David	2 Sam 23	1 Cro 11–12
Censo y plaga	2 Sam 24	1 Cro 11–12
Discursos en torno al Templo	—	1 Cro 22; 28–29
Más arreglos y responsabilidades	—	1 Cro 23–27
Adonías intenta llegar al trono	1 R 1	—
Muerte de David	1 R 2	1 Cro 29

Lo primero que se pone en evidencia clara al disponer de forma paralela las narraciones de David es el énfasis temático en cada uno de los libros. Mientras que Samuel enfatiza la vida de una persona que llegó al trono desde unos orígenes humildes, las Crónicas comienzan la historia de David inmediatamente luego de la muerte de Saúl (1 Cro 10:1-14). También es importante notar que en el libro de Samuel David es una persona que se enfrenta a situaciones cotidianas potencialmente conflictivas y destructivas (p. ej., adultera y asesina), que pasó algún tiempo en el desierto como fugitivo de Saúl y mercenario de los filisteos, hasta que finalmente, por la misericordia divina, llegó al trono del pueblo de Israel y Judá. Su vida es azarosa, desafiante, arriesgada, compleja, aventurera, difícil...

El libro de las Crónicas, sin embargo, evita en sus narraciones los episodios de la vida de David que no hablan bien de su carácter o que no presentan su vida y acciones de manera positiva. Rechaza incorporar, por ejemplo, detalles de las malas relaciones que tenía con Saúl, no incluye sus aventuras como mercenario en el desierto, evade las narraciones de los episodios adversos con Betsabé y Urías y suprime los problemas que tenía con sus hijos.

Incluyen las Crónicas, en su defecto, una serie importante de referencias a David en relación con el establecimiento y la organización del culto en el Templo de Jerusalén que están totalmente ausentes en Samuel. Además, las narraciones en el libro de Crónicas se detienen para describir con detalles e imaginación la importante narración del traslado del Arca del Pacto, símbolo de la presencia divina en el pueblo, a la ciudad de Jerusalén.

Un magnífico ejemplo de las diferentes formas en que los libros Samuel y Crónicas presentan las narraciones en torno a David es la manera variada que describen a los combatientes que lucharon con David. En las obras de Samuel se trata de personas humildes; en efecto, eran hombres dolidos y marginados por la sociedad (1 Sam 22:2). En las Crónicas, sin embargo, esos mismos combatientes se identifican como «jefes» (1 Cro 11:10), «valientes» (1 Cro 11:11), y «hombres de guerra muy valientes para pelear, diestros con el escudo y la lanza; sus rostros eran como rostros de leones, y eran ligeros como las gacelas en las montañas» (1 Cro 12:8). Las comprensiones alternas de las mismas personas que estaban al lado de David son obvias. Para Samuel, David contaba con gente humilde, dolida y marginada de la sociedad; para el cronista, el rey poseía un ejército de profesionales, bien entrenados en las ciencias bélicas.

En esa misma tradición de exaltación y celebración, referente a los llamados «valientes de David», se dice que «se formó un gran ejército, como un ejército de Dios» (1 Cro 12:22), que es la forma óptima de poner de relieve la importancia del grupo —¡era un ejército divino!— a la vez que se destacaba su relación íntima con David, pues llegaban a ayudarle (1 Cro 12:22).

En efecto, David contaba, de acuerdo con el testimonio que se incluye en las Crónicas, con el apoyo decidido y profesional de un grupo ejemplar de combatientes.

Las diferencias entre los libros de Samuel y Crónicas se pueden identificar también en la presentación de las siguientes perspectivas en torno a David: el primero presenta al David humano, con virtudes y defectos, mientras que el segundo relata la vida del hombre de Estado, del rey modelo, del paradigma de la bendición divina para los líderes del pueblo, del monarca ideal.

El libro de Samuel narra las acciones de un gobernante que enfrentó las dificultades más complejas de la vida, con autoridad, fortaleza y valor, con virtudes y defectos; y presenta al monarca que estaba preocupado en torno a cómo se interpretarían sus acciones en las generaciones futuras. ¡No quería lucir mal! Y con esa finalidad, el redactor de los libros de Samuel y Reyes se dedicó a escribir las memorias nacionales, desde la perspectiva oficial, para afirmar que David era el ungido de Dios para gobernar Israel. El escritor de Samuel y Reyes era un representante de la ideología del Estado; no era un escritor independiente que deseaba escribir o editar una biografía crítica o una reseña científica de un líder nacional.

Crónicas, por su parte, presenta a un David oficial, que ya tiene reconocimiento histórico y respeto nacional, que ya ha superado las dinámicas del tiempo. Ese David, de acuerdo al texto sagrado, es el que con sus dones de poeta y músico logra organizar el culto en el Templo, y le imprime su impronta personal y huella digital a la liturgia que se llevaba a efecto en ese lugar sagrado.

Para el autor de las Crónicas, David era el israelita ideal, el modelo de acción, el rey ejemplar, el ungido de Dios.

Para explicar esas diferencias de criterio en torno a las narraciones y perspectivas de David, hay que entender el contexto histórico de ambos grupos de libros. El autor cronista escribe en la época postexílica, cuando el pueblo no tenía rey y necesitaba un buen modelo que pudiera orientar a la comunidad en la construcción del futuro. La institución de la monarquía había sucumbido ante las victorias fulminantes de los ejércitos babilónicos en Jerusalén; las actividades en el Templo se habían reducido; el liderato nacional había sido exiliado; el sentido de porvenir estaba nublado; Israel no era un estado independiente; y la esperanza del pueblo se había esfumado.

En medio de esa vorágine política, histórica, religiosa, social y espiritual, de experiencias dolorosas, amargas, desgarradoras y traumáticas, el libro de las Crónicas desea reconsiderar la historia nacional para presentarle al pueblo exílico y postexílico una comprensión adecuada de las realidades que vivían y orientar a la comunidad a enfrentar el futuro con esperanza, seguridad y sentido de dirección. Las Crónicas le presentan al pueblo judío una reflexión crítica en torno a su pasado que le permita a la comunidad postexílica identificar los valores de la fidelidad al Pacto y el cumplimiento de la Ley de Moisés como los principios rectores que le pueden garantizar al pueblo un futuro mejor.

Estos libros de Crónicas representan adecuadamente las perspectivas teológicas del pueblo que, luego de sobrevivir la gran crisis de pérdida relacionada con la derrota militar, la destrucción del Templo y la deportación, decide proyectarse con fuerza y seguridad al porvenir. Y con ese objetivo presentan al David ideal, al que no tiene problemas familiares, al que no adultera con Betsabé, al que no asesina a Urías, al que organiza las celebraciones cúlticas...

David es el modelo de líder que se necesitaba para construir el futuro del pueblo después de la catástrofe nacional del exilio en Babilonia. Inclusive, cuando se presenta la narración del censo, acto que el libro de Samuel censura de forma directa y firme, en las Crónicas se indica que fue Satanás el que se levantó contra Israel e incitó a David que hiciera el censo (1 Cro 21:1-2). ¡David es una víctima de este personaje maligno! Y cuando finalmente se manifiesta el juicio divino, un David piadoso indica: «Estoy en grande angustia. Prefiero caer en la mano del Señor, porque sus misericordias son muchas en extremo, que caer en manos de los hombres» (1 Cro 21:13), que son más expresiones poéticas que afirman la piedad, que respuestas históricas que reflejan el dolor de los efectos de la plaga en el pueblo.

Los libros de Samuel y Reyes tienen como finalidad teológica, desde diferentes perspectivas, hacer un análisis sobrio de la historia nacional, al evaluar críticamente a los monarcas de Judá e Israel y revisar las formas en que habían demostrado lealtad al Pacto.

Esa era una manera de explicar la experiencia agónica del exilio: los reiterados pecados de infidelidad del pueblo y sus líderes trajeron como consecuencia directa el juicio divino, que se manifestó de forma histórica en el triunfo babilónico sobre los ejércitos de Israel; esos pecados reiterados y repetidos fueron los responsables de la destrucción del Templo, que representaba la presencia misma de Dios en medio de las realidades cotidianas del pueblo judío postexílico.

Esas dos perspectivas teológicas son los vectores temáticos fundamentales que guían las narraciones de Samuel y Crónicas. Las diferencias fundamentales en la imagen de David que se articula en cada una de estas obras obedecen a esos criterios teológicos primarios.

> Para Samuel, David era el rey histórico con quien Dios había establecido un pacto eterno; y para las Crónicas, luego del exilio, David era el líder ideal, el modelo de monarca, la figura a emular y recordar. En el libro de Samuel, David revela humanidad, y en el de Crónicas, es un personaje modelo.

La referencia inicial a David en el libro de las Crónicas se incluye en la presentación de una lista en la que se identifica a sus hijos (1 Cro 3:1-9; *cf.* 2 Sam 3:2-5; 5:13-16; 1 Cro 14:3-7). Se ubica la vida de David en el entorno de la historia mundial, que nace con Adán (1 Cro 1:1) y finaliza con la genealogía de Saúl (1 Cro 9:35-44). De esta forma se indica que David cumplió con el mandamiento divino de crecer y multiplicarse en la tierra (Gn 1:28), además de indicar que era un hombre de potencia y vigor sexual al procrear tantos hijos identificados, sin contar los que no se mencionan por nombre en la lista.

De significación especial en estas listas es que, entre las referencias a los descendientes de algunas tribus antiguas de Israel (p. ej., Judá, Simeón, Rubén y Leví) y la presentación del entorno familiar de Saúl, se incorpora una lista de los repatriados de Babilonia a Jerusalén cuando finalizó el exilio (1 Cro 9:1-34; *cf.* Neh 11:1-24).

> Varios detalles teológicos son importantes en esta lista. Se indica que el motivo de la deportación de Judá a Babilonia fue su rebeldía, y se mencionan como los primeros que fueron exiliados a los israelitas, sacerdotes, levitas y sirvientes del Templo. De esta forma se destaca la importancia del Templo y el culto desde los comienzos mismos de la narración de las Crónicas.

Respecto a este sector de deportados, en algunas instancias escriturales se indica lo que hacían en el Templo (p. ej., porteros: 1 Cro 9:17; encargados de los utensilios para el mobiliario: 1 Cro 9:28; o responsables de hacer el perfume: 1 Cro 9:30), o se hace referencia a alguna de sus virtudes (p. ej., que eran hombres eficaces; 1 Cro 9:13). Inclusive, en el grupo se identifican algunas personas que tenían el apoyo del Señor, como es el caso de Finees (1 Cro 9:20).

Desde la perspectiva de estas genealogías, David es uno más en el pueblo de Israel.

La gran afirmación teológica de toda esta primera sección de las Crónicas es que Dios tiene la potestad y el deseo de intervenir con cualquier persona y nación en la historia nacional, inclusive con David y con el pueblo de Israel. El presupuesto existencial es que Dios controla la historia humana, e interviene desde el comienzo mismo de la historia hasta el retorno de los deportados a Babilonia.

Y esa autoridad divina se manifiesta en el pueblo y sus líderes; y entre esas figuras destacadas está el rey David, a quien se dedica gran parte del primer libro de las Crónicas, desde su entronización (1 Cro 10) hasta su muerte (1 Cro 29).

La narración que presenta la muerte trágica del rey Saúl y sus hijos indica también, al final del relato, que Dios traspasó el reino al hijo de Isaí, David (1 Cro 10:1-14). Fundamentado en esa decisión divina, todo el pueblo de Israel se congregó en la ciudad de Hebrón, y proclamó y ungió a David como el nuevo rey en sucesión de Saúl (1 Cro 11:1-3). Posteriormente, David tomó la ciudad de Jerusalén, y el texto bíblico añade que Dios mismo le acompañaba y ayudaba (1 Cro 11:9).

Estos relatos de las Crónicas no aluden a los orígenes humildes de David, ni a la unción previa de Samuel, ni a los años que reinó primeramente en Hebrón antes de tomar la ciudad de Jerusalén y hacerla capital del reino, ni a los desafíos militares que enfrentó para conquistar la antigua fortaleza jebusea. El propósito fundamental de estos relatos es indicar que David actuaba con la anuencia divina, y por esa razón espiritual prosperaban sus planes y se ejecutaban sus proyectos. Es revelador y significativo el comentario del cronista: «David iba adelantando y creciendo, y el Señor de los ejércitos estaba con él» (1 Cro 11:9). Los triunfos del monarca se relacionaban directamente, y desde el principio mismo de las narraciones, con la misericordia divina que le acompañaba.

El traslado del Arca a Jerusalén

El traslado del Arca del Pacto a la ciudad de Jerusalén tiene gran importancia teológica en las narraciones de las Crónicas (1 Cro 13:1–16:43). En estos relatos se afirma que David consultó en una asamblea de pueblo a todo el liderato de Israel (p. ej., capitanes de millares y centenas de combatientes, todos los jefes; 1 Cro 13:1-2) antes de mover el símbolo de la presencia divina. De esta forma, David hacía del traslado del Arca un proyecto nacional, según las Crónicas, no una decisión personal y conveniente para la unificación del reino, como se revela en el libro de Samuel.

Varias narraciones prosiguen en las Crónicas que presentan paralelos directos y similitudes con el libro de Samuel: por ejemplo, la crisis en el traslado del Arca cuando Uza la tocó al pensar que se podía caer (1 Cro 13:5-14 y 2 Sam 6:1-11), la llegada de los embajadores del rey de Hiram (1 Cro 14:1-2 y 2 Sam 5:11-12), la referencia a los hijos de David nacidos en Jerusalén (1 Cro 14:3-7 y 2 Sam 5:13-16) y el triunfo sobre los filisteos (1 Cro 14:8-17). Estos relatos ubican en su contexto histórico adecuado las narraciones de la llegada del Arca del Pacto a la ciudad de Jerusalén.

De singular importancia teológica es identificar y evaluar la información que se incluye en las Crónicas que no aparece en Samuel. En el caso específico de estas narraciones, esos detalles se relacionan con la infraestructura musical que acompañó el Arca a Jerusalén. Se trata, en efecto, de un nuevo ejército, que en esta ocasión no es de militares, sino de músicos, cantantes, sacerdotes y levitas, cuya presencia y actividades enfatizan la importancia del Arca del Pacto en medio del pueblo. Y ese gran valor se pone claramente de manifiesto mediante una serie continua y singular de cánticos, salmos, celebraciones, instrumentos musicales, desfiles, danzas...

La lectura cuidadosa de esta sección del libro de Crónicas indica que, luego de David concluir una serie de proyectos de construcción en Jerusalén, preparó un lugar especial para el Arca del Pacto, y también le levantó una tienda. Además, según el relato bíblico, David indicó que deben ser los levitas las personas encargadas de trasladar el Arca, porque para esas funciones los había escogido el Señor (1 Cro 15:1-2).

De acuerdo con el testimonio bíblico, la llegada del Arca del Pacto a Jerusalén fue un evento de celebración multitudinaria. Se congregó en Jerusalén «todo Israel» (1 Cro 15:3), que es una forma figurada y exagerada para afirmar que eran muchos, y que en el grupo estaban los líderes del pueblo. David reunió a los líderes de diferentes grupos y sectores del pueblo, que se distinguen, entre otros, los hijos de Aarón y los levitas (1 Cro 15:3-13). En efecto, era un grupo numeroso: ¡por lo menos 862 personas!

Llamó David entonces a los sacerdotes Sadoc y Abiatar, y a los levitas, Uriel, Asaías, Joel, Semaías, Eliel y Aminadab, y les indicó que, como eran los líderes de los levitas, se santificaran para cumplir las responsabilidades solemnes de trasladar el Arca. Ese grupo hizo como les había ordenado David, de acuerdo con las instrucciones que previamente había impartido Moisés por revelación divina (1 Cro 15:14-15; *cf.* Ex 23:13-14; Nm 1:50; 7:9; 2 Cro 35:3).

En ese contexto de orientación e instrucciones previas al traslado oficial a Jerusalén del Arca, David le indicó a los levitas que designaran cantores con instrumentos de música (p. ej., salterios, arpas, címbalos, trompetas) para que acompañaran los cánticos, y añadieran festividad y alegría a la procesión (1 Cro 15:15-18). Ese grupo de músicos y cantantes tenía sus líderes, que quizá se encargaban de mantener el orden del grupo, la entonación de los cantantes y el ritmo de los músicos.

Esa gran celebración estuvo acompañada del sacrificio de siete novillos y siete carneros, que pone de manifiesto que se trataba de un evento cúltico de gran importancia teológica y envergadura espiritual para el pueblo. Y ese componente litúrgico se reitera al indicar que David estaba vestido de lino fino, y que también tenía un efod de lino (1 Cro 15:27).

La llegada del Arca produjo dos reacciones: la primera fue de rechazo y menosprecio a David de parte de Mical, su esposa, porque la alegría y las danzas del rey le había hecho lucir mal ante el pueblo. La segunda respuesta al traslado del Arca a Jerusalén fue de júbilo nacional; inclusive, se ofrecieron holocaustos y sacrificios de paz delante de Dios. Y en ese contexto, David toma para sí algunas responsabilidades sacerdotales: ofreció los sacrificios ante Dios, bendijo al pueblo y repartió comida a los asistentes del evento en el nombre del Señor (1 Cro 16:1-3).

Una vez llegaron a Jerusalén, el texto bíblico indica que fue el mismo rey David el que nombró a los levitas para que «recordaran, confesaran y alabaran al Señor, Dios de Israel» (1 Cro 16:4-6), que es una manera de presentar sus responsabilidades en torno al culto. Identificó el rey, además, una jerarquía de levitas para que tocaran salterios, arpas, címbalos y trompetas.

De la lectura cuidadosa de estas narraciones, se descubre con claridad la gran importancia que ejerció David en el establecimiento del culto y la liturgia en el Templo de Jerusalén.

Esa vital información, que no aparece en los libros de Samuel, responde a las nuevas realidades y necesidades sociales, políticas y religiosas en la época postexílica, cuando el Templo había sido destruido y se necesitaba restaurar la vida religiosa de la comunidad.

Por esa importante razón teológica e histórica, el cronista pone en boca de David esas instrucciones relacionadas con el culto, en el contexto de la llegada del Arca del Pacto a Jerusalén. Esas normas cumplirán su propósito de esperanza y restauración en la comunidad de repatriados cuando el proceso de reconstrucción nacional se llevaba a efecto. El David de estas narraciones bíblicas no es un militar triunfante, sino un ejecutivo del culto, profesional de la liturgia, sacerdote para bendecir, líder nacional y buen político para dar de comer a la comunidad.

Gratitud de David

Luego de las directrices en torno a la labor de los sacerdotes, levitas y músicos, la narración incluye una sección poética significativa (1 Cro 16:7-36). Consiste en la unión de parte de tres salmos que se encuentran en el salterio (Sal 105:1-15; 96:1-13; 106:47-48), con algunas variaciones menores. Son oraciones y poemas de alabanzas por las maravillas que ha hecho Dios, tanto en la naturaleza como en la historia nacional. Y en esas plegarias se identifican las intervenciones divinas con los patriarcas, Abraham, Isaac y Jacob, se alude al pacto sempiterno por el cual Dios les dio la tierra de Canaán (1 Cro 16:1718).

De singular importancia en esta sección son dos aspectos temáticos adicionales: los salmos de los cuales se toman esas porciones no se identifican expresamente en el salterio con David; además, como introducción al poema, se indica que esta es la primera ocasión que Asaf y sus hermanos están a cargo de las alabanzas al Señor. Estos salmos se identifican directamente con David solo en el libro de las Crónicas, en donde se relacionan también con Asaf, que es un cantor distinguido en Jerusalén.

En la primera sección del Salmo (1 Cro 16:8-22), se llama al pueblo a alabar, invocar, dar a conocer, cantar, hablar, glorificar, alegrar, buscar y acordarse del Señor y de sus proezas.

Esta primera parte del cántico es esencialmente un poema que tiene los siguientes objetivos: afirma las virtudes divinas y le pide al pueblo que recuerde que ha sido escogido, cuando eran pocos y eran forasteros, y peregrinaban de nación en nación y de reino en reino. Además, esta oración recuerda un muy significativo dictamen del Señor: «No toquéis a mis ungidos ni hagáis mal a mis profetas» (1 Cro 16:22).

Se trata de un salmo de carácter histórico que recuenta las grandes intervenciones divinas en medio de la historia del pueblo de Israel, desde los tiempos de los patriarcas hasta la entrada a la Tierra Prometida. Es importante notar, además, que el poema no alude a las infidelidades del pueblo, sino destaca solo las misericordias divinas y los favores concedidos a Israel y la fidelidad del Señor a sus promesas.

La segunda sección del Salmo llama al pueblo a cantar, proclamar, alabar, tributar, dar, traer, postrarse y alegrarse (1 Cro 16:23-34). Es, en efecto, un himno dedicado a la grandeza del Señor; y es un cántico de alabanzas que llama al pueblo a reconocer lo que Dios ha hecho en medio de la historia con los hijos de Israel. Dios mismo convida a Israel, las naciones y el resto de la creación a festejar sus manifestaciones, que llegan al mundo y a la historia a establecer un reino de justicia y verdad. El poema concluye esta sección con una declaración teológica extraordinaria, que es común en el salterio: «Aclamad al Señor, porque Él es bueno; porque su misericordia es eterna» (1 Cro 16:34).

En la sección final del poema (1 Cro 16:35-36) se incluye la doxología que culmina el cuarto libro del salterio. Es un reconocimiento del poder salvador y liberador de Dios y una manera de incentivar a cantar al «santo nombre de Dios», que es una manera figurada de afirmar la naturaleza redentora del Señor.

La palabra poética final del cántico, es significativa: «¡Bendito sea el Señor, Dios de Israel, de eternidad a eternidad!». Y el pueblo alabó al Señor y respondió: «¡Amén!».

Una vez finalizó el cántico al Señor, de acuerdo con las narraciones de las Crónicas, David organizó las actividades religiosas alrededor del Arca del Pacto. Dejó a Asaf y a sus hermanos para que se encargaran de forma permanente de esas responsabilidades en Jerusalén, de acuerdo con los ritos y ceremonias de cada día (1 Cro 16:37-43). Envió al sacerdote Sadoc y sus hermanos al lugar de sacrificios que estaba en Gabaón para que llevaran a cabo los holocaustos, según las estipulaciones de la Ley (Ex 29:38-42; Lv 6:9; Nm 28:3,6). Y designó a Hemán y Jedutún, que también eran porteros, como músicos oficiales, responsables de acompañar los cánticos del pueblo ante Dios.

El pacto de Dios con David

Los próximos capítulos del libro de las Crónicas (1 Cro 17:1–22:1) siguen de cerca los relatos paralelos en los libros de Samuel. Con la excepción de algunos comentarios teológicos que desean enfatizar algún aspecto importante de la vida de David, el cambio más significativo es el contexto temático general de estas narraciones.

Mientras que el pacto de Dios con David en el libro de Samuel (2 Sam 7:1-29) es seguido por una serie de desgracias personales y familiares a raíz de su pecado de adulterio y asesinato, en la obra de las Crónicas, el ambiente es de triunfo y celebración. Luego del episodio adverso de David con Betsabé y Urías (2 Sam 11–12), comienza una serie de desgracias familiares en la vida de David que culmina en el censo y la manifestación del juicio divino (2 Sam 24).

En las Crónicas, sin embargo, al famoso oráculo de Natán a David le sigue una serie importante de triunfos, tanto en las esferas locales como en las internacionales. David extiende sus dominios hasta la región del Éufrates, según el texto bíblico, y hasta Transjordania (1 Cro 18:1–20:3). Además, las narraciones indican de forma directa que los hombres de David mataron a los gigantes filisteos (1 Cro 20:48). En esta ocasión, Elhanán no mató a Goliat, sino a su hermano Lahmi, y se resuelve de esta forma el dilema de quién efectivamente mató al famoso gigante filisteo.

Otro cambio significativo en las presentaciones de David que se hacen en las Crónicas se relaciona con el censo del pueblo. En el libro de Samuel, fue Dios quien motivó a David a censar al pueblo para posteriormente castigarlo (2 Sam 24:1-25). Sin embargo, en las Crónicas, quien seduce a David no es Dios, sino Satanás, o, como indica el texto hebreo, el adversario (1 Cro 21:1). De esta forma se incorpora un personaje adicional a la narración del censo que prepara el camino para la declaración teológica de piedad que David le hace al vidente Gat: «Prefiero caer en las manos del Señor, porque sus misericordias son muchas en extremo, que caer en manos de los hombres» (1 Cro 21:13).

En esta narración del censo, el cronista destaca la actividad del ángel del Señor en la manifestación del juicio divino, y presenta a David y los ancianos del pueblo en una actitud de humillación, pues estaban vestidos con ropas ásperas y se postraron ante el Señor (1 Cro 21:16).

El ángel de Dios en el libro de las Crónicas está con la espada desenvainada en señal de destrucción; solo la envaina nuevamente cuando el Señor le da esas instrucciones específicas, al David comprar el campo para ofrecer los sacrificios al Señor.

El pago que David hizo por la era o el terreno de Ornán (o Arauna, de acuerdo con la narración de 2 Sam 24), el jebuseo, que en el libro de Samuel fue de cincuenta siclos de plata (2 Sam 24:24), en Crónicas es sustancialmente mayor: ¡seiscientos siclos de oro! (1 Cro 21:25). De esta forma el cronista destaca la importancia del terreno, pues en ese lugar se construiría el Templo, y, además, afirma el sacrificio de David al comprarlo.

Primera orientación de David a Salomón

En el libro de las Crónicas, la construcción del Templo es ordenada directamente por David, aunque posteriormente fue Salomón, su hijo, el que llevó a cabo las obras de edificación de la estructura religiosa (1 Cro 22:2-19). Después de comprar el terreno de Ornán o Arauna, David comenzó el proceso de organización de los trabajadores y el almacenamiento de la piedra, hierro, bronce y madera para las necesidades del proyecto de construcción.

Una reflexión personal e introspección de David en la narración es teológicamente significativa.

> El rey hizo los preparativos de la construcción del primer Templo antes de su muerte, pues Salomón todavía era muy joven para emprender un proyecto de esa naturaleza y magnitud. Este comentario pone en evidencia que el cronista entiende que el sucesor de David sería Salomón, sin las dificultades militares, políticas y familiares que se incluyen en los libros de Samuel y Reyes (2 R 1:1–2:12).

La singular insistencia de relacionar la construcción del Templo con David es temáticamente importante para las comunidades judías del período postexílico. David representa el líder político ideal, en un momento en que la institución de la monarquía no estaba en operación, y se necesitaba un buen modelo para incentivar la reconstrucción nacional y la reedificación del segundo Templo, al retorno del destierro en Babilonia.

De acuerdo con el relato bíblico, David llamó a Salomón para expresamente ordenarle que construyera la casa al Señor, Dios de Israel (1 Cro 21:16). La narración añade que David deseaba llevar a efecto ese importante proyecto, pero el Señor mismo se lo impidió, pues «sus manos habían derramado mucha sangre», en referencia a las guerras en las cuales había tenido que participar. Sin embargo, su hijo sería el que construiría el Templo, pues sería un hombre de paz, como el nombre Salomón pone de manifiesto. En el idioma hebreo, las palabras «Salomón» y «Shalom», que significa paz, tienen una pronunciación similar.

En ese contexto de consejos paternofiliales, David le desea a Salomón que el Señor le acompañe y le prospere para poder cumplir con esa fundamental tarea de construcción. Además, el rey le pide al Señor que le dé sabiduría a su hijo y futuro sucesor para gobernar Israel fundamentado en la Ley y en obediencia a los estatutos y decretos que Dios le dio al pueblo a través de Moisés. Y añade una palabra adicional, de gran valor espiritual y de fundamental envergadura profética: «Esfuérzate, pues, y cobra ánimo; no temas ni desmayes» (1 Cro 22:13). Son palabras que evocan la llegada de los israelitas a la Tierra Prometida (Jos 1:8), que en el momento de la repatriación de los exiliados y la reconstrucción de la ciudad y el Templo cobran significación nueva.

Las referencias a los preparativos que David hizo para la construcción, como el dinero ahorrado, los materiales almacenados y la organización de los trabajadores, pone en evidencia clara que se trataba de un proyecto de gran importe económico y de extraordinaria estima espiritual.

El valor de la estructura era incalculable, pues se relacionaba con la vida misma del pueblo de Israel, que estaba anclada esencialmente en la revelación que le había dado el Señor a Moisés en el monte Sinaí, para sacar al pueblo de la opresión, el vasallaje y la esclavitud de las tierras de Egipto.

Aprovechó David también la oportunidad de aconsejar a Salomón, de acuerdo con la narración cronista, para instruir a los príncipes líderes del pueblo a colaborar con esa magna empresa de construcción. El objetivo del proyecto era poder llevar, finalmente, el Arca del Pacto y los utensilios sagrados a la casa edificada en el nombre del Señor (1 Cro 22:17-19). Esa era una tarea noble, no solo para Salomón, como líder de ese proyecto, sino para toda la comunidad que apoyara esos esfuerzos ingentes.

Preparativos para la edificación del Templo

Luego del discurso de David a Salomón, en el cual se sientan las bases fiscales y administrativas para la construcción del Templo, la narración de las Crónicas prosigue con la identificación y los deberes de los diversos grupos de trabajadores en el Templo (1 Cro 23:1–27:34).

> Los relatos presentan a un David entrado en años, pero con vitalidad física, autoridad real y sabiduría administrativa. No es un David guerrero y militar el que hace todas estas recomendaciones: de acuerdo con los textos bíblicos en Crónicas, el monarca es un tipo de ejecutivo religioso que tenía experiencia en la organización y administración de instituciones cúlticas y litúrgicas.

La etapa final de la vida de David se presenta de diferente forma en los libros de Reyes (1 R 1–2) y Crónicas (1 Cro 22–29). En Reyes, David está muy viejo, frágil, impotente, desgastado y cansado; en las Crónicas, sin embargo, aunque está «colmado de días» o en edad avanzada, mantiene el honor, la sabiduría, el poder y la autoridad. De acuerdo con la perspectiva de los Reyes, el rey estaba encamado, lento, inmóvil, sin energías; ese no es el caso en las Crónicas, que presenta un David entusiasmado por la construcción del Templo, que inclusive participa activamente en la selección de los materiales que serán utilizados en el proyecto.

Esas diferencias en la imagen de David tienen un gran valor político y teológico en relación con el contexto histórico en que se presentan. Las narraciones de Samuel y Reyes provienen de épocas antiguas que, posiblemente, están más cerca de las realidades históricas del famoso rey que en las Crónicas, donde se revisan y reestructuran esas tradiciones antiguas para responder particularmente a los desafíos enormes que le presentaba al pueblo el período de la reconstrucción nacional bajo el imperio persa.

> El David de las Crónicas debe ser un líder firme y decidido, un modelo de monarca que incentive de forma significativa la restauración de una ciudad y una comunidad que debían reorganizarse

alrededor de las instituciones religiosas, pues las dinámicas políticas se gobernaban en última instancia desde Persia.

El David postexílico debía ser un líder religioso de autoridad moral y ética, más que un político astuto, un militar aguerrido o un hombre de Estado.

Otras diferencias entre las narraciones en torno al rey David que se incluyen en los libros de Samuel y Reyes, y las perspectivas que se encuentran en las Crónicas, son las siguientes: en los primeros, la corte se divide en los procesos de sucesión, y en el segundo ni se mencionan las aspiraciones políticas de Adonías; en Samuel y Reyes, Natán y Betsabé interceden con David para nombrar a Salomón como su sucesor, y en las Crónicas, esa iniciativa de sucesión fue totalmente de David. Y respecto a la transición del poder y los inicios del reinado de Salomón, en Samuel y Reyes las instrucciones de David giran en torno a la venganza contra los enemigos y la retribución a los amigos, y en Crónicas, por el contrario, los consejos del rey se relacionan con el bienestar del pueblo y con el firme compromiso divino de apoyar la dinastía con prosperidad.

Después de proclamar a Salomón como rey, ante «todos los principales de Israel, a los sacerdotes y a los levitas» (1 Cro 23:2), David presentó ante la comunidad los deberes y responsabilidades de los levitas (1 Cro 23:1–24:31), la distribución y actividades de los músicos y los cantores (1 Cro 25:1-31) y la disposición de los porteros del Templo (1 Cro 26:1-32). Se nota en las instrucciones que hay conocimiento pleno de las dinámicas administrativas que mueven estas experiencias religiosas, además de incorporar una serie de reflexiones teológicas que expanden el horizonte espiritual de las narraciones.

Un buen ejemplo de esas reflexiones es el comentario en torno a lo que David había dicho respecto a los levitas: «El Señor, Dios de Israel, ha dado paz a su pueblo Israel, y él habitará en Jerusalén para siempre. Por eso los levitas no tendrán que transportar más el Tabernáculo y todos los utensilios para su ministerio» (1 Cro 23:25-26).

De esa forma el cronista afirma varios postulados teológicos de importancia: que el Señor le ha dado paz a Israel, que habita en Jerusalén y que, como se restauraría el Templo, los levitas no tendrían que llevar a efecto sus funciones de forma itinerante.

El último grupo que las Crónicas presenta en la reorganización del pueblo y la restructuración del Templo, antes de David ceder el poder a Salomón, es a los militares (1 Cro 27:1-34). Los dividió en doce grupos para los doce meses del año, y cada grupo, según los textos bíblicos, eran de veinticuatro mil combatientes. Esa enumeración esquemática, fundamentada en el número doce, debe ciertamente incluir elementos simbólicos.

Un comentario teológico es significativo en esta sección. Cuando se alude al censo, se indica que David no lo llevó a efecto entre los que tenían menos de veinte años, pues «el Señor había dicho que multiplicaría a Israel como las estrellas del cielo» (1 Cro 27:23), en una muy clara alusión a las promesas patriarcales (Gn 15:5; 22:17; 26:4).

La sección final de la presentación de oficiales del reino se dedica a los ejecutivos y funcionarios de David que estaban a cargo de diversos sectores económicos del reino (1 Cro 27:25-33). Se identifican de esta forma las personas que supervisaban las siguientes áreas administrativas: los tesoros de los campos, las ciudades, las aldeas y las torres; los trabajadores de la tierra, viñas, olivares, higuerales, almacenes del aceite; las personas encargadas del ganado, camellos, asnas y ovejas. En efecto, se identifican a los administradores de la hacienda del rey David, que es una manera sobria de afirmar ante la comunidad postexílica la importancia de la buena administración para lograr los objetivos en la vida.

Los versículos finales de esta sección se dedican a los oficiales que estaban más cerca de David; se trata de los líderes más importantes del reino, de acuerdo a las narraciones en las Crónicas: Jonatán era el consejero y escriba, y se describe como prudente; Jehiel estaba a cargo de los hijos del rey; Ahitofel era consejero; y Husai era amigo del monarca. La persona encargada de todo el ejército, de acuerdo a esta narración, era Joab (1 Cro 27:32-34). En efecto, esas personas ponen de relieve las áreas más susceptibles de la administración de David.

Salomón sucede a David

El proceso de transición de David a Salomón se produce en un contexto de discursos y recomendaciones. Según el texto bíblico (1 Cro 28:1–29:25), David reunió en Jerusalén a todos los principales de Israel, en una referencia a los líderes más importantes de las tribus. Además, convocó a los jefes del ejército, a los administradores de su hacienda, a los cuidadores de sus hijos y a los combatientes más poderosos y valientes. En efecto, estaba reunida en Jerusalén la plana mayor del Gobierno. Y una reunión de esa envergadura delata que el tema a tratar es de suma importancia.

Ante esa asamblea de pueblo, el rey tomó la palabra y explicó que aunque él tenía el propósito de construir una casa para el Arca del Pacto, «que sirviera de estrado a los pies de nuestro Dios», y se había preparado para llevar a efecto ese plan, el Señor mismo se lo impidió porque había sido un hombre de guerra (1 Cro 28:2-7). Por esa razón, la persona que iba a construir el Templo sería su hijo y sucesor, Salomón. Y en ese contexto, exhortó al pueblo a escuchar, guardar y observar todos los preceptos del Señor, y disfrutar de esa forma la herencia que Dios tenía para ellos.

Luego David se dirigió a su hijo Salomón, y le dio una serie de consejos, más de corte espiritual y religioso que político y administrativo, y le exhortó a servir al Señor con un corazón perfecto y ánimo generoso. Además, le indicó, en frente de todo el pueblo, que había sido elegido por Dios para construir el Templo, y debía esforzarse y hacer el trabajo (1 Cro 28:10).

Utilizó también David el momento para darle copia a Salomón de una serie de planos para llevar a efecto el proyecto de construcción del Templo, que incluían los siguientes edificios: el pórtico del Templo y sus casas, tesorerías, aposentos, salas y la casa del propiciatorio (Ex 25:9, 40; 26:30). Inclusive, le entregó planos de algunas ideas para los atrios del Templo, para las habitaciones circundantes de los sacerdotes y los levitas y para guardar los utensilios del culto. Además, le dio el oro, la plata y las piedras preciosas que se necesitaban para la preparación de los instrumentos pertinentes relacionados con las actividades sacerdotales: por ejemplo, las lámparas y los candelabros, las mesas de la proposición y las tazas, los garfios y las copas, y el altar del incienso y el carro de querubines que transportaba el Arca del Pacto. En efecto, David tomó en consideración hasta los detalles más pequeños de un proyecto grande y complejo.

De esta forma, David no solo le brindó a Salomón la encomienda de construir el Templo, sino que le dio también los planos y los recursos necesarios para llevar a feliz término un proyecto de esta magnitud y naturaleza. Y además, le indica, en una especie de reflexión teológica, que todo lo que le daba, según las Escrituras, lo había recibido directamente de Dios (1 Cro 28:19).

Este discurso de David cobra dimensión nueva, no solo para Salomón, sino para toda la comunidad postexílica, pues de los consejos referentes al Templo se mueve a brindarle una exhortación que tiene repercusiones proféticas: «Anímate y esfuérzate, y manos a la obra; no temas ni desmayes, porque el Señor Dios, mi Dios, estará contigo; Él no te dejará ni te desamparará, hasta que acabes toda la obra para el servicio de la casa del Señor» (1 Cro 28:20; véase también Jos 1:5; 1 Cro 22:13, 16).

El corazón del mensaje de David a Salomón no está orientado a la sabiduría política que se necesitaba para llevar a efecto una administración adecuada y justa del reino, sino que está confinado al Templo. De esta forma, el autor cronista pone de manifiesto claro que su preocupación mayor se relaciona con el tema religioso, específicamente el Templo de Jerusalén. Esa prioridad era necesaria, pues los repatriados de Babilonia necesitaban una palabra de estímulo, estaban ávidos de un mensaje de restauración nacional.

Prosigue el mensaje de David, tanto a su sucesor como al pueblo judío que regresaba del exilio. Le indica a Salomón que, aunque era joven y la tarea era enorme, por esa razón el nuevo monarca necesitaría el apoyo general de toda la comunidad. Y como respuesta a esa exhortación, el pueblo ofrendó con generosidad y gratitud (1 Cro 29:6-9): jefes de familia y militares, príncipes de las tribus de Israel y administradores.

Al ver las respuestas del pueblo, David oró y bendijo al Señor. Le dio al Señor la gloria, la magnificencia, el poder, la victoria y el honor. Reconoció que las riquezas provenían de Dios, y se presentó con humildad ante la presencia divina. Invoca al Dios de los patriarcas, Abrahán, Isaac e Israel, y le suplica que mantenga el corazón de Salomón perfecto, para que pueda guardar sus mandamientos, testimonios y estatutos y concluya la edificación del Templo.

Por la exhortación de David, según las narraciones de las Crónicas, la congregación del pueblo bendijo al Señor, e hicieron sacrificios, trajeron ofrendas y presentaron holocaustos. Fue un día de gran celebración y júbilo, fue una oportunidad extraordinaria para poner de manifiesto la gratitud a Dios por lo que había hecho con David, Salomón y el pueblo de Israel. Inclusive, ungieron nuevamente a Salomón, que según el texto bíblico, fue prosperado, pues Dios engrandeció su reino, y le dio una gloria que no se había visto anteriormente en Israel (1 Cro 29:21-25).

Las palabras finales del primer libro de las Crónicas están reservadas para la muerte de David. El pasaje bíblico indica que murió «en buena vejez, lleno de días, de riquezas y de gloria» (1 Cro 29:26-30). Esa es la forma de indicar, que murió en paz...

El David de las Crónicas no es un político recalcitrante, sino un líder religioso. No es un personaje cautivo en las intrigas del palacio y el reino, sino el líder de una gran congregación. Este tipo de modelo era el que se necesitaba en la época postexílica, cuando la monarquía no estaba en funciones y el Templo y el culto se convirtieron en el centro de la vida del pueblo judío.

En ese momento histórico, Jerusalén no necesitaba un David guerrero, sino un rey que fuera buen modelo religioso, que incentivara las ofrendas para la financiación del proyecto de reconstrucción nacional y que propiciara las experiencias religiosas como elementos de unidad que le brindaban al pueblo sentido de unidad nacional y salud mental y espiritual.

El David de las Crónicas más que un personaje histórico es una figura teológica extraordinaria, que le habla a la comunidad postexílica de las posibilidades de un proyecto de reconstrucción nacional, que incentiva la superación de las dificultades históricas y religiosas que desembocaron en el juicio divino que trajo el exilio, y los motiva a proyectarse con vigor y sabiduría al porvenir, en el nombre del Señor.

Capítulo diez
Lávame más y más de mi maldad

Ten piedad de mi, Dios,
conforme a tu misericordia;
conforme a la multitud de tus piedades
borra mis rebeliones.
¡Lávame más y más de mi maldad
y límpiame de mi pecado!,
porque yo reconozco mis rebeliones,
y mi pecado está siempre delante de mí.

Salmo 51:1-3

Los Salmos

El estudio de David en el salterio es una tarea compleja, por la naturaleza misma y las propiedades del tipo de literatura que incluye.

> El Libro de los Salmos es una colección extensa de poemas que exploraran diversos temas relacionados con la vida de Israel. Son esencialmente oraciones, alabanzas y cánticos que ponen de manifiesto los sentimientos más hondos de un pueblo que debe enfrentar las vicisitudes más complejas y las adversidades más difíciles en la vida.

Y en ese contexto de contextualización, la belleza literaria, el lenguaje figurado y la imaginación poética juegan un papel protagónico.

Las lecturas de los Salmos, en efecto, revelan a David; pero como esos poemas esencialmente son oraciones ante Dios, el idioma que utilizan es figurado, simbólico y polivalente. Estas peculiaridades hacen que nuestro estudio del David en los Salmos tome seriamente en consideración la esencia poética del salterio, su naturaleza literaria.

La amplitud del horizonte teológico y espiritual del salterio hace que nuestra labor de evaluar la figura de David en esta literatura sea más desafiante y compleja. Las referencias históricas precisas que nos puedan ayudar a ubicar a la figura histórica de David no son muchas, mientras que en estos poemas, la evocación, el ingenio y la imaginación abundan.

> Los Salmos son literatura figurada, expresiones litúrgicas, experiencias cúlticas, enseñanzas espirituales y articulaciones metafóricas. Son piezas estéticas que motivan y edifican a la gente de fe; son poemas de gran sensibilidad ética que inspiran y desafían a hombres y mujeres de piedad a vivir a la altura de las exigencias morales y espirituales que se ponen de relieve al estudiar las Sagradas Escrituras.

Transmiten ciertamente un aluvión de posibilidades de interpretación y de alternativas de aplicación, por esa naturaleza poética y simbólica que les caracteriza, y también porque presentan y revelan muchos siglos de vivencias espirituales, desafíos existenciales y experiencias religiosas.

En el Libro de los Salmos se encuentra la oración personal y la plegaria comunitaria del pueblo de Israel. Aunque en otros libros de la Biblia se incluyen también oraciones similares, en contraposición al resto de la Escritura, los Salmos constituyen el diálogo íntimo y extraordinario de un pueblo que se presenta tal y cual es ante su Dios. Los fieles llegan ante el Señor, de acuerdo con el texto del salterio, en medio de sus experiencias cotidianas, con sus esperanzas, frustraciones, debilidades, fortalezas, pecados y amores. En esta extraordinaria tradición religiosa, los Salmos no pretenden ser, como la literatura profética y la legal, enseñanza nueva, sino expresan los sentimientos más hondos del ser humano, y de esa forma se convierten en desafío, al movernos a entrar en una relación noble y transformadora con Dios.

En sus mensajes, los Salmos incluyen la complejidad de la vida y ponen de relieve los temas prioritarios de las doctrinas bíblicas; por ejemplo, salvación, justicia, esperanza, maldad y gratitud. Esas características hacen que el salterio se convierta en material indispensable para la teología, la liturgia y el pensamiento religioso crítico. Y por esa razón, los intentos de resumir y sistematizar la extensión de sus enseñanzas en un libro o documento, además de ser una empresa compleja y ardua, corre el peligro de reducir su importancia y acortar las implicaciones de sus valores.

Como el salterio es el resultado de años y siglos de inspiración divina y redacción humana, los temas que se incluyen son variados, los tópicos que se exploran son muchos. Sin pretender ser exhaustivos, la siguiente lista nos puede brindar una idea inicial de la extensión de los asuntos que se exponen:

- conciencia de la presencia de Dios en medio de las dificultades y los contentamientos de la vida;
- reconocimiento de la necesidad de agradecer a Dios sus favores y misericordias;
- afirmación de la comunión personal e íntima con el Señor;
- recuentos de las intervenciones de Dios en la historia nacional y humana;
- sentido de liberación de las opresiones y persecuciones de los enemigos;

- capacidad de clamar a Dios en el momento de la angustia, con la esperanza de recibir respuesta y liberación;
- y la importancia del rey David en la historia nacional, como modelo de líder que se presenta ante Dios con sus dificultades y pecados, para implorar la misericordia y el perdón del Señor.

David en el título de algunos de los Salmos

> El David del salterio es un hombre piadoso y sensible, un monarca que reconoce y disfruta la misericordia divina, una figura nacional que expone sus faltas e invoca el perdón de Dios, un adorador que al descubrir sus debilidades humanas se allega con humildad al ámbito de lo eterno.

En los Salmos, David es adorador, músico y poeta.

En los poemas y las imágenes del salterio no hay mucho espacio para el personaje histórico: ¡no se enfatizan sus hazañas políticas!, ¡no se destacan sus triunfos militares!, ¡no se exploran sus decisiones administrativas!, ¡no se subrayan sus pecados! En el Libro de los Salmos, se encuentra un David que entiende sus rebeliones y reclama el perdón divino; que comprende que está espiritualmente sucio, e implora al Señor la limpieza de su pecado; que reconoce su maldad y apela a la piedad que emana únicamente del trono de su Dios; que acepta su fragilidad y evoca la gracia divina...

En el Libro de los Salmos, la figura de David se presenta de varias formas. En primer lugar, hay un grupo de poemas que incluyen una serie de títulos en hebreo que se asocian tradicionalmente con el rey, que también era conocido como «el dulce cantor de Israel» (2 Sam 23:1). Y esos salmos individuales con referencias a algún episodio específico de la vida de David son específicamente trece:

- Salmo 3: cuando David huyó de Absalón (2 Sam 15–17).
- Salmo 7: cuando David cantó al Señor en torno a las palabras de Cus el benjaminita (quizá es una referencia a 2 Sam 15:5-8).
- Salmo 18: cuando David sintió que Dios le había librado de las manos enemigas, incluyendo las de Saúl (2 Sam 22).

- Salmo 34: cuando David, para escapar, se fingió loco ante Abimelec (probablemente 1 Sam 21:13).
- Salmo 51: cuando David es confrontado por el profeta Natán en torno a su pecado con Betsabé (2 Sam 12).
- Salmo 52: cuando Deog, el edomita, le dijo a Saúl que David había llegado a la casa de Ahimelec (1 Sam 22:9-10).
- Salmo 54: cuando le dijeron a Saúl que David se escondía entre ellos (1 Sam 23:19; 26:1).
- Salmo 56: cuando los filisteos apresaron a David en Gat (1 Sam 21:14).
- Salmo 57: cuando David huyó de Saúl a la cueva (1 Sam 22:1; 24:3).
- Salmo 59: cuando Saúl ordenó a su casa que matara a David (1 Sam 19:11).
- Salmo 60: cuando David estaba en guerra contra los arameos, y Joab mató a miles de edomitas (2 Sam 8; 1 Cro 18).
- Salmo 63: cuando David estaba en el desierto de Judea (1 Sam 23–30).
- Salmo 142: cuando David estaba en una cueva (1 Sam 22:1; 24:3; 2 Sam 23:13; 1 Cro 11:15).

Varios detalles se ponen de relieve al repasar y estudiar estos títulos y comentarios en torno a la vida de David. A grandes rasgos, estos detalles siguen más las narraciones que se encuentran en los libros de Samuel que las que aparecen en la obra de las Crónicas o el resto de las Escrituras.

El salterio presenta a un David que está en medio de una serie de conflictos continuos, particularmente con Saúl y otros enemigos nacionales e internacionales. Es un David que ora, en respuesta a sus angustias y dificultades.

De singular importancia, al leer este material del salterio y compararlo con las narraciones en torno a David que se incluyen en los libros de Samuel, es descubrir que, generalmente, los relatos históricos no lo muestran en oración, sino con espíritu militar, actitudes bélicas y decisiones administrativas, aunque en momentos podía manifestar algún nivel de misericordia. Los poemas del salterio, sin embargo, presentan a un

David que está regularmente en actitud de oración o en medio de alguna reflexión personal en torno a sus pensamientos y sentimientos. Quizá esta exposición figurada e idealizada de David es adecuada, pues el salterio es esencialmente un libro de oraciones, cánticos y expresiones profundas hacia Dios.

El análisis cuidadoso de los títulos, en comparación con los temas de las oraciones que se incluyen en esos salmos, revela continuidad temática y literaria. Quizá la excepción es el Salmo 60, en el que esa relación temática no está tan clara. Esa continuidad entre título y poema, posiblemente, tiene la intención de incentivar la lectura del salmo pensando en el contexto en el que se indica que David se vio involucrado. Es una manera de orar con David, o quizá una forma de orar al Dios que bendijo y liberó al famoso rey de Israel.

Salmo 51

Un buen ejemplo de un poema del salterio que relaciona título y contenido del poema en torno a David es el Salmo 51.

Con este salmo llegamos al corazón mismo de las plegarias en la Biblia. El poema es una súplica individual que pone claramente de relieve los importantes temas del arrepentimiento y la contrición, y revela también los sentimientos más intensos y profundos del salmista y adorador que pide a Dios perdón, purificación y renovación interior.

Como respuesta a la misericordia divina, el poeta se compromete a dar testimonio del amor y la piedad del Señor, y también afirma que va a trabajar por la conversión y renovación de la gente pecadora.

En su forma actual, este salmo está íntimamente relacionado con el poema anterior (Sal 50), y es una especie de respuesta a la acusación divina que aguarda la reacción y actitud del pueblo. Y esa respuesta se presenta con firmeza y claridad: «al corazón contrito y humillado no despreciarás tú, oh Dios» (Sal 51:17b).

Este salmo es el más conocido del grupo de poemas que se identifican en el salterio como «salmos penitenciales» (véanse, p. ej., Sal 6; 32;

38; 102; 130; 143), que a su vez son una subdivisión de las súplicas individuales (p. ej., Sal 5; 7; 10; 13; 17). Es una oración intensa que revela a una persona en graves problemas, que se presenta ante Dios para confesar su naturaleza pecaminosa y pedir perdón. Y el título hebreo relaciona esta plegaria con David.

> El David del salmo está consciente de su propia miseria, reconoce su condición de maldad y acepta la gravedad de su culpa, pues ha roto la Alianza o el Pacto con Dios (Sal 51:4).

Sus peticiones y súplicas se fundamentan en su realidad humana, que revela la maldad y precariedad, pero que también confía en la providencia divina que manifiesta el amor. Posiblemente, el contexto vital del salmo no es el entorno litúrgico de los cultos de purificación en el Templo, sino la oración personal e individual de alguien que se siente abrumado y herido por su pecado. Su autor es una persona fiel y piadosa que se allega ante el Señor para implorar su misericordia durante el período exílico, o mejor, quizá, en la época postexílica.

Los paralelos de este salmo con la literatura profética, particularmente con la que se desarrolla en el destierro, son muchos e intensos:

- v. 1: Is 43:7
- v. 2: Is 43:25; 44:22; Jer 2:22; 4:14
- v. 3: Is 59:12-13; 65:5-7
- v. 4: Is 42:44; 25:12; 66:4
- v. 5: Ez 16:2-4; Jer 2:11; Is 43:27
- v. 7: Ez 36:25; Is 1:18
- v. 8: Ez 37
- v. 9: Is 59:2; Ez 39:23-24
- v. 10: Jer 31:33-34; Ex 36:26; Ez 11:19; Jer 32:29; Is 51:7
- v. 11: Jer 23:39; 33:25; Is 63:10, 11b
- v. 14: Ez 3:18-20; 33:6, 8, 9; Is 61:10-11
- v. 16: Os 6:6; Am 6:21, 22
- v. 17: Is 57:15b; 61:1b; 66:2b

El título hebreo del salmo, que ocupa dos versículos en el texto hebreo, lo relaciona directamente con el rey David; particularmente alude a un singular episodio en la vida del famoso monarca israelita, en el cual participan también Betsabé, la esposa de Urías, y el profeta Natán (2 Sam 11–12). Sin embargo, la lectura cuidadosa del salmo revela que las ideas expuestas se relacionan mucho mejor con períodos históricos posteriores, específicamente con el siglo VI y V a. C.: por ejemplo, la actitud de rechazo de los sacrificios (Sal 51:16-17), la idea de un nuevo comienzo (Sal 51:10), y la particular expresión «santo espíritu» (Sal 51:11) son características del pensamiento exílico y postexílico.

Los intentos por ubicar la fecha de composición precisa de este salmo van desde los años de Jeremías y Ezequiel hasta los de Nehemías. El título hebreo de este salmo es, posiblemente, producto del interés del redactor final del poema o de la persona que editó el salterio de relacionar una experiencia adversa en la vida de David con la realidad humana llena de maldad que se repite en muchas personas; además, el episodio descrito pone de manifiesto el arrepentimiento sincero del monarca.

La estructura literaria del salmo se asocia íntimamente con los temas expuestos, y es la siguiente:

- invocación inicial: vv. 1-2;
- confesión de pecado: vv. 3-5;
- oración por limpieza y renovación: vv. 6-12;
- compromiso y acción de gracias: vv. 13-17;
- liturgia final: vv. 18-19.

Aunque desde la perspectiva literaria podemos identificar varias secciones del poema, la interacción, integración y relación interna del salmo se ponen claramente de manifiesto. En primer lugar, el salmo incluye una serie de términos que se relacionan con las ideas de transgresión: rebeliones (Sal 51:1); maldad y pecado (v. 2); rebelión y pecado (v. 3); pecado y hacer lo malo (v. 4); maldad y pecado (v. 5); pecados y maldades (v. 9); transgresores y pecadores (v. 13); y homicidios (v. 14). En estas expresiones se revela el ambiente de angustia que vivía el salmista y se pone de manifiesto con claridad la conciencia de maldad que poseía.

Junto a la miseria humana, sin embargo, el poeta pone de relieve la extraordinaria naturaleza amorosa de Dios. Reconociendo su condición pecaminosa, fundamenta su oración en la misericordia divina, e implora con humildad, perdón y renovación.

La sección final desea incorporar al poema los temas de Jerusalén y los sacrificios en el Templo (vv. 18-19). Esta es la enseñanza que el salterio quiere destacar en el poema: como David recibió el perdón divino cuando se allegó ante el Señor con una actitud de arrepentimiento y contrición, así debía hacer el pueblo, particularmente las comunidades repatriadas desde Babilonia luego del exilio.

Generalmente, los salmos de oraciones penitenciales finalizan con un voto de compromiso y dedicación. En este caso, sin embargo, la preocupación del salmo se mueve del nivel personal al colectivo. Específicamente, el poeta desea la restauración de la ciudad de Jerusalén y la reconstrucción de sus muros, temas de gran importancia luego del retorno de los judíos desde Babilonia (Sal 102:13, 16, 21). El arrepentimiento personal que produjo el perdón divino y la restauración, se mueve al nivel nacional.

El salmo culmina con el deseo de restauración nacional, que presupone la contrición y humillación del pueblo. Esos son temas que se necesitaban en la época postexílica, cuando la comunidad repatriada deseaba reconstruir el Templo.

David en el texto de varios Salmos

Un grupo menor de salmos recogen en sus estrofas algunas expresiones que se atribuyen a David o que aluden directamente al famoso rey de Israel. Esos poemas son los siguientes: salmos 18, 78, 89, 122, 132 y 144. Y esa importante literatura religiosa identifica sistemáticamente a David como monarca, desde su perspectiva real, y aluden a él con la dignidad que requiere el respeto protocolar: por ejemplo, como «ungido» (Sal 18:50), «pastor del pueblo» (Sal 78:70-71), receptor de las promesas de una dinastía (Sal 132:11) y alguien a quien Dios bendice con liberación y victorias (Sal 144:10). Estos detalles temáticos, ponen de manifiesto que para comprender mejor al David del salterio hay que estudiar los poemas que se conocen como «salmos reales».

De ese importante grupo de salmos, hay dos que sobresalen (Sal 89 y 132), porque mencionan al rey David en más de una ocasión. Además, en esos poemas, la figura del rey es central y determinante, tanto desde la perspectiva teológica como del ángulo temático.

Salmo 89

Con el Salmo 89 llegamos al final del Libro III del salterio, que esencialmente lamenta profundamente la caída de la dinastía de David.

> La humillación al pueblo a través de la derrota del rey era una pérdida extraordinaria, pues la monarquía representaba una de las instituciones nacionales más importantes en el antiguo Israel, pues se fundamentaba en las promesas de Dios (2 Sam 7).

Culmina el salmo con una doxología, como es común al final de cada uno de los cinco libros del salterio (véase Sal 41:13; 72:20; 89:52; 106:48; 150).

Este salmo está estrechamente relacionado con el anterior (Sal 88), pues ambos abordan el tema de la aflicción profunda del pueblo. Una diferencia básica, sin embargo, es que en el Salmo 89 se manifiesta un mayor alivio a la tristeza angustiante y desesperante que vive el pueblo, ya que la alabanza inicial es ciertamente más directa, firme, enfática y decidida; además, el poema sabiamente incorpora una serie importante de promesas divinas.

El Salmo 89 también puede asociarse con el 73, que inicia esta tercera sección del salterio. Los dos poemas confrontan a la gente piadosa con las complejidades de la vida: el Salmo 73 presenta el tema de la prosperidad de las personas injustas y el 89 articula la crisis de la consecución de la monarquía. De esta forma, toda esta tercera sección del Libro de los Salmos (Sal 73–89), se enmarca en una temática de crisis, ante eventos de gran complejidad y significación en la existencia humana.

El género literario de este salmo es mixto, pues su lectura revela diferencias marcadas en el estilo y las formas. Es esencialmente un salmo de más de un estilo, pues une, junto a un himno de alabanza (Sal 89:118), un recuento del oráculo en torno a la dinastía de David (Sal 89:19-37) y una súplica en favor del monarca (Sal 89:38-52). Por incluir esos detalles temáticos se le identifica como un salmo real. Algunos estudiosos lo interpretan como un salmo de súplica nacional ante alguna crisis mayor del pueblo, que muy bien puede relacionarse con la derrota de Jerusalén a manos de los ejércitos de Nabucodonosor, luego del año 587 o 586 a. C.

El contexto vital original del poema, posiblemente, eran las celebraciones litúrgicas ante las ruinas del Templo de Jerusalén, luego de la caída de la ciudad, la deportación de sus líderes y la destrucción abrupta de su infraestructura política, social, económica y religiosa. El autor debe de haber sido un judío piadoso que presenció la catástrofe nacional, y articula ante Dios esta oración que representa el sentir y las frustraciones del pueblo.

El título hebreo identifica el poema como un *maskil*, y lo asocia a otro término, ezraíta (véase Sal 88), y en esta ocasión es Etán la persona identificada. El salmo incluye en cuatro ocasiones la expresión hebrea *selah* (Sal 89:4, 37, 45, 48), que puede ser el indicio de una pausa en el cántico, o de alguna lectura asociada al poema.

El salmo es largo y complejo, y quizá algunos de sus diversos componentes tienen una historia literaria independiente que se unieron en el exilio para transmitir los sentimientos de la crisis:

- himno de alabanza: Sal 89:1-18;
- recuerdo de la promesa a David: vv. 19-37;
- recuento de la crisis: vv. 38-47;
- súplica por la misericordia divina: vv. 48-51;
- doxología final del salmo y del Libro III: v. 52.

El salmo comienza con una breve introducción que puede dividirse en dos secciones menores (Sal 89:1-18).

El salmista toma la palabra para cantarle a dos de los atributos divinos más importantes del salterio: la misericordia y la fidelidad —que en algunas ocasiones es traducida en las versiones de Reina-Valera como la verdad— (Sal 89:1). El poeta comienza su clamor anclado en esos dos temas, que servirán de apoyo teológico fundamental y de principal agente de unidad en el resto del salmo (Sal 89:2, 14, 24, 28, 33, 49).

En efecto, la misericordia divina es eterna, y su fidelidad, estable como los cielos.

Esos atributos divinos que caracterizan la redacción del salmo se ponen claramente de manifiesto en la historia de Israel. La misericordia y la fidelidad del Señor se hacen realidad en la historia del pueblo a través del pacto o alianza que el Señor hizo con el rey David, identificado en el poema como «su escogido y siervo» (Sal 89:3). Una manera clara de traducir esas categorías teológicas y morales en experiencias históricas concretas es mediante el establecimiento de la dinastía de la casa de David.

El corazón de este himno de alabanza es la proclamación firme del señorío divino sobre la historia, el universo, la humanidad y el pueblo. El único Dios verdadero es el que tiene el poder y la autoridad sobre todo lo creado, representado en las referencias a las diversas maravillas divinas (Sal 89:5): cielos, potentados, santos, mar, Rahab —monstruo marino que representa el caos—, enemigos, tierra, mundo, norte y sur, y los montes Tabor y Hermón. En efecto, ¡es un reconocimiento general! Esa declaración del poder universal de Dios genera en el pueblo de Israel un gran sentido de confianza y seguridad. Esa convicción hace que el salmista exclame con certeza: «El Señor es nuestro escudo, y nuestro rey es el Santo de Israel» (Sal 89:18). Además, esa seguridad genera una afirmación de dicha y felicidad: «Bienaventurado el pueblo que sabe aclamarte; andará, oh Señor, a la luz de tu rostro» (Sal 89:15).

El salmista prosigue su poema haciendo un recuento de la promesa divina a David (Sal 89:19-37). Esa particular promesa divina (2 Sam 7) es un concepto muy importante en la teología bíblica, pues es el fundamento de la institución de la monarquía en Israel y la identifica directamente con el rey David.

¡En el famoso monarca israelita se encarna de manera histórica e institucional la voluntad del Señor!

La primera parte de esa sección (Sal 89:19-29) se relaciona con la trayectoria del monarca. El poema alude, inicialmente, a la unción santa de David (Sal 89:20), y además, hace referencia a sus actividades militares, conquistas políticas y decisiones administrativas que le llevaron al establecimiento, la organización y el desarrollo de un reino que tuvo cierta importancia histórica en la Antigüedad. En efecto, la particular perspectiva teológica del salmo, que revela una vez más la misericordia, el poder y la fidelidad de Dios, ubica a David como hijo predilecto y primogénito de Dios, y lo identifica directamente como «el más excelso de los reyes de la tierra» (Sal 89:27). Culmina esta parte del salmo con la repetición y reiteración de la promesa eterna a la descendencia de David (Sal 89:29).

La segunda parte de esta sección (Sal 89:30-37) destaca el tema de la fidelidad divina a la casa de David. Aunque el estilo literario del mensaje es de tipo profético, el propósito del autor es, posiblemente, la afirmación de la misericordia y la celebración del pacto o alianza. Se destaca en estos versículos la lealtad divina que no se detiene ante las actitudes impropias de los descendientes de David. Dios afirma con firmeza y seguridad, pues jura por su santidad, es decir, por su esencia más profunda e intensa, que no se olvidará de sus compromisos ni de su promesa de consecución de la dinastía davídica. De singular importancia literaria es que la firmeza del trono davídico se compara a la perpetuidad del sol, la luna y el cielo (Sal 89:36-37).

En esta sección final del salmo se pone de relieve la cruda realidad histórica (Sal 89:38-47). El monarca, identificado como «ungido» en el poema, ha sido «desechado» y «menospreciado» (Sal 89:38), en una clara alusión a la experiencia de crisis nacional que vive el salmista y el pueblo. La implicación teológica de esa acción divina es que el Pacto se ha roto y la monarquía se ha derrocado. El poema pone en contraposición las afirmaciones teológicas del Pacto eterno con la realidad histórica de la derrota. El salmo intenta relacionar las promesas divinas con la vivencia del pueblo. La promesa es de esperanza y futuro; la realidad, de derrota y destrucción.

Las imágenes son reveladoras:

Al romperse el Pacto, la corona ha sido profanada; las fortalezas han sido destruidas; los viandantes saquean la ciudad; los enemigos del pueblo se presentan triunfantes; los adversarios están felices; la gloria divina cesó, e Israel está cubierto de afrenta. En efecto, el salmo pone de manifiesto la naturaleza y gravedad de la crisis, y revela la profundidad y amplitud de la derrota.

¡La humillación ha tocado al rey! ¡La deshonra ha llegado al pueblo! ¡La desesperanza se manifiesta en la comunidad! ¡La incertidumbre se muestra en la dinastía!

En la parte final del salmo se presenta una súplica angustiosa (Sal 89:48-51): «¿Hasta cuándo?». En efecto, el poema finaliza con un clamor a que el Señor recuerde sus misericordias antiguas, y presenta nuevamente la crisis nacional: el pueblo está en oprobio porque los enemigos lo han deshonrado y herido. Los grandes interrogantes son los siguientes: ¿dónde están las promesas hechas a David? ¿Por qué la ira divina se manifiesta sin misericordia? La pregunta es muy teológica y existencialmente seria, pues pone de relieve la discontinuidad entre las promesas de Dios y las realidades históricas del pueblo.

La alabanza que culmina el salmo también se convierte en la clausura del Libro III del salterio (Sal 89:52): ¡Dios es bendito por siempre!

Este salmo es muy importante en el salterio, pues revela la crisis que puede generar la discontinuidad entre las promesas divinas y las experiencias y vivencias humanas. Este poema pone en clara evidencia una de las dificultades más complejas a las que puede llegar el ser humano: ¿qué hacer cuando no se ven cumplidas las promesas de Dios? ¿Qué hacer cuando el compromiso de misericordia y fidelidad divina no parecen hacerse realidad? ¿Cómo interpretar las adversidades que hieren profundamente nuestras perspectivas teológicas y nuestras comprensiones de la fe? ¿Cómo enfrentar la vida cuando las circunstancias históricas parecen contradecir las promesas divinas?

El poeta del salmo transforma sus frustraciones en preguntas a Dios, en oraciones sentidas, en peticiones profundas, en clamores hondos, en súplicas intensas. En efecto, el salmista convierte sus dolores en diálogos con Dios, en intimidades con el Eterno, en cercanías con el Señor.

El escritor fue sincero y firme en sus preocupaciones, y se allegó ante Dios sin disimulos ni caretas. Aunque no entendía muy bien las complejidades y adversidades que le rodeaban, el salmista transfirió sus preocupaciones ante el Señor.

Como este poema se relaciona con David, su lectura en la época postexílica era símbolo de esperanza y restauración. El David de este salmo es el siervo de Dios que recibió una promesa divina incondicional. Y como este salmo puede leerse tanto como la oración del monarca como la plegaria de una persona que se allega ante Dios en medio de alguna crisis mayor, sus temas cobran relevancia especial durante el período de la reconstrucción luego del exilio. ¡Al igual que el antiguo rey, el pueblo judío necesitaba urgentemente la reafirmación de las promesas divinas! ¡Como David, la comunidad de repatriados estaba urgida de una revelación divina que les motivara en la construcción del porvenir!

Salmo 132

El Salmo 132, el más largo de los cánticos graduales o de las subidas, es una oración ferviente que recuerda el celo de David al trasladar el Arca del Pacto al monte Sion, en la ciudad de Jerusalén (2 Sam 6:12-19); además, incluye una plegaria a favor del monarca, como respuesta a esa importante gestión.

El poema pone de manifiesto cómo el Señor recompensa a David con una promesa que supera los límites del tiempo natural, pues durará para siempre (2 Sam 7). Esa promesa divina dio origen a las esperanzas mesiánicas que juegan un papel teológico preponderante en las Escrituras.

En efecto, este salmo une los cánticos de las subidas o graduales (Sal 120–134), con la importante teología de las esperanzas mesiánicas.

Una lectura cuidadosa del salmo revela que este poema incorpora temáticamente características de varios tipos: es un salmo real y mesiánico, pues con regularidad menciona a David (Sal 132:1, 10, 11, 17), y también alude al Mesías prometido (Sal 132:11-12). Además, por las referencias a Sion, es decir, a Jerusalén, ciudad donde estaba ubicado el trono del monarca, el poema puede ser considerado como un cántico de Sion. También es muy probable que el salmo se utilizara en las fiestas anuales que recordaban la procesión que llevó el Arca al Templo, lo que lo hace un salmo litúrgico. Finalmente, se asoció a la sección de cánticos graduales o de peregrinación, como se indica en su título hebreo, por su afinidad temática con el Templo y la devoción de los peregrinos que llegaban a adorar.

El autor del salmo debe de haber sido un adorador que, en profundo agradecimiento, recuerda los esfuerzos y el compromiso de David de llevar el Arca al Templo, como lugar adecuado para ubicar el símbolo de la presencia de Dios en medio de su pueblo. Algunos estudiosos asocian la redacción del poema con el mismo rey David; quizá la fecha de composición provenga de los tiempos de la monarquía. Su contexto inicial fueron, posiblemente, las celebraciones anuales que recordaban la dedicación del Templo (2 Cro 6:41-42).

La estructura literaria del salmo se desprende claramente de su análisis temático:

- recuerdo de las acciones heroicas de David: Sal 132:1-5;
- clamor por la intervención divina: vv. 6-10;
- promesa de Dios a David: vv. 11-12;
- el Señor escoge a Sion como su morada eterna: vv. 13-18.

El poema presupone algún tipo de dinámica litúrgica en la cual varios grupos participaban (Sal 132:1-5). Al comenzar, un grupo coral se dirige al Señor para que recuerde las aflicciones que pasó el rey David cuando decidió bajo juramento solemne construir un templo a Dios. Se alude de esa forma a las vicisitudes del monarca, que son recordadas y elogiadas por el poeta y el pueblo. La oración destaca los votos del rey ante Dios, que se identifica como «Fuerte de Jacob» (Sal 132:2, 5; véase también Is 1:24, donde la referencia es al «Fuerte de Israel»), que es un muy antiguo título divino que alude a la época patriarcal. Esa es una manera figurada de poner de manifiesto la antigüedad de la revelación divina, una forma de expandir el horizonte histórico y teológico del mensaje.

Esta sección del salmo puede relacionarse con un episodio importante en la vida de David:

> Se alude a los planes del monarca de mover el Arca del Pacto a una nueva morada en la recién conquistada ciudad de Jebús (2 Sam 6). El propósito primordial del rey era convertir el antiguo bastión histórico de los jebuseos en capital del reino unido y en el centro político, militar, administrativo, económico y religioso de la nación israelita.

Las aflicciones de David se representan en su negativa de hacer varias cosas necesarias para el disfrute de una vida normal y saludable: no entrará en su casa, ni se acostará en su cama, ni dará sueño a sus ojos, ni a sus párpados adormecimiento. La idea es indicar que el monarca no descansará hasta que haya construido la morada permanente del Señor. El propósito del monarca, de acuerdo con la oración, era ubicar el símbolo de la presencia divina en un lugar adecuado, permanente y seguro.

El salmo forma parte de las celebraciones litúrgicas anuales del Templo, en donde se recrean las dinámicas de la llegada del Arca a Jerusalén (Sal 132:6-10). El pueblo responde al llamado inicial y alude a Efrata, nombre derivado de Efraín, que se asociaba a la ciudad y región de Belén, de donde David era oriundo. El pueblo se anima a sí mismo: ¡se motiva a entrar en el Tabernáculo y a postrarse ante el estrado de sus pies! El Tabernáculo es la morada o el Templo, y el estrado alude al Arca, adonde el pueblo llega para postrarse con humildad y reconocimiento.

«Los campos del bosque» pueden ser una referencia a la ciudad de Quiriat-jearim, que significa «ciudad de los bosques», y que está ubicada a unos quince kilómetros al noroeste de Jerusalén (Jos 9:17). El Arca del Pacto estuvo ubicada en esa ciudad por algún tiempo, cuando fue devuelta por los filisteos al pueblo de Israel (1 Sam 7:1).

La petición del pueblo se convierte en reclamo militar (Sal 132:8). «Levántate», en las Escrituras, es una expresión de guerra, es un reclamo a la intervención divina, es una manera de suplicar la manifestación extraordinaria de Dios. El propósito del salmista es reclamar la respuesta misericordiosa de Dios ante los esfuerzos, el compromiso y la dedicación de David, y también ante la adoración humilde del pueblo.

Y en medio de esas dinámicas de celebración, se reclaman las acciones justas de los sacerdotes y se afirma el regocijo del pueblo, que en esta ocasión se identifican como «santos». Se unen de esta forma los temas de la justicia y el gozo, que son tan importantes para la salud social y espiritual tanto de los individuos como de las naciones.

El pueblo suplica que Dios no quite su rostro de su ungido, en referencia al monarca de turno, por amor a David, su siervo. La oración toma nuevos niveles históricos y teológicos. La bendición de David debe pasar a sus descendientes en la monarquía, por amor a las acciones nobles y justas del iniciador de la dinastía. Esa referencia al Mesías davídico ha sido interpretada de forma figurada por las iglesias cristianas y los creyentes a través de la historia, y se ha asociado al ministerio de Jesús de Nazaret.

Ante la plegaria sentida del pueblo responde algún sacerdote con una palabra de afirmación y seguridad (Sal 132:11-12). El clamor ante Dios se convierte en una referencia clara a las promesas de Dios a David a través del profeta Natán (2 Sam 7): ¡la dinastía de David no tendrá fin! El poema afirma que Dios no se retractará de su promesa, que es una posible alusión solapada a la infidelidad de los monarcas. Aunque el pueblo sea desleal, Dios siempre es fiel a sus promesas. El juramento divino no es como los compromisos humanos. Los descendientes de David pueden olvidar sus responsabilidades, pero la esperanza del pueblo no está en las fidelidades humanas sino en las misericordias divinas.

La sección que finaliza el poema destaca nuevamente el tema de Sion como morada permanente del Señor (Sal 132:13-18).

¡Dios escogió la ciudad de Jerusalén como su morada eterna! ¡En Sion Dios habitará y descansará! Y esa ciudad se convertirá en el lugar ideal, pues se caracterizará por la salud, el bienestar, la abundancia, el gozo y la salvación.

En efecto, la presencia divina transformará las dinámicas naturales de la ciudad y las convertirá en representaciones de la justicia divina.

De particular importancia en el poema es la preocupación por las personas pobres. En la ciudad de Dios, donde se manifiesta la justicia, se saciará el hambre de la gente indigente. Una de las preocupaciones teológicas y pragmáticas del poeta es poner de manifiesto que ante la revelación extraordinaria de Dios habrá alimentación adecuada e implantación de la justicia, que son los reclamos básicos del pueblo a sus monarcas. Y la felicidad y el regocijo de los habitantes de la ciudad son frutos de ese ambiente de salud social y virtud moral.

De acuerdo con el salmo, en ese ambiente de paz, justicia y seguridad, se pondrá en evidencia el antiguo poder de David, en alusión a sus conquistas y compromiso de justicia. La palabra final del poema revela la intención de su autor: mientras los enemigos serán confundidos, derrotados y humillados, el pueblo de Dios, representado por David y su descendencia, disfrutará del triunfo, ilustrado por las coronas, que son signos claros de abundancia y victoria.

El particular nombre de Dios aparece con regularidad en este salmo —Yahvé o Jehová en las traducciones de Reina-Valera—; además, el poeta también alude al Señor como el «Fuerte de Jacob», que se relaciona con la época patriarcal, que alude al Dios que establece alianzas y camina con su pueblo a través de las dificultades políticas, económicas, sociales y espirituales del período antes de la conquista de la Tierra Prometida y la monarquía.

De forma poética, el salmista relaciona al Dios de los patriarcas y matriarcas de Israel con el Señor que llamó a David y le prometió una dinastía permanente. Esa es una manera de afirmar la importancia teológica del salmo en la época postexílica.

Ese es el Señor que se reveló a los antepasados de Israel y prometió a David una casa eterna. Esa firme convicción permitió a los judíos repatriados interpretar la historia del pueblo de Israel como el escenario natural de las intervenciones divinas. Y fundamentado en esas convicciones, enfrentó las más agónicas adversidades con autoridad y valor. En efecto, no se amilanó ante las amenazas, ni se detuvo ante las persecuciones, ni se desorientó por las negaciones y traiciones.

La autoridad moral que orientó la vida del pueblo, luego del exilio, se fundamentó en esas importantes convicciones teológicas: Dios se reveló a los antepasados del pueblo de Israel, estableció una alianza eterna con la dinastía de David, y escogió a Sion, la ciudad de Jerusalén, como su morada permanente. Y en esa extraordinaria tradición teológica y espiritual, el pueblo fundamentó su programa educativo para el porvenir, que dio prioridad, como el salmista, a la gente en necesidad y a los sectores más marginados y dolidos de la sociedad.

Como en el libro de las Crónicas, el Salmo 132 presenta a un David asociado a las tradiciones del culto en el Templo, específicamente a los detalles relacionados con la adoración, los cánticos y la música. Además, se afirma que la promesa divina de la dinastía davídica es fiel y segura, pero se requiere lealtad al pacto y obediencia a los decretos divinos de parte de los descendientes de David (Sal 132:11-12). Y esa percepción teológica es fuente de esperanza y seguridad para la comunidad de repatriados a Jerusalén.

David en el salterio

La importante relación de David con el Libro de los Salmos se pone claramente de manifiesto en la gran cantidad de poemas que se le atribuyen, o que se relacionan con su dinastía: ¡setenta y tres! Las Escrituras hebreas son testigos de la muy antigua tradición que le atribuía al monarca dones especiales para la música y la composición. Inclusive, es conocido como «el dulce cantor de Israel» (2 Sam 23:1), que es una manera de enfatizar sus capacidades poéticas y de destacar sus virtudes literarias, y también una forma de reconocimiento y aceptación de sus composiciones. Y esos extraordinarios dones poéticos y musicales, según las narraciones bíblicas, le fueron dados por el Señor.

De acuerdo con el testimonio bíblico, los cánticos y la música de David liberaban al rey Saúl de los malos espíritus que le atormentaban (1 Sam 16:14-23); los relatos bíblicos aluden a sus cánticos en medio de catástrofes nacionales (2 Sam 1:17-27; 3:33-34); e, inclusive, se le atribuye al famoso soberano israelita la elaboración de diversos instrumentos musicales (véase, p. ej., 2 Cro 7:6; Neh 12:36; Am 6:5).

Posteriormente en la historia, cuando la institución de la monarquía había dejado de existir en Israel, se reconocía que David había sido el organizador principal de los diversos grupos de cantantes y músicos en el Templo de Jerusalén (1 Cro 15:16-24; 16:4-6; 25:1-31). Y por el año 190 a. C., el sabio Jesús, hijo de Sira, presentó poéticamente la vida de David, y lo describe cantando salmos al Señor en diversas etapas de su vida e identificando la música necesaria para las diversas festividades nacionales del pueblo de Israel (Eclo 47:8-10).

En el período neotestamentario es muy generalizado el reconocimiento de David como autor principal del Libro de los Salmos. De esa época, uno de los manuscritos de Qumrán (11 QPsa) incluye una importante nota en torno a las composiciones poéticas de David, que le fueron dadas por Dios: tres mil seiscientas (3 600) alabanzas, cuatrocientos cuarenta y seis (446) cánticos para la adoración diaria y eventos especiales, y cuatro canciones que debían entonarse con arpas o liras para liberar a personas atormentadas por espíritus. ¡Un gran total de 4 050 composiciones!

El Nuevo Testamento se hace eco de esas tradiciones antiguas, y atribuye a David algunas citas de salmos que tienen interpretaciones mesiánicas. De acuerdo con esa comprensión del salterio y de David, el antiguo monarca hablaba «por el espíritu» o «profetizaba». Dios mismo y el Espíritu Santo hablaban a través de él (véase, p. ej., Sal 110 en Mc 12:36-37; Sal 69 y 109 en Hch 1:16-22; Sal 16 y 110 en Hch 2:29-42; Sal 32 en Ro 4:6-8; Sal 95 en Heb 4:7). Posteriormente, en el siglo II de la Iglesia, una opinión rabínica de gran importancia indica claramente que David escribió los Salmos, con la ayuda de Adán, Melquisedec, Abrahán, Moisés, Hemán, Jedutún, Asaf y los tres hijos de Coré. Generalmente, se entendía que los salmos eran el trabajo profético de David.

La erudición moderna, que intenta fundamentar sus conclusiones en la evidencia literaria, el análisis histórico y la reflexión teológica crítica, ha revisado esas afirmaciones y se ha replanteado seriamente la afirmación de la autoría davídica de muchos salmos. Las notas históricas que se incluyen como epígrafes, cabeceras o títulos hebreos de trece salmos son evidentemente añadiduras posteriores que intentan relacionar alguna frase o palabra del salmo con varios incidentes en la vida del famoso monarca israelita (véase, p. ej., Sal 3).

Las referencias «a David» en muchos títulos de salmos no son necesariamente afirmaciones de autoría, sino declaraciones de reconocimiento de autoridad. Y aunque es muy difícil relacionar algún poema específico del salterio con su autoría particular, David es ciertamente el líder que inspira la música cúltica e incentiva las alabanzas a Dios de parte de la comunidad.

En ese sentido figurado, David es, en efecto, el «autor del salterio» por excelencia, pues es su autoridad y fama como músico y poeta la que le brinda al Libro de los Salmos el reconocimiento público y el aprecio del pueblo de Israel y, posteriormente, de las Iglesias.

Desde esa perspectiva de la tradición religiosa, el salterio presenta de forma general y espiritual, la voz de David, que aconseja, alaba, intercede y bendice a Dios con estas oraciones, cánticos y plegarias. Y esa voz davídica es la que se articula en varios salmos de importancia.

Salmo 1

La sección inicial del salterio (Sal 1–41) comienza la serie de poemas que se conocen tradicionalmente como los salmos de David, pues en su gran mayoría el título hebreo los relaciona con el famoso monarca y poeta de Israel —con la excepción de los Salmos 10 y 33—. Posee una estructura interna que revela coherencia teológica y delata la presencia de grupos temáticos y literarios de salmos (p. ej., Sal 3–14; 15–24; 25–34; 35–41). Los Salmos 15 y 24, por ejemplo, son liturgias de entrada al Templo; y los Salmos 35 y 40, ubicados en disposición paralela, presentan la vergüenza y la confusión de los adversarios de la persona que ora. Los primeros dos salmos constituyen la introducción a todo el salterio.

El primer salmo afirma las virtudes de las personas justas que «meditan en la Ley del Señor», y puede entenderse no solo como el poema inicial del salterio, sino como la introducción a toda esta obra literaria. Posiblemente, en algún momento de su historia de redacción, estuvo unido, o por lo menos relacionado, al segundo salmo. La referencia en Hechos 13:33 puede ser un indicio de que estos primeros dos salmos se entendían en la Antigüedad —p. ej. en el Talmud: Berajot, 9b— como una unidad; y esa percepción aumenta al notar que ninguno de estos poemas tiene título hebreo, y que el segundo salmo finaliza con la enseñanza de la bienaventuranza (Sal 2:12), que es el tema central del primero (Sal 1:1).

Este poema inicial debe de haber sido escrito en círculos sapienciales, donde los maestros de la sabiduría cumplían sus responsabilidades pedagógicas con la comunidad (véanse, p. ej., Jer 8:9; 18:18; Ecl 12:9; Pr 8:1-36). La finalidad era instruir al pueblo en torno al conocimiento de la vida y respecto a las formas de actuar con fundamentos éticos y morales firmes (véase Sal 32; 34; 49). Posiblemente, el editor final del salterio incluyó este salmo al comienzo de la colección para subrayar el particular propósito pedagógico del Libro de los Salmos: invitar a la comunidad a vivir vidas piadosas fundamentadas en las enseñanzas de la Ley del Señor.

La redacción del salmo es compleja. En primer lugar, su estilo, más que un himno de alabanza o plegaria individual o colectiva, es una afirmación educativa, una enseñanza, una exhortación piadosa. Posiblemente, el poema se escribió no tanto para la adoración pública y el culto de los fieles en el Templo, como para ser utilizado en los contextos pedagógicos de la comunidad y contribuir a los procesos formativos del pueblo.

El poema no presenta varias de las características tradicionales relacionadas con la poética hebrea; particularmente, su métrica es irregular. Algunos estudiosos describen el escrito como un buen ejemplo bíblico de prosa poética. Y su fecha de composición se devela al analizar el vocabulario utilizado, evaluar los conceptos expuestos, ponderar la influencia de la literatura de sabiduría en el salmo, estudiar la referencia a la Ley escrita, revisar la exposición de los temas de castigos y recompensas, y entender su similitud con Jeremías 17:5-8: el salmo es producto de la época postexílica.

El poema puede dividirse estructural y temáticamente en, por lo menos, dos secciones básicas:

- la vida piadosa y justa: vv. 1-4;
- las consecuencias de la maldad y el pecado: vv. 5-6.

El propósito principal del autor del salmo es poner de relieve las virtudes que se relacionan con los estilos de vida que rechazan abiertamente la maldad y el pecado en sus diversas manifestaciones.

En efecto, la gente que entiende las implicaciones extraordinarias de vivir a la altura de las exigencias divinas son como los árboles bien plantados y alimentados: ¡producen fruto abundante! Por el contrario, el futuro de las personas que viven de acuerdo con la maldad es desastroso, y el destino de la gente que actúa según los consejos pecaminosos es la muerte. ¡Esos hombres y mujeres de iniquidad no tendrán espacio en los lugares que Dios tiene preparados y reservados para el disfrute de su pueblo!

La palabra hebrea traducida en las versiones castellanas como «bienaventurado» describe a la persona feliz, dichosa y alegre, y revela el particular y distintivo tono educativo del salmo (Sal 1:1-3). La expresión, además, pone de manifiesto la relación estrecha del salmo con la literatura sapiencial de la Biblia. La felicidad de la persona bienaventurada, o del grupo dichoso, se fundamenta esencialmente en lo que son —p. ej., «pobres» (Lc 6:20)— o en lo que hacen —p. ej., «pacificadores» (Mt 5:9)—. Las Sagradas Escrituras incluyen diversas «bienaventuranzas» que ponen de relieve la afirmación divina para personas fieles (p. ej., Sal 2:12b; Mt 5–7; Ap 1:3).

En las Escrituras, las bienaventuranzas presentan una estructura literaria bien definida que incluye dos componentes primordiales. El primero presenta la fórmula de la bendición —p. ej., «bienaventurado es el varón...»—; y el segundo identifica un tipo de comportamiento o conducta positiva —p. ej., «...no anduvo en consejo de malos...»— (véase Sal 34:8). En el contexto del salmo inicial, la bienaventuranza identifica, en primer lugar, las conductas impropias de las personas (Sal 34:1), para posteriormente presentar las acciones que deben emularse (Sal 34:2).

El salmo es parte de esa importante tradición literaria en la Biblia que afirma que el comportamiento diario debe fundamentarse en los principios, las enseñanzas y los valores que se promulgan en la Ley. La sabiduría, que de acuerdo a los Proverbios (1:7) es el temor o la reverencia al Señor, debe ser la base y el fundamento moral de la vida.

La persona piadosa, religiosa, sabia, prudente o, en términos del salmo, «bienaventurada», es la que incorpora la sabiduría bíblica en su estilo de vida diario, pues según el texto, ese tipo de sabiduría no es una virtud hipotética, esotérica, especulativa o filosófica, con alguna repercusión de mayor o menor importancia en el porvenir indeterminado, sino un valor real para la vida presente.

La palabra «bienaventurado» no se utiliza en la Biblia para referirse a Dios, pues su sentido fundamental es el de transmitir la bendición divina. La expresión expresa la idea de gozo intenso, felicidad plena, dicha absoluta, alegría abundante, contentamiento amplio. Y aunque el término hebreo se traduce al castellano en masculino, la expresión claramente incluye mujeres, ancianos, ancianas, niños y niñas, pues los conceptos y las ideas de dicha y bienestar en la cultura bíblica se relacionan con toda la familia, y la felicidad plena se disfrutaba prioritariamente en el entorno familiar.

Varios verbos describen adecuadamente la naturaleza y el perfil de las personas bienaventuradas del poema: no «andan», ni «están», ni mucho menos «se sientan» en lugares donde la gente malvada brinda sus consejos, caminan o se sientan. La gente verdaderamente dichosa es la que no fundamenta las decisiones importantes de la vida en consejos imprudentes, en reflexiones malvadas, en actitudes pecadoras, en fundamentos injustos, en análisis impíos. La gente feliz es la que medita en la Ley del Señor «de noche y de día», que es una manera hebrea de describir un tipo de actitud educativa humilde, continua, perseverante y permanente.

Las personas que disfrutan a plenitud la existencia son las que constantemente se ocupan en la reflexión sobria, la buena lectura, el estudio serio, el análisis crítico, la apropiación de valores y el compartir las enseñanzas transformadoras que se desprenden de la revelación divina.

El salmo compara a las personas bienaventuradas con los árboles que han sido plantados en lugares propicios para dar sombra y fruto. Según el salmo, la prosperidad responsable y verdadera no es fortuita ni tampoco es un parámetro del ingenio ni depende de la sagacidad. El bienestar es producto de rechazar los estilos de vida malvados y pecaminosos, y la dicha es el resultado de reconocer la importancia del estudio intenso y profundo de la Ley de Dios. La superficialidad y la irresponsabilidad no pueden ser los principios que generen acciones de importancia entre las personas. La gente feliz hace de la Ley divina su apoyo y guía.

Las palabras hebreas que utiliza el salmo para describir a la contraparte de la gente de Dios han sido traducidas al castellano como «malos», «pecadores» y «escarnecedores». En el salterio, estas expresiones generalmente identifican a los enemigos del Señor, que se convierten de forma práctica en los adversarios de la gente de bien. El salmo reclama fidelidad y lealtad a Dios, ante los consejos de personas que no responden a las directrices divinas y no patrocinan los valores que se afirman en la Ley.

Los pecadores son los que se desvían de la revelación de Dios y hacen de su parecer y sus opiniones los fundamentos principales de las decisiones. «Estar en camino de pecadores» es una expresión figurada que equivale a aceptar el estilo de vida inadecuado y perecedero de la maldad. Y «sentarse en silla de escarnecedores» no alude a algún acto de movimiento físico del cuerpo; revela, en efecto, la participación activa y consciente de algún proceso pecaminoso o dinámica inadecuada de maldad.

La Ley del Señor es algo más que el cuerpo de legislación del pueblo de Israel, según se incluye en la Torá o Pentateuco. Se refiere más específicamente a las instrucciones divinas, alude a la revelación del Señor, describe las enseñanzas que contribuyen significativamente a las transformaciones sustanciales de los individuos y los pueblos, y apunta hacia los valores que constituyen la espina dorsal de la voluntad de Dios. La Ley divina sobrepasa los límites de algún código humano, pues contiene las instrucciones divinas necesarias para la vida plena, agradable a Dios y a la humanidad. Su contenido verdadero desborda los linderos de los conceptos legales y jurídicos para penetrar con vigor y autoridad en el mundo educativo de la sociología y psicología de la enseñanza y el aprendizaje.

Meditar en la Ley del Señor es mucho más que la afirmación de un ejercicio intelectual: se requiere voluntad, disposición, compromiso, seguridad, madurez, valentía.

La gente bienaventurada escudriña la Ley —¡que no solo es el texto de los «Diez Mandamientos»!—, y disfruta sus enseñanzas transformadoras, pues descubre e implanta sus implicaciones éticas, morales y espirituales. La Ley divina, en efecto, educa, transforma, redime y libera, y sale al encuentro de las personas para manifestarles el camino del bien y la senda justa de la vida (Sal 19:7-14; 119).

Para el salmista, meditar y aplicar la «Ley» divina no es yugo cautivante y hostil, sino un proceso de disfrute pleno y grato. En ese contexto de la Ley, la expresión «delicia», junto a las imágenes de alegría y disfrute, también transmite los conceptos de preocupación e interés. Meditar en la Ley, entonces, no solo es motivo de contentamiento y felicidad, sino objeto de análisis sobrio, ponderado, profundo y crítico, pues el ser humano bienaventurado desea descubrir la voluntad divina para llevarla a efecto.

La comparación del ser humano y el árbol frondoso es común en el Antiguo Testamento (véase Sal 92:12-15; Jer 11:19; 17:8; Ez 17:510,

22-24; 19:10), y también se repite en el Oriente Medio (p. ej., en la literatura egipcia y en Qumrán). Por lo común de las palmeras en la región, algunos estudiosos las identifican con el «árbol» del salmo (Sal 92:12). El uso de la palabra hebrea traducida como «plantado» puede ser una referencia a que el ser humano es feliz en la medida que se relaciona íntimamente con Dios, de la forma que el árbol se nutre junto a las fuentes de agua. Y la alusión a las aguas puede poner de manifiesto no solo los ríos y manantiales naturales, sino los canales de irrigación que eran comunes en Egipto y Mesopotamia.

De esa forma ordenada y efectiva, el árbol recibía los nutrientes necesarios, independientemente de los caprichos del tiempo y sus inclemencias, para mantener sus hojas y brindar buenos frutos en la época precisa. Más que algún símbolo relacionado con la inmortalidad, la imagen afirma la importancia de vivir amparado en la Ley divina, que produce en las personas bienestar, seguridad, paz y prosperidad.

Las personas malvadas no siguen el camino de los justos ni disfrutan de sus abundancias (Sal 1:4). La imagen del «tamo que arrebata el viento», en contraposición a la gente bienaventurada de la primera sección del salmo (Sal 1:1-3), posiblemente alude tanto a la gente pecadora como a su destino final. La referencia al tamo presenta lo efímero de la vida, lo superficial de la existencia humana, lo pasajero de la humanidad. La imagen del tamo perecedero que es movido por el vaivén continuo del viento caprichoso contrasta abiertamente con el árbol sobrio que permanece seguro junto a las corrientes de agua.

Esa metáfora es utilizada frecuentemente como referencia al juicio divino (p. ej., Sal 33:5; Os 13:3). El contraste es claro y directo: la gente fiel tiene estabilidad y seguridad en la vida; las personas pecadoras están a la merced de los vientos caprichosos e inimaginables de la existencia humana.

La comprensión adecuada de un versículo del salmo presenta algunas dificultades extraordinarias para los estudiosos de la Escritura (Sal 1:5). El gran desafío exegético es la interpretación precisa y el significado real de la palabra «juicio». ¿A qué específicamente se refiere el salmista cuando indica claramente que los malos no se levantarán en el «juicio»? ¿Qué concepto de juicio divino poseía el salmista en este contexto?

Posiblemente, la expresión debe interpretarse como una descripción adecuada de la justa acción cotidiana de Dios, que continuamente separa a los pecadores de su congregación, de su presencia, de su entorno santo. El juicio puede aludir a la acción divina de separar los malvados y los pecadores de la gente de bien, que es descrita en el primer versículo del salmo como la persona bienaventurada, que prospera porque hace de la Ley del Señor su baluarte y sostén.

Otros estudiosos piensan que la referencia al juicio es escatológica. Sin embargo, esa interpretación no recibe mucho apoyo de la lectura e interpretación del salmo, que tiende a ser inmediata. La finalidad del salmo es poner de manifiesto las virtudes históricas de la lectura continua de la Ley de Dios.

La interpretación de «se levantarán» se relaciona íntimamente con la comprensión del término «juicio». Las versiones antiguas aludían al juicio final y a la resurrección de entre los muertos, pues únicamente los justos se levantarán o resucitarán en el tiempo del fin (véase Is 26:14-19). El verbo hebreo que está subyacente en el texto bíblico puede también ser traducido como «durar» o «permanecer». De esta forma, la interpretación del versículo sería: los malvados no permanecerán ni durarán ante la presencia de Dios, ni frente a la manifestación formidable del juicio divino.

> La «congregación de los justos» es una referencia a la comunidad de adoración, al pueblo de Israel (Sal 111:1). Y «los justos», en la tradición de la teología del salmo, son una referencia a las personas que actúan de acuerdo a las normas que se revelan en la Ley.

Los criterios básicos para la descripción de estas personas no son reglas éticas especulativas, sino el cumplimiento cabal y real de la voluntad divina.

La gente justa se presenta ante Dios con integridad, se allega ante sus hermanos y hermanas con honestidad y levanta su voz profética en medio de la sociedad con responsabilidad. Los pecadores no pueden llegar al lugar donde se encuentran las personas nobles y justas, porque no tienen principios morales ni valores éticos que los sostengan.

El salmo finaliza con una gran afirmación teológica (Sal 1:6): Dios conoce muy bien el camino de las personas justas, y también sabe del sendero de la gente pecadora. La palabra traducida en nuestras Biblias como «conocer», en hebreo, sugiere y articula no solo la idea de comprender intelectualmente, sino que implica un nivel de relación íntima extraordinaria. El Señor se preocupa e interesa por los justos (Sal 3:17), y preserva, vigila, atiende y ama a la gente que es capaz de sobreponerse a las tentaciones de seguir los consejos de los malvados.

La senda y el destino final de los hombres y las mujeres que viven según los principios de la maldad es la perdición, mientras que el presente y el futuro de la gente justa y bienaventurada es el conocimiento de Dios, que presupone comunión íntima y amistad sincera. Esa relación grata e indispensable se nutre y sustenta en la meditación diaria que se hace de la Ley divina.

El contraste de los dos caminos o los dos tipos de personas que presenta el salmo también se manifiesta en las ideas y los mensajes que incluyó Jesús de Nazaret en el Sermón del Monte (Mt 7:13-14). El Señor Jesús, que era famoso por su tarea educativa, habló de dos puertas: una ancha, que conduce a la perdición y el descalabro; y una estrecha, que lleva a la vida eterna y abundante.

Salmo 2

Mientras el primer salmo articula los desafíos a los que deben responder los individuos en la vida, el segundo revela la actitud de la comunidad de fe ante los problemas que se relacionan con las naciones en busca de poder. En el primero se afirma la importancia de la Ley divina; en el segundo se presenta al ungido del Señor, que tiene el poder para liberar a las naciones. Mientras en el primero se pone de relieve el proceso educativo y la sabiduría, en el salmo segundo se manifiesta la voz poética del Mesías, que indica: «Servid al Señor con temor, y alegraos con temblor» (Sal 2:11).

La relación entre los primeros dos salmos puede verse en los siguientes detalles: ninguno de los dos poemas tiene títulos hebreos o suscripciones, las bienaventuranzas juegan un papel de importancia en el escrito (1:1 y 2:12), y en la Antigüedad se estudiaban unidos (Hch 13:33). En cierto sentido, el primer salmo presenta el tema de los dos caminos para los individuos, y el segundo continúa el mismo tema desde la perspectiva comunitaria, nacional e internacional.

Estudiados desde ese aspecto, se puede afirmar que la unión de estos salmos es una magnífica introducción a todo el salterio, que tiene como finalidad inspirar y desafiar a individuos y pueblos a ser fieles a Dios mediante el estudio profundo de la Ley y a través de la afirmación de sus implicaciones personales y nacionales.

El segundo salmo puede clasificarse claramente como un salmo real, en el cual el rey sin duda está detrás de la ideología del escrito. Y, posiblemente, formaba parte de las ceremonias cultuales de entronización y coronación del monarca, o de las festividades anuales que recordaban y recreaban esos eventos. Esas actividades no eran rituales superficiales y pasajeros, sino eventos religiosos y políticos de gran envergadura y significación social, militar y espiritual.

El evento incluía el poner la corona real sobre la cabeza del rey, la presentación oficial del documento de iniciación del reinado y la proclamación y unción del monarca (2 R 11:12). Algunos estudiosos piensan que el salmo incluye la primera afirmación del rey a sus súbditos (Sal 2:7-9).

Por las referencias directas al rey de Israel, se piensa que el salmo, efectivamente, proviene de una época preexílica, cuando la monarquía israelita jugaba un papel fundamental en la vida del pueblo. El autor, posiblemente, estaba relacionado con algún monarca de turno, o quizá era un profeta que tenía responsabilidades de importancia en el culto del Templo de Jerusalén.

Otros estudiosos, sin embargo, han relacionado el salmo con el período postexílico, y lo interpretan de forma profética y escatológica: ¡el rey aludido en el poema es el «David venidero», el Mesías esperado, el ungido que llegará en el futuro! (Jer 23:5; 30:9; Ez 34:23; 37:24). Y esa comprensión del salmo puede dar base a las importantes interpretaciones y lecturas cristianas y mesiánicas, que aplican sus temas fundamentales y sus enseñanzas básicas a la vida y al ministerio de Jesús de Nazaret (véanse p. ej., Hch 4:25-26; 13:33; Heb 1:5; 5:5; Ap 2:27; 19:18).

En efecto, la lectura sobria y sosegada del poema descubre la universalidad del escrito, que evade hacer referencias históricas precisas y claras y evita la identificación concreta de detalles que puedan ubicar el salmo en algún momento preciso en la vida del pueblo de Israel. Esa característica general y universal del salmo ha contribuido sustancialmente a sus interpretaciones mesiánicas. Además, esa misma peculiaridad le brinda al escrito el poder para ser parte de la introducción general al salterio. El primer salmo afirma la Ley, y el segundo, al Mesías.

Este salmo contiene las características básicas de la poesía hebrea. Incluye buena métrica y cuatro estrofas bien definidas. La primera estrofa (Sal 2:1-3) describe las conspiraciones nacionales e internacionales contra el Señor y su ungido; la segunda (Sal 2:4-6) presenta las reacciones del Señor ante los motines humanos; en la tercera (Sal 2:79) se incluye el decreto divino a favor del ungido y su misión; y, finalmente, en la cuarta (Sal 2:10-12), se da el ultimátum divino a las naciones y sus líderes, y se añade una bienaventuranza para las personas que confían en el Señor.

Desde la perspectiva literaria, el salmo revela complejidades estilísticas, pues manifiesta un carácter dramático. El poeta incluyó en el escrito a diversos personajes que levantan su voz en el salmo. En primer lugar, hablan las naciones y sus reyes con arrogancia (Sal 2:1-3); luego, el Señor presenta al ungido (Sal 2:4-5); posteriormente, habla el rey, que brinda la proclamación divina (Sal 2:7-9), y finalmente, añade una palabra de consejo a las naciones y sus gobernantes (Sal 2:10-12).

La estructura literaria y temática del poema es la siguiente:

- lo que piensan y hacen las naciones: Sal 2:1-3;
- la respuesta divina: Sal 2:4-6;
- el decreto del ungido: Sal 2:7-9;
- ultimátum a los líderes y a las naciones: Sal 2:10-12.

El salmo comienza con una importante pregunta retórica (Sal 2:1-3).

El poeta inquiere en torno a por qué los pueblos se amotinan o conspiran. Su pregunta es válida e importante. Intenta explicar el origen de los disturbios y las inestabilidades en las naciones, desea comprender la razón de los conflictos que producen en los individuos y los pueblos malestar, dolor, desesperanza, angustias, guerras, desolación y muertes.

El salmista se hace la pregunta fundamental de la existencia: entender el origen del sufrimiento.

Las preguntas del salmista pueden relacionarse con las transiciones de los monarcas en la Antigüedad. La muerte o deposición de algún rey se constituía, generalmente, en el comienzo de una serie de eventos que generaban inestabilidad política y social en los pueblos. Las transferencias de mando y poder en el Medio Oriente comúnmente estaban acompañadas de rebeliones internas, guerras fratricidas, reorganizaciones sociopolíticas, amenazas enemigas y conflictos internacionales. Aunque no podemos identificar en la lectura del salmo algún problema histórico específico y particular, es importante notar que el pueblo de Israel, regularmente, debía enfrentar las amenazas de sus vecinos, y en ocasiones llegaba a la guerra para defender sus territorios y autonomía.

La afirmación de que los pueblos piensan «cosas vanas», al conspirar y rebelarse contra el Señor y su ungido, es una clara declaración de esperanza y seguridad. ¡Es inútil el esfuerzo humano de rechazar la voluntad divina! ¡Es inefectiva la actitud de rebelión contra la revelación de Dios! Y aunque las naciones o los individuos se amotinen y se levanten, y sus líderes consulten y se organicen contra Dios, esas actitudes enemigas impropias serán impotentes, pues el Señor se reirá de ellos (2:4). Para el salmista, los esfuerzos humanos de oponerse a la voluntad divina son inefectivos, aunque provengan de reyes y príncipes.

El verbo hebreo traducido por «piensan», en el versículo 2, es el mismo que se incluye en el Salmo 1:2 como «meditan», y también transmite la idea de murmurar. La idea de que las naciones estaban «pensando cosas vanas», alude a una actitud adversa y hostil de murmuración contra el pueblo de Dios, y revela lo fútil e inoperante de sus planes. Aunque los reyes tienen el poder y la autoridad de hacer planes bélicos y organizarse militarmente para la batalla contra otras naciones, esas campañas contra Dios no prosperarán ni serán exitosas.

Los reyes y príncipes del salmo son los enemigos del Señor (véanse Sal 76:12; 102:15; 148:11), representan las fuerza antagónicas a la voluntad divina y son símbolos de la maldad oficializada e institucionalizada. ¡Esos líderes políticos humanos se constituyeron en enemigos de Dios!

La referencia al ungido es de vital importancia en el salmo, en el Libro de los Salmos, en el Antiguo Testamento, en la Biblia y en la teología.

Desde el comienzo del salterio se pone de manifiesto de forma clara la importancia del ungido del Señor. Respecto a este tema del ungido, es importante señalar que únicamente en este salmo, de todo el Antiguo Testamento, se incluyen unidos los temas del rey divino, el ungido o Mesías y el Hijo de Dios.

El tema del Mesías o Ungido, es de tal importancia en el salterio y la Biblia que se incluye de forma destacada al comienzo mismo de toda la obra.

Los ritos de unción en el Medio Oriente no estaban confinados a los círculos reales ni se llevaban a efecto únicamente en Israel. En el Antiguo Testamento se alude a la unción de objetos o lugares —p. ej., el altar (Ex 29:36; Nm 7:10), el Arca (Ex 30:26) y el Tabernáculo (Lv 8:10)—, y de personas —p. ej., sacerdotes (Ex 28:41), profetas (1 R 19:16; 1 Cro 16:22; Sal 105:15) y reyes (1 Sam 10:1; 16:3; 1 R 1:39; 2 R 9:6)—. Estas ceremonias eran actos extraordinarios de separación e identificación de los lugares, objetos o personas como especiales, consagradas y santificadas.

En el segundo salmo se hace referencia a la unción del rey, que era visto por el pueblo como seleccionado y protegido de Dios. La particular fórmula posesiva, «contra el Señor y su ungido», pone de relieve la relación íntima, cercana e interdependiente entre Dios y el Mesías. En efecto, los procesos de unción en la Antigüedad eran vistos y comprendidos como eventos especiales de santidad (1 Sam 24:6, 10; 26:9, 11, 23; 1 R 21:10, 13).

Las «ligaduras» y las «cuerdas» que deben ser rotas se refieren claramente a las ataduras de cuero que se ponían en los cuernos o el cuello de los animales para sujetarlos y mantenerlos en sus lugares (véase Jer 27:2). En este contexto aluden de forma apropiada al cautiverio, sujeción y servidumbre. Sirven de metáfora para describir en el poema la rebelión contra el Señor y su autoridad.

Ante la rebelión de las naciones y sus líderes (Sal 2:4-6), el Señor reacciona con autoridad y valor: se ríe, se burla, les habla con ira y los turba en su furor. ¡La confabulación humana genera la ira divina! ¡La soberbia de las naciones incentiva el juicio de Dios! ¡La insensatez de los pueblos prepara el camino para su propia destrucción! ¡La arrogancia real propicia el furor del Señor!

La referencia al que «mora en los cielos», a Dios, literalmente en hebreo es a quien «se sienta en los cielos», en alusión al trono divino como monarca del universo. El Rey de reyes, cuyo trono extraordinario está en los cielos (Sal 11:4; 103:19), y su poder es absolutamente superior al de los líderes humanos, responde a las actitudes impropias y rebeldes de las naciones. Las expresiones antropomórficas —es decir, las que atribuyen a Dios características humanas— revelan la creencia antigua de que las divinidades poseían sentimientos, como las personas.

Esas afirmaciones, sin embargo, no cautivan al Señor en las dinámicas humanas, ni son indicadores de impotencia ni debilidades divinas. Son, esencialmente, declaraciones poéticas y figuradas que intentan poner en lenguaje humano y común la capacidad divina: el Dios bíblico no resiste las confabulaciones egoístas de individuos ni aprueba las rebeliones altaneras de las naciones.

La traducción del versículo 6 presenta algunos desafíos particulares para las personas que leen y estudian el salmo. A diferencia del texto hebreo que sigue la traducción de Reina-Valera, las versiones de la Septuaginta (en griego) y la Vulgata (en latín) vierten el texto antiguo como «y yo he sido puesto como rey en Sion, su santa montaña». Y aunque esta alternativa de traducción no es imposible, pensamos que la comprensión tradicional del manuscrito hebreo es la adecuada. De esa forma se presenta el contraste entre el Rey de reyes y los monarcas humanos.

> En los tiempos de la monarquía, Sion era un montículo que se relacionaba con la ciudad de David (2 Sam 5:7); posteriormente, el nombre se dio al monte donde estaba ubicado el Templo de Jerusalén (Sal 132:13; Miq 4:2), y también se utilizó para referirse a toda la ciudad (Is 10:24; Jer 3:14; Am 6:1). En el contexto particular de este salmo, Sion se relaciona con Jerusalén, lugar que afirma la elección de la dinastía de David, donde el Señor puso a su rey (v. 6).

De acuerdo con el texto hebreo del salmo (Sal 2:7-9), quien habla en esta sección —y, posiblemente, en la próxima sección también (vv. 10-12)— es ciertamente el rey. El propósito específico es presentar el «decreto» del Señor, que posiblemente alude a un tipo particular de protocolo divino que daba validez a la dinastía de David. El contenido y las formas de estos protocolos son similares a los que se han descubierto en Egipto y Canaán. En los documentos egipcios se incluían, particularmente, los títulos del faraón y las responsabilidades y privilegios que le conferían la deidad.

La expresión «mi hijo eres tú» es la fórmula de adopción antigua (véase, p. ej., el importante y antiguo Código de Hammurabi), que no necesariamente indicaba la divinización del monarca. Con esta fórmula, es probable que el salmo aluda al proceso de elección, unción e instalación del monarca. Con la expresión «yo te engendré hoy» se identifica el día preciso de la entronización, que se recordaba anualmente en ceremonias y rituales de otoño. Y la referencia a la adopción, aunque puede reflejar algunas prácticas antiguas extraisraelitas, afirma, en efecto, la intimidad y cercanía entre el monarca y Dios. La idea pone claramente de manifiesto la importancia de la institución de la monarquía en la teología de los salmos.

Como resultado de la adopción, el rey recibirá por herencia las naciones, hasta los confines de la tierra.

Como Dios es el Señor del universo y la humanidad, y su poder se manifiesta con autoridad sobre el mundo entero, el rey, como hijo adoptivo de Dios, recibirá poder para gobernar hasta los pueblos distantes, «los confines de la tierra».

Y si fuera necesario, ese poder incluye niveles de quebrantamiento y destrucción.

Las imágenes de la «vara de hierro» y el «alfarero», revelan la justicia que debe implantar el rey, por ser hijo adoptivo de Dios. La vara de hierro alude al cetro real, que podía ser una vara larga o un bastón con un mazo. En este contexto, representa el poder y la autoridad del rey como hijo de Dios. Y la referencia a la «vasija del alfarero» revela la destrucción completa que puede estar en las manos del monarca. Como una vasija que no puede utilizarse con efectividad en piezas, el rey puede destruir a los adversarios de Dios de forma absoluta, definitiva y final.

La sección final del salmo (Sal 2:10-12) presenta el ultimátum divino a las naciones y sus líderes. Si desean evitar la destrucción y evadir la ira de Dios, deben servir al Señor, que ciertamente es el principio de toda decisión sabia y prudente. En el pasaje pueden verse ideas universalistas, que ciertamente pueden aludir a la conversión de los gentiles. La persona que habla es, posiblemente, el rey como representante de Dios, aunque al Señor se le atribuyen expresiones similares (Jer 6:8).

La palabra divina se dirige a los «reyes» y «jueces»: El texto hebreo se refiere, particularmente, a las personas que en su entorno original debían ejercer autoridad, gobernar y guiar al pueblo. El llamado divino es a la prudencia y la humildad, el reclamo es a superar la actitud de rebeldía y prepotencia.

> La frase «servir al Señor» contiene los conceptos religiosos de adoración y humillación, y desde la perspectiva política transmite la idea de sujeción y reconocimiento del poder real.

Las expresiones paralelas «servid» y «alegraos», ponen de relieve el gozo del servicio al Señor, la felicidad de reconocer la autoridad y el poder de Dios, la dicha de aceptar la voluntad y la revelación divina. Y las palabras «servid» (Sal 2:11) y «perezcáis» ponen de manifiesto la intención teológica del mensaje: ¡sirvan al Señor si no quieren perecer! El «temor» le añade al texto el componente teológico de la sabiduría, y el temblor revela el juicio. Las acciones imprudentes de individuos y naciones generan la ira de Dios.

El texto hebreo de la primera parte del versículo 12 es complejo, y presenta un gran desafío para la comprensión, interpretación y traducción del salmo. Literalmente, el manuscrito dice: «y regocíjense con temblor. Besen al hijo». El problema, que posiblemente se debe a alguna corrupción del manuscrito hebreo disponible, se revela inicialmente con el uso de las palabras «regocijar» y «temblor», que son muy difíciles de relacionar en este contexto, pues manifiestan sentimientos contrarios en la misma frase. La complicación aumenta aún más, pues la palabra «hijo» en el pasaje se incluye en arameo (*bar*), en vez de la esperada expresión hebrea (*ben*).

Aunque las traducciones antiguas y las versiones modernas han tratado de superar las dificultades lingüísticas y textuales del pasaje de diversas maneras, posiblemente la solución más sensata es la que identifica el gesto de besar los pies como una forma reconocida de aceptación de autoridad y de humillación, un gesto físico que se convierte en una manera de honrar (véase, p. ej., Is 49:23; Miq 7:17; Lc 7:38, 45). En esa tradición, el famoso rey asirio, Senaquerib, reportó en sus informes de batallas cómo los monarcas de Siria y Palestina le llevaron regalos y besaron sus pies.

El sentido fundamental del versículo es el reconocimiento de la autoridad real del monarca, que se convirtió en hijo adoptivo de Dios. Esa aceptación de la autoridad y afirmación de la voluntad del Señor evitan el enojo divino, detienen la ira de Dios y eliminan las posibilidades de perdición. La imagen del fuego como símbolo de la ira de Dios es común en las Escrituras.

El salmo culmina con una bienaventuranza para la toda gente que confía en el Señor. De esta forma se cierra un paréntesis teológico y literario que se inició con la bienaventuranza del salmo inicial: son dichosos los individuos que meditan en la Ley (Sal 1:1), y también son felices las comunidades que confían en el Señor. Las bienaventuranzas divinas se manifiestan tanto en las personas que fundamentan sus decisiones en las instrucciones divinas, como en los pueblos que ponen su confianza en la revelación de Dios.

Las lecturas cristianas del segundo salmo han identificado dos temas de importancia capital en el desarrollo de la cristología: el primero es la afirmación del rey como hijo de Dios, y el segundo se relaciona con la oposición de las naciones y sus monarcas al reinado del Señor y su ungido. Desde la perspectiva de la Iglesia, este salmo introduce dos temas de gran significación teológica y escatológica: el reconocimiento del Mesías cristiano como hijo de Dios y el rechazo de la humanidad al proyecto divino del establecimiento del Reino de Dios.

La afirmación del salmo «mi hijo eres tú» se convirtió en la descripción fundamental de la relación entre Dios y Jesús de Nazaret. Y aunque en el Antiguo Testamento las referencias al rey y al ungido tenían gran importancia, la teología cristiana enfatizó la relación paternofilial de Jesús y Dios. Jesús era particularmente Hijo de Dios, y es desde esa perspectiva teológica que se introduce el Reino de los cielos en Palestina. El Reino era la implantación de la voluntad divina en medio de la sociedad y las vivencias del pueblo.

Según el Nuevo Testamento, Jesús fue presentado como Hijo en varias ocasiones (p. ej., Mc 1:11; 9:7; 2 P 1:17), posiblemente, para poner de manifiesto la singularidad de su naturaleza divina y humana. Esa particular característica es la que contribuye a la transformación del lenguaje bélico y político del segundo salmo en enseñanzas de paz evangélica y esperanza transformadora. Y en sus reflexiones cristianas en torno al salmo, los creyentes subrayan la universalidad del ministerio de Jesús y su importancia para la historia de la humanidad.

Este mismo salmo se utiliza en el libro de los Hechos de los Apóstoles (4:23-31) para describir la oposición que recibió la Iglesia primitiva y Jesús de parte de las autoridades de las naciones, específicamente las romanas. Según la interpretación cristiana, los creyentes no debían temer ante las amenazas y persecuciones de los poderes humanos, pues debían confrontar a las naciones y sus gobernantes con el mensaje liberador de la palabra divina. Ese mensaje, fundamentado en las enseñanzas de Cristo, tenía el poder de salvar individuos, redimir comunidades, transformar pueblos y liberar naciones.

La teología cristiana respecto al salmo llega a un punto culminante en el libro del Apocalipsis de Juan (11:18; 19:19). En la gran batalla escatológica, el Rey de reyes y Señor de señores se levantará triunfante contra los poderes antagónicos de la humanidad. El Señor se alzará airoso en medio de las calamidades extraordinarias del final de los tiempos, pues los reinos humanos pasarán a ser del Señor y de su Mesías para siempre (Ap 11:15). De acuerdo con la lectura cristológica del salmo, la victoria definitiva será del Mesías y de su pueblo (Ap 2:26-29).

Salmo 23

El Salmo 23 es la joya de la corona del salterio. Tradicionalmente se ha atribuido a David. Su mensaje de esperanza y fortaleza se transmite mediante el uso de dos imágenes muy populares en la sociedad del Oriente Medio antiguo. En primer lugar, se presenta a Dios como el pastor que cuida diligentemente a sus ovejas (Sal 23:1-4); y se añade la figura del anfitrión que agasaja a su invitado con un banquete extraordinario (Sal 23:5-6).

El poema revela un sentido profundo y grato de confianza y manifiesta la seguridad del salmista en la fidelidad y el amor de Dios. Por su singular belleza literaria y su mensaje de apoyo y consuelo, ha gozado del favor y reconocimiento de generaciones de creyentes, tanto judíos como cristianos.

La metáfora de Dios como pastor es de importancia capital para la comprensión adecuada del poema. Este artificio literario se ha convertido en una de las imágenes más utilizadas para representar la naturaleza divina. De particular virtud teológica e interpretativa es que esta figura literaria evoca, insinúa, propone y describe, pero no limita las posibilidades de su interpretación ni elimina las alternativas de su aplicación. La imagen del Dios-pastor es polisémica, y su significado varía, crece, cambia y se desarrolla con las capacidades y la imaginación de los lectores del poema. La figura del Dios-pastor, además, marca el paso de todo el poema y revela la gran capacidad de comunicación teológica del autor.

En las culturas del Oriente Medio antiguo, en las cuales la sociología pastoril era de vital importancia, la imagen del pastor de ovejas era muy popular. La responsabilidad primordial del pastor era el bienestar y la seguridad de las ovejas. Su trabajo era cuidar y alimentar al rebaño y protegerlo de los peligros asociados a los animales feroces, las inclemencias del tiempo y las dificultades del camino.

Una peculiaridad semántica de la palabra «pastor» era que también se utilizaba para identificar y designar no solo a las divinidades, sino a líderes nacionales, particularmente a reyes, que debían cumplir responsabilidades de protección a sus comunidades.

Los dioses antiguos y los reyes eran pastores de sus pueblos, y se visualizaban con «vara y cayado» (p. ej., con mazo y bastón). Buenos ejemplos de la designación rey-pastor y Dios-pastor es que al famoso monarca Hammurabi se le llama «el pastor» o «el pastor del pueblo», y al dios Shamash se le conoce como «el pastor de los pueblos del mundo».

El uso metafórico de la palabra «pastor» también se manifestó en Israel, y con cierta regularidad se indica que el Señor es pastor de su pueblo (véase Gn 49:24; Sal 28:9; 74:1; 95:7; 100:3; Jer 31:10; Miq 7:14), y que los reyes, que eran en última instancia lugartenientes de Dios, también eran vistos como pastores de la comunidad (Sal 78:7072; Jer 23:1-4; 49:20; Miq 5:4). La imagen se relaciona íntimamente con el peregrinar del pueblo de Israel por el desierto al salir de Egipto (Sal 77:20; 78:52-53; 80:1), y también con la experiencia de regreso del exilio en Babilonia (Is 40:11; 49:9-10).

En efecto, el uso de la imagen del Dios-pastor, que tenía una larga tradición política, religiosa y social, evocaba en la comunidad antigua de Israel no solo las ideas tradicionales de los pastores de ovejas del campo, sino que también aludía a la importancia de los líderes políticos del pueblo y las virtudes de las intervenciones divinas, en la historia nacional.

El salmo ha sido catalogado como uno de acción de gracias, y, si se relaciona directamente con David, puede ser visto como un salmo real. Sin embargo, la lectura cuidadosa del poema revela que es un salmo de confianza en el Señor. Posiblemente era utilizado en el Templo durante algunas celebraciones de acción de gracias. Pudo haber sido usado como un salmo individual o, si se interpreta al individuo como representante del pueblo, como una expresión de gratitud y confianza de la comunidad. Lo general de las imágenes y la falta de detalles históricos hace muy difícil la identificación precisa de la fecha de composición del poema, aunque posiblemente es de origen postexílico.

La estructura literaria del salmo es la siguiente:

- el Dios-pastor: Sal 23:1-4;
- el Dios anfitrión del banquete: Sal 23:5-6.

La primera sección del poema presenta la metáfora de Dios como el pastor, y el salmista como la oveja de su rebaño (Sal 23:1-4). Posiblemente, la primera frase del salmo incluye lo fundamental e impostergable del poema: «El Señor es mi pastor, nada me falta»; el resto del poema es la explicación e implicación de esa declaración teológica inicial.

> El mensaje es de protección, provisión, confianza, seguridad, apoyo y fidelidad. Se pone de relieve la relación íntima y particular del salmista con su Dios, que se fundamenta y se nutre del recuento de las intervenciones salvadoras del Señor a través de la historia del pueblo.

La idea del Dios-pastor alude a la liberación de Egipto, a la protección por el desierto del Sinaí y a la llegada a la Tierra Prometida. Dios fue pastor del pueblo durante ese período tan fundamental de la historia nacional, y el salmista lo reconoce y lo presenta como su pastor personal, quien no solo cuida al pueblo como comunidad política, religiosa y social, sino que le atiende como persona, con sus necesidades particulares.

El verbo hebreo, traducido en Reina-Valera en futuro como «faltará», posiblemente debe ser vertido en castellano en tiempo presente. La frase debe decir «nada me falta», pues todo el salmo es una afirmación de la presencia divina que supera los límites del tiempo. Dios no está cautivo en el pasado ni en el futuro, vive en un eterno presente desde el cual evalúa la historia pasada, analiza la vida actual y se proyecta al porvenir. La idea del poeta es la siguiente: «Mientras el Señor sea mi pastor, no tendré carencias, nada me falta, en el presente continuo que me lleva del ayer hasta el mañana». Esta idea evoca una vez más la experiencia del desierto, en la cual Dios le suplió al pueblo para que no pereciera (Dt 2:7; Sal 34:10).

Las imágenes de descanso y reposo (Sal 23:2) contribuyen destacadamente a la idea de seguridad que transmite el poema. La frase «confortará mi alma» quiere decir que renueva la vitalidad del salmista, que restablece sus fuerzas, que le ayuda a enfrentar la vida con seguridad (Sal 19:7; Lm 1:11, 16, 19). Esa restauración divina le permite seguir los caminos de la justicia fundamentado en el nombre de Dios, que implica seguir una conducta recta y vivir con nobleza y dignidad. «Por amor a su nombre», es decir, por motivo de lo que Dios es, haciendo honor a su naturaleza santa y justa.

La fortaleza del Señor le permite vivir de acuerdo con los principios y los valores que se desprenden de la justicia. Y su seguridad y confianza se apoyan en la reputación divina, pues el nombre de Dios se asocia a su autorrevelación a través de la historia (Sal 25:11; 31:2; 106:8; Is 43:25; 48:9).

La frase «valle de sombra de muerte» o «valle extremadamente profundo y oscuro» es una forma hebrea superlativa que transmite la idea de oscuridad total e intensa. La expresión es una manera de destacar la dificultad, subrayar la crisis y enfatizar la adversidad, en contraposición a los «delicados pastos» y las «aguas de reposo» que simbolizan la calma y la sobriedad (Sal 23:2).

Aunque está en medio de la crisis, el salmista declara su seguridad y no le teme al mal, porque confía que el Señor le acompaña (Gn 26:3, 24; 28:15; 31:3; Dt 31:6; Jos 1:5, 9). Le infunden aliento la vara y el cayado de Dios, que son símbolos inequívocos de autoridad y poder. La vara era como un mazo para defenderse de los enemigos y los animales salvajes (2 Sam 23:21; Miq 7:14), y el cayado, un bastón largo que se usaba como apoyo y sostén.

La imagen de Dios en el poema cambia de pastor a anfitrión (Sal 23:5-6). La cultura nómada y pastoril se mantiene, aunque la idea es presentar a Dios como quien auspicia un gran banquete. La invitación a comer en estas culturas antiguas es mucho más que un acto físico para satisfacer el hambre: es un gesto serio de hospitalidad, una demostración elocuente de solidaridad y una reiteración pública del pacto. En esas comunidades, las alianzas y los pactos se celebraban con grandes banquetes (Gn 18:5-8; 19:2-3; Sal 41:9; Lc 22:17-21), y la falta de solidaridad hacia alguna persona (es decir, no invitarlo a la cena o al banquete, no incorporarlo al grupo celebrante), equivalía a quedarse solo en el desierto inhóspito, cuyo fin podía ser de muerte.

El salmista es invitado al banquete en «presencia de sus angustiadores», que es una manera de reconocer su dignidad y afirmar su prestigio. «Los angustiadores» eran los enemigos del salmista, las personas que le causaban dificultad. El Dios-pastor y anfitrión no solo invita al poeta a la cena, sino que le manifiesta públicamente su amistad y afirma que han establecido un pacto. Ese reconocimiento se pone de manifiesto en la unción de la cabeza con aceite, que era otra demostración importante de hospitalidad y solidaridad (Lc 7:37-38, 46). La copa rebosante es una magnífica alusión al anfitrión generoso, dadivoso y grato. Estas imágenes del banquete pueden relacionarse con los rituales de acción de gracias que se llevaban a efecto en el Templo (Sal 22:22-26; 116:13).

El reconocimiento de Dios como pastor y anfitrión hace que el salmista disfrute del bien y la misericordia. Se pone claramente de manifiesto en el poema la transformación de las circunstancias del salmista. De la crisis mortal que produce el «valle de la sombra de muerte», ahora disfruta las bondades y la misericordia de Dios.

¡Ya no se preocupa por sus angustiadores! ¡Solo disfruta la hospitalidad y generosidad del anfitrión!

La frase final del salmo cierra con broche de oro el poema, pues «morar en la casa del Señor» es fuente de esperanza y seguridad. Y esa convicción no solo le permite agradecer y disfrutar las bendiciones divinas en el presente, sino que le impele a anticipar el futuro lleno de esplendor y promesa. La expresión «todos los días de su vida» se refiere a la existencia natural del poeta; y los «largos días» infieren el futuro indeterminado, el porvenir indescriptible, el mañana que se acerca. Culmina el poema con una declaración de fe y seguridad: el futuro del salmista está relacionado con Dios, representado en la casa del Señor.

Respecto a este salmo, una palabra adicional es importante. El salmista presenta a Dios como pastor en una cultura donde el pastor no tenía mucho prestigio social ni ocupaba posiciones destacadas en la escala social, económica y política de su tiempo. Para el poeta, el Dios bíblico se hizo pastor, que es una manera figurada de revelar la capacidad divina de hacerse frágil, de humillarse a sí mismo, de tomar forma de servidor, de hacerse semejante a las personas, de hacerse vulnerable. Con esa imagen, el poeta bíblico le brinda a la iglesia una lección de humildad: un Dios, cuya gloria no pueden contener los cielos de los cielos, se hizo pastor para enseñarnos el camino del servicio y la humildad.

David como modelo

Del análisis expuesto de los salmos, se desprende que el David del salterio es una figura teológica que destaca y afirma la importancia del culto, la oración, el Templo, la reflexión, el perdón y las celebraciones litúrgicas.

> Este David es mucho más que una mera figura histórica: es el símbolo del poder nacional, el signo del futuro político del pueblo, el emblema de una esperanza que estaba débil en la época postexílica. David en los Salmos es el hombre de oración que dirige una congregación...

No es tanto un monarca eficiente y valiente que responde a las necesidades del pueblo y los reclamos del Estado...

Esta imagen poética e ideal de David es vital para el desarrollo de la teología mesiánica en las Sagradas Escrituras. El David del salterio no quedó cautivo en el palacio de Jerusalén, y penetró el corazón de los creyentes, la reflexión de los profetas y la imaginación de los poetas, hasta llegar a convertirse en la figura del rey ideal, en el prototipo del monarca que sería capaz de implantar la justicia en medio de las realidades adversas y complejas de los períodos exílico y postexílico. Y ese David ideal es el que se convierte en la figura mesiánica que con el tiempo se invocaba en Israel, al reconocer que Jesús de Nazaret era el «hijo de David» (Mt 21:1-11; Mc 11:1-11; Lc 19:28-40; Jn 12:12-19).

Capítulo once
Se sentará en el trono de David

Porque un niño nos ha nacido,
hijo nos ha sido dado,
y el principado sobre su hombro.
Se llamará su nombre
«Admirable consejero», «Dios fuerte»,
«Padre Eterno», «Príncipe de Paz».
Lo dilatado de su imperio
y la paz no tendrán límite
sobre el trono de David
y sobre su reino,
disponiéndolo y confirmándolo
en juicio y en justicia
desde ahora y para siempre.

Isaías 9:6-7

Un nuevo David

Junto a las narraciones, los poemas y las reflexiones en torno al rey David que se incluyen en los libros de Samuel, Reyes, Crónicas, Esdras-Nehemías y Salmos, hay otros textos en las Escrituras que debemos tomar en consideración para completar nuestro estudio. Además de esas referencias históricas, teológicas y poéticas referentes al famoso monarca de Israel, la Biblia hebrea alude directamente al nombre de David como en cuarenta y dos ocasiones adicionales.

En estos pasajes se pone en evidencia, de forma aún más clara, cómo el David histórico, que reinó sobre las tribus del norte y del sur, sobre Israel y Judá, desde la ciudad de Jerusalén, fue con el tiempo convirtiéndose en una figura ideal y teológica particularmente mesiánica.

Las referencias a David en esa literatura son de diferente naturaleza. En algunas ocasiones se incorporan las alusiones a David en oráculos de liberación, en los cuales se invoca el nombre del famoso monarca; en otras, se invocan eventos de la historia nacional en los cuales nuestro personaje estuvo directa o indirectamente involucrado; o, inclusive, en varios pasajes se afirma la restauración ideal de una monarquía unida en Israel.

Estas invocaciones presuponen que el nombre del rey en el pueblo ya gozaba de reconocimiento grato y aprecio público como figura de autoridad. David, según estos pasajes, no solo era el nombre del monarca que comenzó la dinastía más famosa de Israel, sino que se había convertido en el símbolo de la restauración nacional, el modelo de líder que conducía al pueblo por el «valle de sombra y de muerte», sin temores, y el prototipo de monarca que afirmaba la voluntad divina en el pueblo.

En los libros de Proverbios y Eclesiastés, por ejemplo, se afirma que el autor de estas obras, al comienzo mismo de ambos escritos, es el hijo de David. Aunque el propósito del pasaje es relacionar los consejos y las recomendaciones de esta importante literatura sapiencial con el rey Salomón, representante óptimo de la sabiduría en la Biblia, la figura histórica que le brinda autoridad ética, teológica, espiritual y moral al escrito es David, a quien se menciona explícitamente por su nombre en el texto.

La naturaleza y los propósitos del uso de David en esta literatura bíblica varían, de acuerdo con la finalidad teológica de sus autores. Por ejemplo, el David del Cantar de los Cantares es el de los triunfos y las glorias militares (Cant 4:4). En el libro de Rut se enfatiza el elemento internacional y universalista de David, pues se indica que nuestro personaje proviene de Rut, el hijo de Obed, que eran moabitas (Rt 4:17, 22). Y aunque en el libro del profeta Amós hay una referencia al David músico (Am 6:5), tanto ese profeta (Am 9:11) como su colega Oseas (Os 3:5) esperan la restauración nacional de Israel bajo el liderato de reyes de la dinastía de David.

David en la literatura profética

En la literatura profética, se invoca el nombre de David en mensajes de juicio y restauración, particularmente cuando se alude a la dinastía de David y se afirma la importancia de las promesas divinas de su perpetuidad. Tanto Isaías, como Jeremías, Ezequiel y Zacarías, incorporan en sus teologías y mensajes referencias de importancia a David, ya sea en relación con algún oráculo a los monarcas reinantes o en referencia a una futura restauración escatológica.

El nombre de David en estos mensajes proféticos representa una imagen positiva en el pueblo y en la imaginación profética. Los profetas de Israel, en efecto, movieron a David de los campos de Belén, de la unción de Samuel, de los conflictos con Saúl o del palacio de Jerusalén, y lo convirtieron en el símbolo del rey ideal, que debería servir de modelo al resto de monarcas del pueblo.

Isaías

En el libro del profeta Isaías, por ejemplo, varios oráculos de importancia asocian a David con una futura época de restauración nacional extraordinaria. El famoso mensaje de «Emanuel» (Is 7:14), aunque debió haberse originado en relación con el nacimiento de algún heredero al trono, o quizá para ser utilizado en las ceremonias antiguas de entronización, en su forma canónica se ubica en un contexto claramente escatológico.

De acuerdo con el mensaje de Isaías, «Mas no habrá para siempre oscuridad para la que está ahora en angustia [...] pues al fin llenará de gloria el camino del mar» (Is 9:1). Y el oráculo añade en poesía que «el pueblo que andaba en tinieblas vio gran luz» (Is 9:2).

El marco de referencia de ese oráculo mesiánico es la contraposición entre la opresión del pueblo y la esperanza mesiánica. La oscuridad alude a los conflictos y la cautividad histórica, y la luz es símbolo de salvación y porvenir. En este contexto específico, se puede asociar la luz (Is 9:2) a la llegada de un nuevo rey. Esta idea se pone de relieve en los libros de Samuel (2 Sam 23:3-4), en los cuales se compara al monarca que gobierna a su pueblo con justicia con la luz de la aurora; además, en el salterio se afirma que, en el día de su entronización, el rey es como el rocío que nace de la aurora (Sal 110:3). Esas imágenes poéticas nos motivan a estudiar el mensaje de Isaías desde la perspectiva escatológica, pues las implicaciones del oráculo superan los niveles naturales del tiempo.

Los nombres del Mesías en este mensaje de Isaías —por ejemplo, «Príncipe de paz»— evocan una nueva era, un momento histórico novel, un período que se caracterizará por la justicia, el buen consejo, la fortaleza divina y la implantación de la paz. Y esos tiempos de restauración y futuro, que no tendrán límites, se establecerán sobre el trono y reino de David, que es una forma de afirmación de la dinastía histórica y una manera de abrir las puertas a una interpretación escatológica del oráculo.

Con el tiempo, luego que las fuerzas militares de Nabucodonosor destruyeran el Templo de Jerusalén y eliminaran la monarquía como el sistema de gobierno judío dentro del imperio babilónico (587 o 586 a. C.), este mensaje fue interpretado y relacionado con el nacimiento del Emanuel (Is 7:14), que era la manera teológica de afirmar que Dios estaba en medio de las realidades adversas del pueblo. El «Príncipe de Paz» se relacionó de esta forma con el gobierno de un futuro rey escatológico (Is 16:5; 55:3), que preparó el camino para las posteriores interpretaciones cristianas y cristológicas del mensaje profético que se incluye en el libro de Isaías.

Jeremías

En los mensajes del profeta Jeremías, las referencias a David se producen, generalmente, en la sección de la obra que se conoce como «el libro de la consolación» (Jer 30:1–33:26). Aunque el corazón del mensaje de este profeta es el de «arrancar y destruir» (Jer 1:10), es decir, de juicio divino, la colección de sus oráculos incluye una sección importante de esperanza y restauración.

> Para Jeremías, la respuesta al juicio divino que se originaba en la infidelidad del pueblo era una nueva época de restauración y renovación nacional, en la cual se promete la vuelta de los cautivos en Babilonia (Jer 30:1–31:26), el establecimiento de un nuevo pacto con el pueblo (Jer 31:2740) y la restauración de la prosperidad nacional (Jer 33:1-26).

En ese contexto teológico amplio, de mensajes de restauración, futuro y prosperidad para el pueblo, Jeremías incluye un oráculo de gran significación histórica y teológica. Relaciona la casa de David con el futuro Mesías que traerá al pueblo justicia y esperanza. El oráculo dice: «En aquellos días y en aquel tiempo, haré brotar a David un Renuevo justo, que actuará conforme al derecho y la justicia en la tierra. En aquellos días Judá será salvo, y Jerusalén habitará segura. Y se le llamará: El Señor, justicia nuestra» (Jer 33:15-16).

En el nombre simbólico «el Señor, justicia nuestra» o «el Señor, nuestra victoria» se resumen las virtudes y las bendiciones que se harán realidad en la era mesiánica. La expresión hebrea que se traduce en este pasaje como «justicia» incluye las importantes ideas teológicas de rectitud, salvación y liberación (véase también Jer 23:6). Esos conceptos de virtud y restauración se aplican en este mensaje a la ciudad de Jerusalén, que disfrutará de la seguridad y gozará de la paz, que emanan del reino dirigido por el Renuevo justo de David, que es una referencia al Mesías prometido.

Ezequiel

Ezequiel presentó sus mensajes en un contexto geográfico e histórico diferente al de Isaías y Jeremías: ¡el profeta está en el destierro! Anuncia la palabra divina desde Babilonia, donde vivía en medio de los deportados, aunque guardaba en su memoria no solo la historia nacional y los detalles de la ciudad y el Templo, sino que estaba comprometido con un programa muy serio de restauración nacional. Sus oráculos son de juicio y restauración, pues responden a las realidades históricas de las épocas exílica y postexílica.

De singular importancia es descubrir que Ezequiel no alude a David en sus mensajes de juicio a los gobernantes de Israel antes de la caída de

Jerusalén y la destrucción del Templo. Sin embargo, en los oráculos que afirman el futuro del pueblo y en los mensajes que incentivan la reconstrucción nacional, se alude a David en dos entornos literarios de gran importancia y significación teológica.

En primer lugar, el mensaje surge en medio de una profecía de juicio contra los pastores de Israel, que apunta directamente a los gobernantes del pueblo (Ez 34:1-31). El pasaje bíblico retoma, amplía y aplica las palabras previas de Jeremías (Jer 23:1-6): la palabra de Ezequiel afirma que Dios mismo despojará de sus cargos y responsabilidades a los falsos pastores y malos líderes; además, añade el mensaje, que el Señor mismo tomará las riendas del pueblo y pastoreará las ovejas como el pastor ideal (Ez 34:1-16). En la segunda parte del mensaje de Ezequiel al pueblo (Ez 34:17-22), la palabra profética se dirige a las ovejas engordadas, que son las que oprimen, angustian y violan a las más débiles.

El centro profético del mensaje de Ezequiel es la llegada de un nuevo David que será el pastor del rebaño (Ez 34:23-24). Ese nuevo David, con la ayuda divina, salvará las ovejas que no serán más objeto de las aves de rapiña. La imagen poética es que ese nuevo David pastoreará o gobernará el pueblo, a quien se alude como las ovejas. Y como David será el pastor, el Señor será el Dios del pueblo y del pastor (Ez 34:24).

El mensaje poético prosigue con la descripción de una época extraordinaria de paz, seguridad y prosperidad: en la tierra ya no habrá fieras salvajes que amenacen la seguridad de la gente, habrá lluvias en abundancia que alimentarán la tierra y los árboles del campo darán sus frutos (Ez 34:25-27). Se alude a una época paradisíaca y mesiánica. La llegada del nuevo David, que pastoreará al pueblo, inaugurará una época de virtudes, logros, seguridad, paz, abundancia, libertad y esperanza.

Luego del mensaje del «valle de los huesos secos» (Ez 37:1-14), Ezequiel toma nuevamente el tema y las imágenes de David como pastor y líder nacional (Ez 37:15-28). En esta ocasión, el profeta afirma la unidad nacional: los antiguos reinos de Israel, en el norte, y de Judá, en el sur, se reunificarán gracias a la intervención extraordinaria y magna del rey y

Mesías esperado. El texto dice: «Mi siervo David será rey sobre ellos, y todos ellos tendrán un solo pastor, y guardarán mis estatutos y los pondrán por obra. Habitarán en la tierra que di a mi siervo Jacob, en la cual habitaron vuestros padres. En ella habitarán ellos, sus hijos y los hijos de sus hijos para siempre; y mi siervo David los gobernará para siempre» (Ez 37:24-25).

El mensaje de Ezequiel es claro:

> En la época mesiánica, Dios levantará a un nuevo David que será el agente unificador del pueblo, pues esa unión nacional es símbolo de la vida y la restauración de la comunidad, es signo de reconstrucción y repatriación de Israel y es prototipo de las virtudes que disfrutará el pueblo de Dios en esa época gloriosa y grata de la llegada del Mesías.

Y de acuerdo con el profeta Ezequiel, la persona comisionada por Dios para llevar a efecto esa complicada encomienda política y religiosa de reconstrucción de la ciudad y del Templo será David, o mejor dicho, uno de los herederos del famoso monarca, algún miembro de su dinastía.

Zacarías

En el libro del profeta Zacarías también se incluyen algunas referencias a David. Estas alusiones se encuentran en la sección final de la obra, en la que el tema de la liberación futura de Jerusalén predomina (Zac 12:1–13:9). Inclusive, el libro identifica el mensaje de Zacarías de forma precisa con el título de «Profecía. Palabra del Señor acerca de Israel» (Zac 12:1), que es una manera de ubicar el pasaje en un contexto profético particular.

El tema central de este oráculo es el día del Señor (Zac 12:3, 4, 6, 8, 9, 11; 13:1, 2; véase también 14:1), que es el contexto teológico y literario adecuado para presentar un mensaje de juicio. En esta ocasión es una profecía de juicio universal y de salvación para Jerusalén. «En aquel día» de manifestación de ira divina, Jerusalén se convertirá en signo de esperanza. Mientras en la humanidad impera la desorientación y ceguera, tanto en los combatientes como en sus caballos de guerra, los habitantes de Jerusalén serán liberados. De singular significación es que la fuerza de la ciudad está en el Señor de los ejércitos, su Dios (Zac 12:5).

En el contexto general de juicio universal, el mensaje profético incluye una importante referencia a David y a su casa.

> La salvación de Jerusalén será como una manifestación especial de la gloria de Dios en la casa de David. Las personas débiles, de acuerdo con el mensaje, serán como David, y añade el oráculo: «y la casa de David será como Dios, como el ángel del Señor que va delante de ellos» (Zac 12:9).

En efecto, el mensaje de Zacarías es de esperanza, liberación y futuro. En medio de la crisis mundial y la ejecución del juicio divino, Dios no solo preservará la vida y la seguridad del pueblo de Israel, simbolizado en la imagen de Jerusalén, sino que les dará una fuerza inusitada, pues la imagen de David en este contexto apela a sus triunfos militares, a sus victorias políticas, a sus acertadas decisiones administrativas. Además, para afirmar la importancia espiritual de esas manifestaciones de gracia divina, la profecía de Zacarías añade que, sobre la casa de David y sobre los habitantes de Jerusalén, «se derramará un espíritu de gracia y oración» (Zac 12:10). En efecto, David para Zacarías es signo de esperanza y seguridad.

La figura histórica de David se transforma, una vez más, en una imagen positiva de poder y autoridad. El rey histórico, que luchó en vida para responder a las persecuciones de Saúl, que buscó refugio entre los filisteos para salvar su vida, que llegó al poder con «mucha sangre en las manos», que extendió sus horizontes políticos y administrativos, según las narraciones bíblicas, desde Beerseba hasta casi llegar al río Éufrates, en el pensamiento profético, se convirtió en el paradigma de la bondad y en el mejor ejemplo de un rey con nobleza y dignidad.

El David de los profetas ya no está cautivo en el contexto histórico de finales del siglo XI a. C., sino que incorpora las reflexiones teológicas que se fundamentan en el oráculo de Natán y desarrollan la imagen del monarca a partir de esas declaraciones proféticas.

De esa forma David se transformó en una figura mesiánica, y es esa teología la que se pone de manifiesto cuando los evangelistas intentaron explicar el trasfondo teológico de Jesús de Nazaret. Por esa razón teológica, uno de los títulos cristológicos con que se conoce y reconoce a Jesús es como «el Hijo de David» (Mt 21:9; Mc 11:10).

Jesús de Nazaret, el Hijo de David

El trasfondo del uso del título Hijo de David en el Nuevo Testamento proviene de las comprensiones que llegan de la Biblia hebrea, y de las experiencias y la vida del pueblo de Israel en la historia. De particular importancia, en ese proceso, es la experiencia adversa del exilio, que vio no solo la derrota nacional a manos de los ejércitos babilónicos y la destrucción del Templo de Jerusalén, sino que dio paso a la terminación de la institución de la monarquía en Israel, y que hirió y afectó de forma sustancial y permanente la teología en torno a la promesa de la dinastía davídica.

La expectación de un David mesiánico es producto de dos dinámicas sociales, políticas y teológicas que se manifiestan con fuerza luego del exilio en Babilonia. La primera es negativa: la frustración de ver la ciudad de Jerusalén destruida por las milicias de Nabucodonosor, que implicó la cesación de la monarquía en Judá como institución política, real y viable. La gran pregunta de la comunidad de deportados era cómo reconciliar la teología tradicional de la seguridad y protección que tendría la ciudad de Jerusalén con la apabullante derrota ante los ejércitos babilónicos.

Junto a esa experiencia negativa surgió otra dinámica, más positiva y creadora:

> Se manifestó en el pueblo un sentido amplio y profundo de esperanza, que estaba fundamentada en las promesas divinas y en la confianza plena de que Dios tenía el compromiso, la voluntad, el deseo y la determinación de hacer valer el antiguo oráculo del profeta Natán al rey David, en torno a la permanencia de su dinastía (1 Sam 7).

Los profetas exílicos y postexílicos tomaron la esperanza de la restauración nacional y las aspiraciones de retorno del exilio que tenía el pueblo y las articularon y desarrollaron en sus mensajes (p. ej., Jer 23:5-8; 30:21-22; Ez 37:21-23; Zac 3:8-10). Esas afirmaciones de esperanza, sin embargo, estaban cifradas en una figura histórica, en una persona mortal, en un líder humano que tuviera el valor, la capacidad, el deseo y la vocación de inaugurar un nuevo reino en la tradición de la dinastía de David para que se continuara con esa línea de líderes davídicos a través de la historia.

Las iglesias cristianas y los creyentes del primer siglo d. C., particularmente los evangelistas, heredaron esas importantes convicciones teológicas de la comunidad judía. La esperanza de un Mesías restaurador de las expectativas nacionales era una realidad entre los diversos grupos religiosos y políticos de la época. Y aunque esos sectores sociales e ideológicos destacaban diversos aspectos de esta esperanza, el tema del Mesías venidero formaba parte de sus creencias, aspiraciones y expectativas.

Como parte de ese mundo judío de ideas y convicciones, de conceptos y credulidades, de expectativas y aspiraciones, los primeros creyentes en Jesús como el Cristo o Mesías compartían esas experiencias de fe, pues ciertamente esperaban el retorno de un David mesiánico que pudiera responder a sus necesidades religiosas, anhelos sociales y aspiraciones políticas, entre otras. Y de esa forma, el título mesiánico «Hijo de David» se atribuyó a Jesús de Nazaret; de esa manera, esa importante convicción histórica y teológica se convirtió en uno de los títulos cristológicos que se asociaron a la figura histórica del fundador del cristianismo.

Sin embargo, una lectura atenta de las narraciones evangélicas pone de relieve que, aunque Jesús aceptó las afirmaciones mesiánicas en torno al Hijo de David, rechazó la comprensión reduccionista, nacionalista y militarista del concepto, que formaba parte de las ideas tradicionales mesiánicas judías. Para Jesús, los elementos de violencia, que se evidenciaban de forma explícita e implícita en esa teología, eran incompatibles con sus valores y prioridades (Mt 11:12), aunque rechazaba de forma categórica y firme los sistemas opresivos y cautivantes de su época (Mc 10:42-44).

Quizá esas diferencias básicas en perspectivas contextuales e implicaciones teológicas, en torno a las posibilidades de violencia de su programa educativo y restaurador, fueron las que motivaron a Jesús a no autoproclamarse de forma pública como «Hijo de David». Posiblemente, quería evadir que la comunidad le identificara como un líder político y militar más (véase, p. ej., Lc 22:47-53; Jn 6:15; 18:33-38), pues su misión de paz y justicia era más amplia, su concepto del reino era más extenso y su entendimiento de la voluntad de Dios no estaba confinado a la comunidad judía, sino que se expandía hasta llegar al mundo gentil.

Las referencias en los evangelios canónicos a Jesús como el «Hijo de David» no son muchas, pero tienen un gran peso espiritual y virtud teológica. En Marcos y Lucas (p. ej., Mc 10:46-52; 12:35-37; Lc 1:32; 19:35-38), estas alusiones aparecen en cuatro ocasiones. En el Evangelio de Mateo, el término adquiere más prominencia, pues se incluye en once ocasiones, quizá por el énfasis que tiene en llegar a la comunidad judía. Estos pasajes presentan a Jesús en relación directa con David, asociando el ministerio de Jesús con las expectativas mesiánicas de la restauración del trono del famoso monarca del pueblo de Israel.

En el Evangelio de Juan, la expresión no aparece de forma directa y explícita, aunque se incluye un episodio teológicamente muy significativo y especial. En el contexto del misterio de los milagros (Jn 5:118), y como parte de varios discursos de Jesús de gran importancia y significación teológica (Jn 4:43-54; 5:19-29; 6:60-71; 7:37-39), dicen las narraciones evangélicas que algunas personas de la multitud comienzan a afirmar que era «el Profeta»; otros indicaban que era eminentemente «el Cristo», y aún otros, incrédulos y confusos, preguntaban «¿De Galilea ha de venir el Cristo? ¿No dice la Escritura que de la descendencia de David y de Belén, ha de venir el Cristo?» (Jn 7:40-44).

De esa forma explícita y directa, sabemos que la comunidad joanina estaba consciente de la relación íntima que existía entre el David mesiánico y el Jesús histórico, el Cristo de Dios.

Esa comunidad de creyentes, en efecto, entendía que las expectativas populares en torno al Mesías davídico, de acuerdo con algunos sectores del pueblo, se asociaban directamente con el ministerio y las palabras de Jesús.

Un pasaje de importancia capital para la comprensión evangélica del uso cristológico del término «Hijo de David» es la narración de la sanidad del ciego Bartimeo (Mc 10:46-52; Mt 20:29-34; Lc 18:3543). El texto bíblico ubica el episodio en la antigua ciudad de Jericó, famosa por las narraciones de la conquista de Canaán, en la llanura del río Jordán, específicamente a la salida del pueblo. Jesús, sus discípulos y una gran multitud pasaron por el lugar cuando se disponían a llegar hacia Jerusalén. Bartimeo, que significa «hijo de Timeo», estaba mendigando cuando la gran caravana de campesinos, estudiantes y seguidores que acompañaba a Jesús pasó cerca del camino donde el invidente pedía limosnas.

La narración es breve, pero muy emotiva y bien redactada. Al enterarse Bartimeo que quien pasaba por el lugar era Jesús nazareno, comenzó a gritar: «¡Jesús, Hijo de David, ten misericordia de mí!» (Mc 10:47). Los reclamos intensos y continuos del hombre necesitado no se detuvieron ante la insistencia y los reproches de la comunidad: ¡continuó sus gritos, y exclamó, por segunda vez, la misma petición!

Ante la insistencia de los clamores, y al escuchar los gritos, Jesús se percató de la situación y mandó a llamar a Bartimeo. Los que le buscaron le indicaron al necesitado: «Ten confianza; levántate, te llama». De esta forma la narración evangélica prepara la escena para el desenlace final. El ciego se incorporó, dejó su capa para llegar ante Jesús. El Señor le preguntó cuál era su petición. El invidente respondió de forma directa y clara: «Maestro, que recobre la vista». A lo que Jesús respondió: «Vete: tu fe te ha salvado», y al instante volvió a ver y se convirtió en un seguidor del Señor.

El hecho de que Jesús haya respondido al clamor de Bartimeo, que se fundamentaba en que el Señor era el Hijo de David, revela varios detalles importantes en la teología de Marcos. En primer lugar, es un reconocimiento público de que Jesús provenía de la casa de David, que a su vez era una declaración cristológica y un testimonio de esperanza. Ubica al Señor en el contexto teológico adecuado para convertirse en el heredero de las promesas divinas.

Además, esa sanidad era un testimonio público de que la teología mesiánica relacionada con David tenía claras implicaciones de salud, prosperidad y bienestar para el pueblo judío y la comunidad en necesidad.

Ese acto de misericordia de Jesús también era una manera pública de poner de manifiesto y afirmar que el poder real asociado con David estaba a la merced de la gente más humilde, de las personas más pobres, de los hombres y las mujeres marginadas del pueblo. ¡El Hijo de David detuvo su programa educativo para atender al clamor de una persona ciega y responder a su necesidad imperiosa! ¡Le devolvió la vista!

De la narración, es importante notar su singular ubicación canónica. Marcos utiliza este relato como preámbulo a la llegada de Jesús a la ciudad de Jerusalén. ¡A la salida de Jericó el Señor sanó a un ciego, y a la entrada de Jerusalén las multitudes lo aclaman como a un rey!

La entrada de Jesús de Nazaret a Jerusalén en un pollino recuerda las profecías de Zacarías en torno al Mesías venidero (Zac 9:9). La llamada «entrada triunfal» de Jesús a la ciudad de Jerusalén se lleva a efecto en medio de una serie importante de simbolismos de gran virtud teológica.

Para Marcos, Jesús era el tipo de rey mesiánico que el profeta Zacarías previamente había anunciado: un salvador humilde que traería la paz de Dios y las bendiciones divinas no solo al pueblo de Israel, sino a las naciones.

Por esa significativa razón teológica e histórica, el pueblo que apreció la entrada valiente y decidida de Jesús a la ciudad de Jerusalén lo identificó claramente como una figura mesiánica, y lo reconoció, además, como el que llegaba de parte de Dios a la historia humana, como cumplimiento claro de la antigua profecía de Natán en torno a la dinastía de David: «¡Hosanna! ¡Bendito el que viene en el nombre del Señor! ¡Bendito el reino de nuestro padre David que viene! ¡Hosanna en las alturas!» (Mc 11:9-10).

En efecto, las multitudes, en ese momento inicial de la semana final, lo aclamaban públicamente, fundamentadas en la convicción de que se trataba del Mesías, que cumplía la profecía de la llegada de un monarca que traduciría las esperanzas históricas del pueblo en realidades sociales, espirituales y políticas concretas.

Posteriormente, de acuerdo con las narraciones de la pasión, esas mismas multitudes rechazaron el concepto del Mesías sufriente que tenía Jesús, que venía a dar su vida por la humanidad (Mc 15:6-15, 2539).

La sección en torno al Hijo de David en el Evangelio de Marcos llega a su punto culminante cuando se pone en evidencia la fundamental teología de Jesús como el Hijo de Dios (Mc 12:35-37). Una vez Marcos hace la declaración en torno a que Jesús era el Hijo de David, afirma adicionalmente que, además, era el Hijo de Dios, que era ciertamente un título cristológico mayor. Y esa afirmación referente a Jesús como Hijo de Dios, que en ese evangelio sinóptico es de suma importancia (véase, Mc 1:1, 11; 9:7; 15:39), incluye el elemento del sufrimiento y la muerte del Mesías.

Esa misma teología, que le brinda al título de Hijo de Dios más importancia que a las referencias de Jesús como Hijo de David, se manifiesta también en los otros evangelios, particularmente en Mateo. Y aunque la cristología de Mateo afirma la cristología del Hijo de David, esas convicciones no superan en importancia las afirmaciones de Jesús como el Hijo de Dios (Mt 22:41-46).

Para Mateo, el Hijo de Dios era una figura de gran importancia escatológica que subraya la declaración teológica de que el Señor estaba comprometido a vivir en cercanía con su pueblo (Mt 1:18-25; 3:17; 16:16; 27:54). Las afirmaciones en torno al Hijo de David apoyan la teología de Jesús como el Hijo de Dios.

En el Evangelio de Lucas se incorpora claramente el trasfondo davídico de Jesús en las narraciones del nacimiento (Lc 2:1-20). Sin embargo, cuando se presenta su genealogía, y se indica que era, «según se creía» (Lc 3:23), hijo de José, se afirma de esa forma su descendencia de David (Lc 3:32). Respecto a este tema, no podemos perder de vista que la tradición familiar de Jesús comienza con Adán, que se identifica en la narración como «hijo de Dios» (Lc 3:38).

Estas reflexiones teológicas en torno a Jesús como el Hijo de David indican que, aun en la época neotestamentaria, la figura de David tenía su espacio teológico vital. La vida y las contribuciones históricas de David en la monarquía de Judá e Israel fueron cediendo el paso a convicciones teológicas más elaboradas en torno al famoso rey de Israel. De las narraciones bíblicas que presentan a un rey humano, que manifestaba sus virtudes y defectos, surgió una comprensión más teológica y escatológica de David, que jugó un papel de importancia en el desarrollo de la cristología del Nuevo Testamento. De un David histórico, las narraciones bíblicas nos llevan, de forma paulatina, continua y firme, al David teológico, espiritual y mesiánico.

Y de acuerdo con los evangelistas y los primeros creyentes, Jesús de Nazaret cumplió las profecías que se relacionaban con la manifestación histórica del Mesías, del Cristo de Dios. El hijo de José y María no solo era el Hijo de Dios, sino el Hijo de David.

Un hombre de acuerdo al corazón de Dios

La palabra final en torno a David se relaciona con una afirmación que no tiene paralelo en la teología bíblica. Es una descripción de David que se incorpora al comienzo mismo de su presentación como figura histórica en el libro de Samuel, y que se repite en una importante homilía del apóstol Pablo en la ciudad de Antioquía, que forma parte de su primer viaje misionero (Hch 13:13-52).

El contexto general del pasaje neotestamentario es un mensaje de Pablo en la sinagoga de la ciudad, luego de la lectura de la Ley y los profetas. La palabra apostólica está dirigida a los israelitas «y a los que teméis a Dios», en referencia a personas de otras etnias y pueblos que habían abrazado la fe judía. En su exposición, el apóstol alude a varios episodios importantes de la historia del pueblo de Israel y a las formas en que Dios le había bendecido y ayudado; por ejemplo, al período de la liberación de Egipto, la estadía en el desierto y la llegada y conquista de Canaán. Y añade Pablo que cuando el pueblo le pidió a Samuel que le diera un rey, como el resto de las naciones, luego de haber desechado a Saúl, Dios escogió y levantó a David. Y en la descripción del nuevo rey, se indica lo siguiente: «He hallado a David, hijo de Isaí, varón conforme a mi corazón, que hará todo lo que yo quiero» (Hch 13:22).

Esa importante referencia teológica se fundamenta en la afirmación de Samuel cuando amonestaba a Saúl por su infidelidad y locura.

De acuerdo con la narración bíblica, el juez y profeta le dijo al rey: «Pero ahora tu reino no será duradero. El Señor se ha buscado un hombre conforme a su corazón, al cual ha designado para que sea príncipe sobre su pueblo» (1 Sam 13:14). En efecto, el rechazo de Saúl se relaciona con su infidelidad y desobediencia, y la selección de David se fundamenta en que tenía «el corazón del Señor».

El término «corazón» se utiliza en la Biblia para aludir a lo más profundo e interno de las personas. La idea es relacionar el lugar de la mente, los pensamientos, las ideas y los sentimientos con algún órgano humano que fuera vital para la vida plena y la existencia con propósitos (véase Sal 4:7; 9:1; Pr 2:2; Mt 5:8, 28; Ef 1:18; 5:19). En este sentido, la frase figurada que afirma que alguien «tiene el corazón de Dios», equivale a decir que esa persona entiende la voluntad divina y la obedece, que comprende la revelación del Señor y la sigue, y que está seriamente comprometida con los valores, las enseñanzas y los principios que se ponen de manifiesto al escuchar la palabra divina.

De acuerdo con el apóstol Pablo, basado en su comprensión del mensaje de Samuel, David era un hombre que tenía «el corazón de Dios», pues estaba dispuesto a llevar a efecto la voluntad divina. El famoso rey David, al margen de sus realidades históricas, y aparte de sus virtudes éticas y defectos morales, representaba la obediencia a la revelación y voluntad de Dios, pues, según las narraciones del libro de Samuel, fue seleccionado y ungido por Dios para sustituir a un monarca infiel y desobediente.

Tener «el corazón de Dios» es la imagen óptima que transmite las ideas de fidelidad, obediencia y responsabilidad, que eran características fundamentales que se fueron añadiendo con el tiempo y la reflexión teológica al personaje histórico de David.

De esa forma se completa la imagen del famoso rey de Israel: el libro de Samuel lo presenta como un joven luchador que enfrentaba obstáculos formidables y los vencía; como un combatiente firme, decidido, inmisericorde y hasta violento; como un administrador sabio y efectivo, y como el modelo de rey en el pueblo. El libro de las Crónicas enfatiza el David que organizó el culto en el Templo y desarrolló la liturgia en Jerusalén. Los Salmos hacen gala de un David que se destaca por su vida de oración y su profundidad religiosa y espiritual. Y los profetas descubren y afirman la teología que se relaciona con la permanencia de su reino y dinastía.

Esas comprensiones de David, que se fundamentan ciertamente en un personaje histórico real, con la llegada del exilio en Babilonia, se revisan para dar paso a nuevas formas de entender una figura compleja, de tanta importancia histórica y teológica. Luego del exilio, y con los procesos difíciles de repatriación y las dinámicas complejas de restauración, se reinterpreta la figura de David como un personaje mesiánico, y se mueven las expectativas en torno a su dinastía de los planos históricos reales a nuevos niveles escatológicos y espirituales.

El David que comenzó su carrera política como rey en la ciudad patriarcal de Hebrón se convirtió con los años en el prototipo ideal de monarca que supera los niveles del tiempo. El famoso rey de Israel, de esta manera gradual, pasó de ser un monarca histórico a un modelo escatológico; se movió de un plano real a un nivel ideal; se transformó de un hombre común en una figura extraordinaria. Ese proceso histórico, que contó con el apoyo teológico de profetas, sabios y poetas, llevó a David de ser un forajido en el desierto al servicio de las fuerzas filisteas, y lo ubicó en el extraordinario plano de ser «el dulce cantor de Israel» que tenía «el corazón de Dios».

Bibliografía

La siguiente bibliografía es una muestra sencilla de las obras que hemos utilizado para el estudio de la figura de David. Es, esencialmente, una lista parcial y no exhaustiva de los recursos disponibles para continuar la investigación en torno a los temas que exponemos en nuestro libro. Las referencias académicas en castellano, lamentablemente, no son muchas.

Libros

ALTER, Robert: *The Art of Biblical Narrative*; New York: Basic Books, 1981.

— *The David Story. A Translation and Commentary of 1 and 2 Samuel*. New York: W. W. Norton, 1999.

BATTO, Bernard F., and Kathryn L. Roberts, eds.: *David and Zion*; Winona Lake: Eisenbrauns, 2004.

BLOOM, Harold, and David Rosenberg: *The Book of J*; New York: Gorve Weidenfeld, 1990.

DAVIS, John J.: *The Birth of a Kingdom. Studies in I-II Samuel and I-II Kings*; Grand Rapids (Michigan): Baker Book House, 1970.

FLANAGAN, James W.: *David's Social Drama*; Sheffield: Almond Press, 1988.

FRIEDMAN, Richard Elliott: *The Hidden Book of the Bible*; San Francisco: HarperSanFrancisco, 1998.

FRONTAIN, Raymond-Jean, and Jan Wojcik, eds.: *The David Myth in Western Literature*; West Lafayette (Indiana): Purdue University Press, 1980.

HALPERN, Baruch: *David's Secret Demons*; Grand Rapids (Michigan): Eerdmans Publishing Company, 2001.

HEYM, Stefan: *The King David Report*; New York: G. P. Putnam's Sons, 1973.

HORNER, Tom: *Jonathan Loved David. Homosexuality in Biblical Times*; Philadelphia: Westminster Press, 1978.

KIRSCH, Jonathan: *King David: The Real Life of the Man who Ruled Israel*; New York: The Ballantine Publishing Group, 2000.

MCKENZIE, Steven L.: *King David: A Biography*; Oxford: Oxford University Press, 2000.

NOLL, K. L.: «The Faces of David». *Journal for the Study of the Old Testament*; Supplement Series 242. Sheffield: Sheffield Academic Press, 1997.

POLZIN, Robert: *Samuel and the Deuteronomist. A Literary Study of the Deuteronomic History. Pt. 2, 1 Samuel*; Bloomington: Indiana University Press, 1993.

ROSENBERG, David: *The Book of David*; New York: Harmony Books, 1997.

STEUSSY, Marti J.: *David: Biblical Portraits of Power*; Columbia: University of South Carolina Press, 1999.

WEISFELD, Israel H.: *David the King*; New York: Block Publishing Company, 1983.

WHYBRAY, R. N.: *The Succession Narrative. A Study of II Samuel 9–20 and I Kings 1 and 2*; Studies in Biblical Theology. 2d series, 9; Naperville (Illinois): A. R. Allenson, 1968.

Artículos

ACKROYD, Peter R.: «The Succession Narrative (So-Called)». Interpretation 35, no. 4 (October 1981): 383-396.

BIRAN, Avraham and Joseph Naveh: «The Tel Dan Inscription: A New Fragment»; *Israel Exploration Journal* 45, no. 1, (1995): 118.

BRUEGGEMANN, Walter: «David and his Theologian»; *Catholic Biblical Quarterly* 30, no. 2, (April 1968): 156-181.

COATS, G. W.: «Parable, Fable, and Anecdote: Story Telling in the Succession Narrative»; *Interpretation* 35, no. 4 (October 1981): 368-382.

— «"David" Found at Dan»; *Biblical Archaeology Review* 24, no. 2 (March/April 1994): 26-39.

— «David's Jerusalem, Fiction or Reality»; *Biblical Archaeology Review* 24, no. 4 (July/August 1998): 25.

FREEDMAN, David Noel, and Jeffrey C. Geoghegan: «"House of David" Is There»; *Biblical Archaeology Review* 21, no. 2 (March /April 1995): 78-79.

JACKSON, Jared L.: «David's Throne: Patterns in the Succession Story»; *Canadian Journal of Theology* 11, no. 3 (1965): 183-195.

MCCARTER, P. Kyle Jr.: «Plots, True or False: The Succession Narrative as Court Apologetic»; *Interpretation* 35 no. 4 (October 1981): 355-367.

MCCARTHY, Dennis: «II Samuel 7 and the Structure of the Deuteronomic History»; *Journal of Biblical Literature* 84, pt. 2 (June 1965): 131-138.

MORGERNSTERN, Julian: «David and Jonathan»; *Journal of Biblical Literature* 78 pt. 4 (December 1959): 322-325.

RAINEY, Anson: «"The House of David" and the House of Deconstructionists». *Biblical Archaeology Review* 20, no. 6 (November/December 1994): 47.

RENDSBURG, Gary: «On the Writing [Bet David] in the Aramaic Inscription from Tel Dan»; *Israel Exploration Journal* 45, no. 1 (1995): 22-25.

THOMPSON, J. A.: «The Significance of the Verb Love in the David-Jonathan narratives in 1 Samuel»; *Vetus Testamentus* 24, no. 3 (July 1974): 334-338.

THORNTON, T. C. G.: «Studies in Samuel: Davidic Propaganda in the Books of Samuel»; *Church Quarterly Review* 168 (October/December 1967): 413-423.

TSEVAT, Matitiahu. «Studies in the Book of Samuel II: The Steadfast House: What Was David Promised in II Sam. 7:11b16»; *Hebrew Union College Annual* 34 (1963): 71-82.

www.ingramcontent.com/pod-product-compliance
Lightning Source LLC
Chambersburg PA
CBHW050552170426
43201CB00011B/1665